中公新書 2190

細谷雄一著

国際秩序

18世紀ヨーロッパから21世紀アジアへ

中央公論新社刊

まえがき

いま、国際秩序が大きく変容しつつある。もちろん、いつの時代にも変化と継続の両方を見いだすことは可能であろう。変化のみをことさら強調することは慎まねばならない。それでもこの巨大な変化を見落としてしまっては、日本の将来を考える上でも、国際情勢を理解する上でも、少なからぬ問題に直面するであろう。

それでは、いったい何がどう変わっているのか。そしてなぜその変化が重要なのか。

現在、われわれが直面している巨大な変化とは、まず何よりも中国の急激な台頭であり、国際社会でのその存在感の増大である。二〇一〇年に日本を抜いて、中国は世界で第二位の経済大国となった。その経済成長や人口の大きさを考えれば、世界最大の大国であるアメリカが中国の国力増大に大きな不安を感じるのも無理はない。そして中国の急速な軍備増強は、東アジアのパワー・バランスを大きく変化させてしまい、そのことがさまざまな摩擦や衝突の原因となっている。

歴史を振り返れば、パワー・バランスが急激に変化するときに、新しい紛争が勃発することが多い。ルイ一四世のフランスや、ナポレオン帝国、あるいは一九世紀末から二〇世紀初頭にかけてのドイツ帝国といった国々の急速な大国化がそれに該当する。あるいは、一九世紀においてゆるやかにオスマン帝国が衰退を続けたことで、東地中海や中東、バルカン半島などで「力の真空」が生じて、そこに大国が影響力を浸透させようとしていくつもの摩擦と衝突が生じた。同様に、第二次世界大戦後にアジアで起こった三つの戦争、中国国共内戦、朝鮮戦争、ベトナム戦争は、いずれも大日本帝国崩壊の後に生じた「力の真空」において、アメリカやソ連そして中国が勢力圏を広げようとしたことが大きな原因となっていた。現在の世界で新興国の台頭によってパワー・バランスに変化が生じつつある不安定性と危険性を、十分に留意せねばならない。

最近の中国の台頭を、われわれは二つの文脈のなかで理解する必要がある。それは、より大きな時間軸のなかにこのパワー・バランスの変化を位置づけるということと、より大きな空間軸のなかにそれを位置づけるということである。より大きな時間軸とは、歴史的な視野をもって現在の変化を眺めることを意味する。それでは歴史を遡るならば、「新興国」が台頭して国際秩序が不安定化したのは、どのような時代であろうか。

一五〇〇年ほど時間を遡ると、三つの「新興国」が視野に入ってくる。それは、ドイツ、アメリカ、そして日本である。その頃、ドイツ（プロイセン）は普仏戦争に勝利を収めて、ヴィルヘルム一世を皇帝として、オットー・フォン・ビスマルクを帝国宰相とする、ドイツ帝

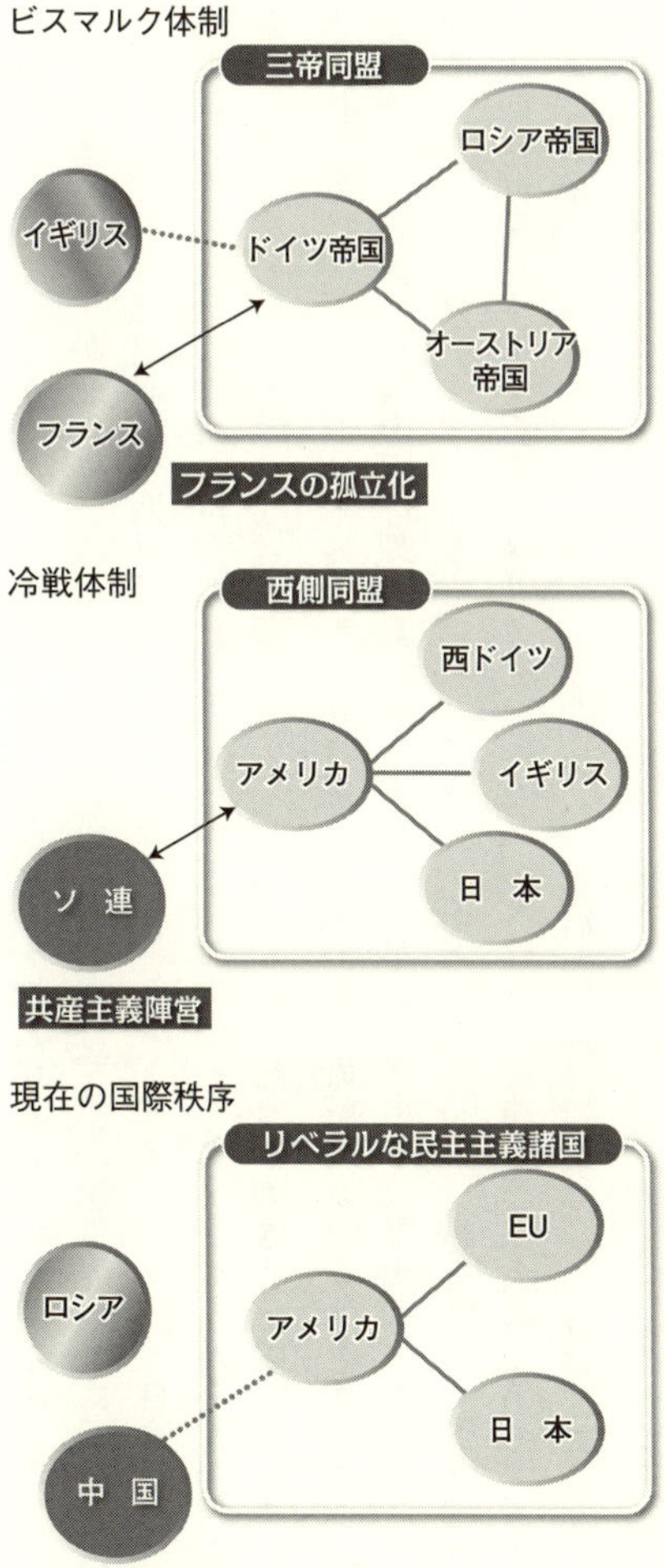

国となった。また、北アメリカ大陸では、壮絶な南北戦争が終結して、アメリカ合衆国が近代国家として急速に経済力と軍事力を拡大し始めようとしていた。さらに、日本は明治維新によって新しい近代国家として誕生しようとしており、東アジアに新たな工業国が生まれようとしていた。それまで、ウィーン体制に代表されるヨーロッパの国際秩序は、イギリス、フランス、オーストリア、プロイセン、そしてロシアといった五大国によって安定性が維持

されてきた。ところが、これらの国家が急速に国力を増長することで、明らかに世界全体のパワー・バランスが崩れていったのだ。それが最終的には、第一次世界大戦に帰結する。

その後、二〇世紀前半の世界では、アメリカ、イギリス、ドイツ、ソ連、日本といった軍事大国が世界政治の中心に位置した。これらの五つの大国を、アメリカの外交官で外交評論家のジョージ・F・ケナンは「軍事的パワー」としての「五つの拠点」と見なした。また、敗戦国となるドイツと日本をそこから抜き取り、戦勝国となったフランスと中国をそこに加えれば、国際連合の安全保障理事会における常任理事国としての「五大国」となる。そこで中心となったのは、まず何よりも、アメリカとソ連という二つの「超大国」であり、さらには大西洋同盟の中核を担うアメリカ、イギリス、フランスの西側の三大国である。いずれにせよ、欧米が世界の中心であり、「西側世界」の価値観が普遍的な価値と見なされてきた。

それがいまや、大きく変わろうとしている。欧米の大国を見るだけではこれからの世界秩序を理解することは難しい。「西側世界」の価値観が、これまでのように世界規模で普遍的に受けいれられるということも自明ではなくなっている。中国やインドなどの新興国が台頭して「非西洋世界」が力を増すなかで、国際秩序が大きく変わりつつあるのだ。

国際秩序の全体を眺めるということは、これまで多くの日本人にとってあまりなじみのないことであった。というのも、これまでわれわれは多くの場合、「点」と「線」で国際政治を考えてきたからだ。「点」とは「国家」であり、「線」とは「二国間関係」である。たとえば、日本外交を考える際にも、二つの点を結んで日米関係や日中関係について論じることが一般的であった。それゆえ、国際秩序における多くの問題を二国間関係という空間に位置づけてしまい、同時にそれを「現代」という短い時間軸のなかに閉じ込めてしまっていた。二国間関係を良好に維持することが、多くの場合に自己目的化してしまっている。そこでは、国際秩序を「面」としてとらえる視点はあまり見られない。「面」としての国際秩序のなかで、どのようにして自らの国益と安全を確保するかという戦略的な視点が十分に意識されてこなかったのだ。

本書の意図は、世界を「面」としての国際秩序ととらえて、その多国間関係の移り変わりを、歴史という大きな器のなかに入れて展望することにある。時間的にも空間的にも、日本という国をより大きな文脈に位置づけて、日本の進むべき道を考えることにしたい。それではさっそく、国際秩序の歴史を辿る旅へと出発しよう。

目　次

国際秩序

18世紀ヨーロッパから21世紀アジアへ

序章　国際秩序を考える

忘れてはならない論争

国際秩序について考える際に、忘れてはならない重要な一つの論争がある。

一九五九年、岩波書店が刊行する月刊誌『世界』の八月号に、戦後日本の国際政治学を大きく動かすことになる画期的な一つの論文が掲載された。東京大学法学部の坂本義和《さかもとよしかず》助教授による「中立日本の防衛構想」である。丸山眞男《まるやままさお》教授の流れをくむ戦後のリベラルな政治学者として、新進気鋭の坂本助教授はこの論文により一躍有名となった。坂本自ら、「『中立日本の防衛構想』以後の一連の社会的発言により、ジャーナリズムによって私は『理想主義者』というレッテルを貼られ、高坂正堯《こうさかまさたか》氏を代表とする『現実主義者』と安易に対比されるようになりました」と回顧する。[1]「理想主義者」対「現実主義者」という、ジャーナリズムがつくったそのような安易な対比に、いささか辟易している様子が行間から読み取れる。[2]
この坂本と高坂の論争の意義は、より深いところにあった。というのも、この論争の本質はただ単に「理想主義」や「現実主義」という国際政治学的な立場を示すものに止まらず、あるべき国際秩序についての認識をめぐる二人の論争であったと考えられるからだ。坂本はこの論文のなかで、「理想主義」という言葉で自らの国際政治学的な立場を表したわけではないし、そのようなイデオロギーを論じることに力点を置いていたわけでもない。シカゴ大学留学時代に、国際政治学におけるリアリズム（現実主義）の中心的存在であるハンス・モーゲンソー教授による指導を受けた坂本は、おそらく国際政治においてパワーが持つ意味の大きさを十分に理解していたのだろう。しかしながら、そのような現状に無批判になるのではなく、強い意志を持ってそれを変革しようとしたところに、坂本の議論の特徴があった。
坂本はこの論文のなかで日米安保体制を批判して、次のように述べる。すなわち、「第一に、強力な軍備は戦争を阻止するという命題は、これを古今東西すべての事例について一般的に否定することはできないであろう。しかし同様に、これを一般的に肯定することも等しく誤りである」。[3]「力による平和」は、あらゆる時代に必然であったわけではなく、力の膨張、すなわち軍備増強それ自体が自己目的化し、暴走して、全てを荒廃させる悲惨な戦争に帰結することもある。坂本は、自らの師であるモーゲンソー教授のアメリカの学界での影響力の大きさを前提に、「『力による平和』というこの命題がアメリカで主張されている」現実に留意しながらも、だからといって「それを直ちに一般化してそのまま日本に当てはめうるということには毛頭ならない」と主張する。「『同盟』の脅威」を語る坂本は、「われわれが日米同盟体制を続ける限り事態は絶望的である」と警告して、むしろこのような現状を変革し、「中立的な諸国の部隊から成る国連警察軍の日本駐留を提案したい」と主張する。[4]

その主張の重要な背景として、三年前の一九五六年に、中立国スウェーデン出身の国連事務総長ダグ・ハマーショルドと、カナダのレスター・ピアソン外相が中心となって、スエズ戦争後の平和を維持するための国連緊急軍が組織されたという経緯があった。おそらく、このような新しい国際情勢の動きが坂本の視野に入っていたのであろう。

「力による平和」を支える中核的な原理である勢力均衡の論理に基づいた日米安保体制においては、軍備を強化することは戦争を招くことになりかねない。むしろ、国際連合による新しい集団安全保障の可能性に、大いなる期待を寄せたのである。グローバルな市民による共同体が将来において発展していけば、もはや力の均衡や軍備拡張などの旧来的な手法に頼る必要はなくなるのではないか。そのような思考が、坂本の議論の行間に色濃く見られる。

高坂正堯の挑戦

このような坂本の主張を正面から批判したのが、当時まだ二十代であった少壮の国際政治学者、高坂正堯であった。アメリカ留学から帰国した直後であり、月刊誌『中央公論』編集部の粕谷《かすや》一希《かずき》の誘いに応じて、この坂本の「中立日本の防衛構想」に反論する論文を、一九六三年の『中央公論』一月号に巻頭論文として掲載した。「現実主義者の平和論」である。おそらく当時の知的環境にあっては、二十代の助教授が、このようなかたちで正面からの批判を加えることは、ちょっとしたニュースであったはずだ。最大限の配慮と敬意を示しながらも、高坂の坂本批判は本質的であり、重要なものであった。

　高坂は、坂本の論文の本質が、勢力均衡批判であることを見抜いた。そして高坂はそれに反論し、「安保条約は、極東において勢力均衡を成立させ、したがって戦争を起さぬために役立っているという議論に対して、両氏（坂本義和と加藤周一《かとうしゅういち》——引用者註）は満足すべき答えを与えていない」と批判を加える。すなわち、「坂本氏は『力による平和』は一般的に否定もできないが、肯定もできないと、さらに抽象的にしか答えていない」点に不満を感じたのだ。続けて高坂は、次のように記す。「勢力均衡は近代ヨーロッパに国際社会が成立して以来、国際関係を規定してきた第一の原則であったし、勢力均衡の存在しないところに平和はなかった」。そして、それは現在においても同様であろう。「世界の各地において、勢力均衡が果している役割は、じつに今日の国際関係の基本的なパターンを形成している」のだ。[5]

　このように、坂本が現代世界における勢力均衡の意義について明確な態度を示していないことを高坂は批判した。さらには、勢力均衡の体系すなわち「力の平和」こそが、東アジアでも世界の各地でも平和を保障している現実を論じたのである。坂本の中立化構想を念頭に

坂本義和（左）と高坂正堯

置いて、「南北に分割された朝鮮のことを考えるならば、日本の中立化を唱える議論が、勢力均衡を考慮に入れず、そのため少なくとも強引であり、ある場合には無責任であるのが知られる」と、高坂は厳しく批判する。日米安保体制を失うことは、日本の防衛上の深刻な問題であるのみならず、東アジアの勢力均衡を壊すことにもなってしまう。この地域の平和を損なうという意味でも、坂本の唱える中立化構想は有害だと、高坂は考えた。

　坂本と高坂の論争は、このように勢力均衡の体系という国際秩序をめぐる本質的な認識の違いを示すものであった。坂本が勢力均衡の脆弱性《ぜいじゃくせい》と危険性を指摘し、それを改革することに情熱的であったのに対して、高坂はむしろそれを是認し、そしてそれを平和と安定の条件と考えていた。その違いは、どのような国際秩序が平和をもたらすのかという根源的な認識の違いであったのだ。

一九六二年に高坂はアメリカからの帰国後、東京大学にある坂本義和の研究室を訪ねた。そこから二人は歩いて本郷の大学前の喫茶店に行き、二人で三時間近く話し合った。そのときにも、そのような認識の違いは浮き彫りになった。[6] それを坂本は両者の間の戦争体験の違いと認識し、他方で高坂は全く話がかみ合わなかったと、中央公論社の粕谷に率直に報告した。目指すべき国際秩序のイメージをめぐって理解が本質的に異なる二人の間で、建設的な議論をすることは容易なことではなかった。

坂本義和の勢力均衡批判

高坂正堯の「現実主義者の平和論」を読み、自らの平和構想が批判されていることを知った坂本は、それへの反論を試みている。そのための論稿を、坂本は二年後に『世界』に掲載した。その論文のタイトルは、『力の均衡』の虚構」であった。これは、勢力均衡を擁護する高坂の国際秩序観への正面からの反論である。実際に、「外交政策の操作原理としての『勢力均衡』について検討するのが、この小論の目的である」と明言している。[7] まさに勢力均衡という国際秩序の体系をめぐって、高坂と坂本は論争していたのである。

坂本はこの論文のなかで、「勢力均衡」の概念と歴史を丁寧に追い、そこに潜む本質的な問題を抽出する。坂本は、勢力均衡が平和を維持するのに役に立っているという高坂の考え方には、とうてい同意できなかった。彼はモーゲンソー教授の勢力均衡の定義を参照しながら、「そのこと自体、軍拡競争などの形をとった力の悪循環を生じ、やがて戦争によって現状が変えられるという結果を招く公算が大きい」と危惧する。「古典的な勢力均衡政策は、もともと平和の維持そのものを目ざすものではなかった」点を指摘し、歴史のなかでしばしば勢力均衡のための戦争が行われた事実に目を向ける。そして、さらに重要な点として、勢力均衡が維持された前提として、「何よりも、当時のヨーロッパ諸国の間には、政治体制や価値体系の面で高度の類似性があり、異質のイデオロギー間の対立といった条件が存在しなかった」ことを挙げている。[8]

このように坂本は、高坂の議論の妥当性を一定程度受け入れて、歴史上で勢力均衡により平和が成り立った事実に言及している。しかしながら、それが可能であったのには、ある条件が必要であった。それは、ヨーロッパが価値を共有し、異質なイデオロギーの間の対立がなかったことだ。なるほど、「こうした価値体系の共有が、勢力均衡政策の『黄金時代』を支えていた前提であった」という坂本の指摘は、高坂の勢力均衡の認識と大きく重なるものである。しかし、これは言い換えるならば、そのような「価値体系の共有」という前提条件が失われれば、必然的にそのような勢力均衡を維持することは難しくなるということである。すなわち、「もし国際社会に価値体系の基本的な分裂が発生した場合には、勢力均衡政策は、単に平和を保障する機能を営みえないだけではなく、もはや諸大国の独立や力関係すらをも、従来通りの型のままに保つことは著しく困難にならざるをえない」[9]。

一九世紀のウィーン体制の時代のヨーロッパとは異なり、冷戦時代の世界はイデオロギー的な分裂が見られ、価値体系を共有することが著しく困難となっている。そのような時代において、旧来と同様に「力の均衡」が機能するとは、とても思えなかった。それに止まらず坂本は、古典時代にもすでに内在していた、勢力均衡の持つ本質的な危険性に目を向けた。そして、核時代にもそのような問題が引き継がれていると考えていた。だからこそ、「力の均衡が平和を保持する」といった高坂の議論に、大きな不満と違和感を抱いたのであろう。そこに、坂本と高坂の根本的な認識の対立が見られる。

坂本は新しい秩序を構想する必要を説いた。坂本は、自叙伝的な著書『人間と国家』の最終章で、今後の国際秩序のあるべき姿を「共同体」という言葉を用いて表している。そして、「グローバルな共同体」における「連帯」を希求している。すなわち、「国連などでは、かつては『世界』とか『国際関係』といった言葉で語られていたことが、近年では『国際共同体(international community)』などと呼ばれるのが普通になりましたが、この場合『共同体』は依然として現実というよりは理念あるいは期待を表わすと言うべきでしょう[10]」。これからの世界を考える上で、主権国家を前提とした「力の均衡」をあるべき国際秩序として位置づけるのではなく、「国際共同体」によるグローバルな連帯こそがあるべき姿なのだと、坂本は述べている。

なぜウィーン体制が重要なのか

このように、国際秩序をめぐり坂本と高坂は大きく認識を異にしていた。だが、この両者がいずれも、現代の東アジアの平和の条件、さらには日本の安全保障政策を論じる上で、ウィーン体制の時代を参照している事実は興味深い。なぜ、そのように二人とも、はるか一世紀半も昔の時代の国際秩序に言及したのだろうか。

実は、坂本義和と高坂正堯は二人とも、国際政治学者としての研究の出発点はウィーン体制の時代のヨーロッパ国際政治だったのだ。一九五〇年代にそれぞれ東京大学法学部と京都大学法学部において助手論文を執筆しており、そのいずれもが一八世紀末から一九世紀初頭にかけてのヨーロッパの国際政治と政治思想に注目したものであった。そして、一九五九年には高坂正堯は京都大学の紀要である『法学論叢《ろんそう》』に「ウィーン会議と『ヨーロッパ』」と題する学術論文を掲載し、他方で坂本義和はその二年後の一九六一年に南原繁《なんばらしげる》古稀記念論文集に、「ウィーン体制の精神構造」と題する論文を発表していた。[11] 東京大学と京都大学で国際政治学を教える新進気鋭の二人の国際政治学者が、日本の安全保障政策をめぐる論壇で華やかな論争を繰り広げる一方で、ともにウィーン体制の時代のメッテルニヒの外交を研究していた事実は興味深い。

それにしても、なぜ戦後日本を代表する二人の国際政治学者が同じ時期に、ヨーロッパ外交史、とりわけウィーン体制下のメッテルニヒ外交についての研究を行っていたのだろうか。

それはおそらく、ウィーン体制を学ぶことが、国際秩序を理解する上で最も重要だと考えられていたからであろう。第一次世界大戦後のヴェルサイユ体制が短い期間で次の大戦を招く結果となり、第二次世界大戦後の国際秩序が冷戦によるイデオロギー対立を導いたのに対して、ナポレオン戦争後には、全ての主要な大国を巻き込む世界戦争のない、およそ一世紀にわたる長い平和の時代がもたらされた。ウィーン体制を学ぶことで、国際秩序の本質が理解できるだろうし、その会議の議長であったメッテルニヒの政治指導を学ぶことで国際政治の本質が理解できるだろう。そのような思考がはたらいたのかもしれない。

メッテルニヒ外交に対する高坂と坂本の評価は、まさに対極ともいえる。高坂がメッテルニヒの巧みな政治術を共感と好感をもって描いているのに対して、坂本はこの保守主義的な外交指導者に対して辛辣にその行動を描写する。坂本は、「何ら積極的なヴィジョンを持たないメッテルニヒ外交は、たとえいかに精巧であったにしろ、所詮『強風の打撃には耐え得ない』性質のものであったはず」だと、批判的に論じている。[12] メッテルニヒの精神構造を坂本は《精神のデカダンス》と位置づけ、それがウィーン体制の根柢に潜んでいたと論じる。すなわち、「勢力均衡もまた、本来的に既存の支配権力のイデオロギー」なのであって、それは「ヴィジョンそのものの極度の貧困にある」と記す。[13] 坂本は、このように明確にメッテルニヒの外交思想への嫌悪感を示している。

坂本も高坂も、ウィーン体制の本質を勢力均衡の回復と位置づける一方で、勢力均衡への評価が対照的なこの二人の国際政治学者において、ウィーン体制に対する評価も相違するのは自然なことであった。

始まりは近代ヨーロッパ

坂本義和と高坂正堯がともに、国際秩序や日本の安全保障政策を考える上でウィーン体制下の勢力均衡を参照したのは偶然ではない。それによって、現代の世界の国際秩序の基本原理が理解できると考えたのだ。ヨーロッパの歴史を繙《ひもと》くことは、無用なことではない。

本書では国際秩序を論じる上で、この二人の優れた国際政治学者にならって、一八世紀から一九世紀のヨーロッパの国際政治を概観することにする。なぜならば、この時代につくられた国際秩序の原理が、さまざまなかたちで現代に影響を与えているからだ。そしてそれを前提に、二〇世紀のグローバル化した国際秩序を概観する。そのような国際秩序の歴史的展開が理解できれば、今の日本がいかなる国際秩序のなかにあるのかもわかるはずだ。

東アジアの地域秩序など、それぞれの地域秩序について本書が示す国際秩序の基本原理を参考にしながら、より深く検討していく作業も必要であろう。しかしそれ自体が巨大な知的作業であって、本書とは異なる課題だと考えている。まずは国際秩序の基本原理がいかなるものであるか、そしてそれが歴史的にどのように思索され構築されてきたのかを、ヨーロッパの歴史を通じて見ていくことにしたい。

近代ヨーロッパでつくられた原理が、全ての地域でそのままのかたちで適用されるとは限らないし、それぞれの地域に独自の伝統が見られるであろう。他方で、ヨーロッパの秩序原理がグローバル化するなかで、それが二〇世紀の世界秩序の中核に埋め込まれていることも見逃してはならない。たとえば、本書のなかでは、国際連合の安全保障理事会における五大国の協調枠組みが、一九世紀初頭のウィーン会議でつくられた「ヨーロッパ協調《コンサート・オブ・ヨーロッパ》」における五大国協調の伝統を受け継いだものであることを指摘する。基本原理のどのような部分が受け継がれて、どのような部分が受け継がれていないかを理解することもまた、重要であろう。

均衡・協調・共同体

本書では、秩序原理を三つの概念を用いて説明する。それは、「均衡《バランス》」であり、「協調《コンサート》」であり、「共同体《コミュニティ》」である。そしてそのような理念に基づいて、「均衡の体系」、「協調の体系」、「共同体の体系」がつくられていった。

「均衡《バランス》の体系」とは、勢力均衡を指す。勢力均衡は、勢力均衡のシステムを指す場合や勢力均衡政策を指す場合などがあるが、ここでは国際秩序の体系としてそれを「均衡の体系」と呼ぶことにする。力と力が均衡することによって、国家間関係の安定が築かれて、平和が可能となる。これは基本的に、軍事力や主権国家を中心に国際政治を考えて、パワーの重要性を直視する現実主義《リアリズム》の考える国際秩序といえる。それと同時に、人間にとって恐怖が最も共有される感情であり、力による威嚇《いかく》が最も目に見えやすい圧力であることからも、勢力均衡とは最も基礎的な国際秩序ともいうことができる。なぜならば、そこにおいては価値観が共有されることや、文化的な紐帯《ちゅうたい》が深まっていることは、それほど必要ではないからだ。しかしながら、いくつかの意味でこの秩序は脆弱である。力は目に見えないもので、正確に計測することはできず、通常は他者よりも自らがより安全でいたいと考え、より大きな力を持ちたいと考えるからだ。そこに、勢力均衡が不安定となる種子が隠されている。

より安定的な秩序が、「協調の体系《コンサート》」である。この国際秩序においては、国際政治を必ずしもゼロサムとは考えずに、共通利益の実現が可能であり、利害の対立の調整が外交的に可能であると見なされている。国家間関係を相互依存を前提に考えるリベラリズム、あるいは合理主義《ラショナリズム》の考え方に近い国際秩序観である。それが最も深い一体性をもって実現したのが、ウィーン体制下の「ヨーロッパ協調」であった。それは、「均衡の体系」を基礎として、それに「協調の体系」を結びつけた秩序であった。しかしそこでは、単純な勢力均衡よりも深い水準での価値の共有が必要となる。そのような価値の共有や、あるいは相互の信頼が欠けていれば、相手に対する不信感や嫉妬が増していき、相互利益を実現することが困難となる。人間も国家も、相手よりも自らが多く利益や安全を得たいと考えるからだ。

このような「協調の体系」よりもさらに協調関係を制度化し、深めていくためには、「共同体《コミュニティ》の体系」を確立することが必要となる。これは、国境を越えた市民の活動に注目し、一つの共同体として国際秩序を考える立場である。このような「共同体の体系」を国際社会で構築するのは簡単ではない。そこでは、文化的紐帯や、歴史的伝統の共有、幅広い領域での価値観の共有に加えて、共通の法体系や、常設的な機構などが必要となるであろう。はたしてそのような「共同体」を国際社会でつくることが可能だろうか。それが可能と考えるか否かで、国際政治に対する考え方は大きく異なる。

イギリスの国際政治学者であるマーティン・ワイトの分類に従えば、このような「共同体の体系」の考え方は、国際秩序を根本から革新しようと試みる革命主義《レボリューショナリズム》ということになり、また伝統的な用語では理想主義《アイデアリズム》に位置づけられるであろう。「国際共同体《インターナショナル・コミュニティ》」を構築する試みは、一八世紀後半のドイツの哲学者カントの時代から、第一次世界大戦後のウッドロー・ウィルソン米大統領の時代を経由して、長く続いてきた。しかし、依然としてこれを実現するためには、多くのハードルをクリアしなければならない。

本書で論じる重要な点として、これらの三つの秩序原理が組み合わされるなかで、実際の国際秩序が形成されたということを強調したい。それらは排他的に存在するのではなく、たとえば「均衡の体系」と「協調の体系」を組み合わせることで、より強固な安定を得ることができる。一八世紀のスペイン王位継承戦争後のヨーロッパ国際秩序は、「均衡の体系」として位置づけることができる。この時代にはまだ「協調の体系」や「共同体の体系」は成熟していなかった。そして、ナポレオン戦争後のウィーン体制のなかでは「均衡」を基礎とした「協調」がつくられることで、より安定的な国際秩序が目指された。この「均衡《バランス》による協調《コンサート》」の国際秩序は、歴史上で最も安定した国際秩序ということができるし、現実に一世紀にわたる大国間の「長い平和」をもたらした。しかしながらこの秩序も、一九世紀半ばには少しずつ変容していった。ドイツ帝国宰相ビスマルクは、「ヨーロッパ協調」が可能だとは考えずに、もっぱら勢力均衡に依存する国際秩序を模索した。いわゆる、「協調なき均衡」である。

最も安定的な国際秩序とは、三つの原理全てが融合しているような秩序である。それはまだ実現していない。反対に、第一次世界大戦後には、旧来からの勢力均衡が崩壊し、「ヨーロッパ協調」が崩れ落ちたにもかかわらず、ウッドロー・ウィルソン大統領が希望した「国際共同体《コミュニティ・オブ・パワー》」も実現することはなかった。それにより、国家のエゴイズムと赤裸々な権力政治が噴出し、国際秩序が瓦解していったのだ。この三つの秩序原理のいずれも、戦間期の国際秩序では確立することはなかった。勢力均衡を否定するだけでは、平和は訪れなかった。そこに、戦間期のヴェルサイユ体制の本質的な脆弱さが見られたのだ。

しかし、これらを詳しく見ていく前に、まずは国際秩序とはいったい何なのかを考える必要がある。

世界政治の四層構造

ここまで十分に論じてこなかった点がある。それは、現実の世界政治においては、国家間の対等性を前提にした水平的な国際秩序ばかりではなく、パワーの大きさや国際社会での序列などの違いを前提にした、垂直的な帝国秩序が歴史上多く見られてきたことだ。圧倒的な力を持った普遍的帝国が存在することによって、安定的な秩序がつくられることがある。たとえばローマ帝国やオスマン帝国、モンゴル帝国、清帝国など、歴史上数多くの帝国が長い時間にわたって安定的な秩序を維持してきた。

長い歴史のなかで考えると、普遍的な帝国が広大な領域を支配することがむしろ一般的であり、帝国的な秩序こそが常態であった。われわれが国際秩序を考える際には、このような帝国秩序も視野に入れる必要があるかもしれない。

同等な規模の、同質的な諸国家によって、水平的な国際秩序がつくられた時代は、歴史のなかではむしろ例外的であった。それはたとえば、古代ギリシャにおける都市国家間の関係や、一五世紀から一六世紀のイタリア半島における国家間関係、さらには本書でこれから見ていく一八世紀から一九世紀のヨーロッパで花開いた国際秩序などである。それでは、現代の国際秩序はどうなっているのだろうか。それは対等な諸国間の水平的な国際秩序なのだろうか。あるいはさまざまな地域において、帝国的な秩序が再浮上しているのだろうか。

本書では基本的に、二〇世紀以降の国際秩序を考える場合、それを形式的な対等性を前提とした主権国家間の水平的な国際秩序と位置づける。しかしながらそれはあくまでもヨーロッパを中心にした見方であって、ひとたび視点を非ヨーロッパ世界に移すならば、アフリカやアジアにおいてヨーロッパの植民地帝国が統治を行う帝国秩序が広がっていた。そこに、二〇世紀の国際秩序を考える際の難しさがある。水平的な国家間関係ばかりでなく、垂直的な国家間関係も視野に入れることで、われわれはより立体的に国際秩序を描けるはずである。

二〇世紀の世界秩序は、いわば、次のような四層構造により成り立っていた。まず、第一層では、諸国家の織りなす国際秩序が存在する。これは形式的に国家間の主権平等を前提としている、水平的な秩序である。それはイギリスとドイツの関係であったり、アメリカとソ連の関係であったりする。現在の東アジアでも、日中関係や日韓関係のような国家間関係が、依然として大きな比重を持っている。

そして、第二層は、帝国的な秩序である。これは垂直的な秩序であり、そこでは力の格差や国家の序列が如実に反映される。非ヨーロッパ世界ではヨーロッパ諸国が植民地支配を行うことによって、それぞれの地域で独特な問題や混乱が見られるようになる。

第三層は、海洋世界の秩序である。そこでは、「パクス・ブリタニカ」という言葉が示すような、巨大な海軍力によるイギリスの覇権が広がっていた。そのようなイギリスの海上覇権は、二〇世紀も半ばに差しかかるとアメリカの手へと移っていく。二〇世紀後半から現在に至るまで、太平洋と大西洋は基本的にアメリカの制海権の下にあり、そこではアメリカによる覇権的な秩序が広がっている。他方でその覇権は必ずしも独善的で排他的な性質のものではなく、公海における自由航行原則を保障するための、ある程度の善意のある覇権でもあった。

そして、最後の四層目は、国家間関係に還元されないような、人々の移動やコミュニケーション、文化交流、企業の経済活動などに見られるトランスナショナルな活動空間である。この領域は、近年急速に拡大しており、自由な人や物、サービスなどの移動が日常的に行われている。

これらの四つの層が結びつき合って、実際の世界秩序がつくられている。しかしながら本書ではあくまでも、その第一層である大国間の国家間関係を主として扱うことにする。それが、その他の層にも重要な影響を及ぼしているからである。二〇世紀後半に英米両国が中心となって、第三層と第四層、すなわち自由航行原則や自由貿易を基礎としたリベラルな秩序をつくりあげた。それらが安定的に維持されるように保障するのは、国家間でつくる国際秩序の重要な役割である。第二層目の帝国秩序は、第二次世界大戦後の脱植民地化の動きのなかで植民地が次々と独立していき、国連憲章でも民族自決の原理を擁護していることからも、二一世紀の現在では以前ほどの大きな意味を持たなくなった。他方で、第四層のトランスナショナルな領域では人々が自由に活動を広げる一方で、東アジアでは日本と中国の国家間関係、あるいは日本と韓国との国家間関係が、しばしばそのような交流を阻害することがある。

第四層の領域においても、やはり第一層の国家間関係の複雑な結びつきを見ることなしには、その本質は理解できない。

より立体的かつ多面的に国際秩序を理解する必要に留意をしながらも、本書ではあくまでも国家間の水平的な関係に主眼を置いて、考えることにしたい。

ブルの国際秩序論

このような視座から国際秩序を検討する上で、最も巨大な学問的貢献を行ったのが、国際政治学者、ヘドリー・ブルであった。オクスフォード大学教授として、イギリスにおける国際政治学の発展の中心的な役割を担ったブルは、『アナーキカル・ソサイエティ』（邦訳は『国際社会論――アナーキカル・ソサイエティ』）と題する著書のなかで、国際秩序を思想的および歴史的に考察している。彼は、国際政治学を研究する上での重要な目的が、国際秩序を検討することであると指摘した。ブルの死後は、イギリス独自の国際政治理論ともいえる「英国学派」に連なる数々の国際政治学者たちによって、この問題意識は継承されていった。

ブルは、国際秩序を「主権国家から成る社会、あるいは国際社会の主要な基本的目標を維持する活動様式のことを指す」と定義している。[14] この短い定義は、いくつかの基本的だが重要な点に触れている。

第一に、当然のことではあるが、国際秩序が成り立つためには、国家、とりわけ主権国家の存在が必要となる。国際秩序とは、主権国家が集合してつくりあげた体系である。国家がなければ、国際秩序もない。それは、国際的な無秩序か、あるいは世界帝国による支配である。その場合の「国家」には、たとえば古代ギリシャのアテネやスパルタの都市国家《ポリス》、あるいは近代ヨーロッパのフランスやイギリスなどの国民国家、さらには現代の日本も含まれる。そのような国家が複数集まって、国際秩序を形成する。その国家と国家の関係の性質が、その国際秩序の性質を規定するといってよいであろう。どのような国家が集まるかによって、また国家と国家がどのような関係を構築しているかによって、国際秩序の性質も大きく異なってくる。

第二に、「国際社会」という概念の重要性である。国家と国家の関係が人間と人間の関係に存在するような社会性を帯びていることをブルは指摘している。それが、単純に機械的な「システム」ではなく、人間がつくる「社会」であるがゆえに、国家と国家の間には、恐怖の感情もあれば、不安も横たわっていれば、また信頼の関係が育まれることもある。それぞれの君主や国民の主観や心情が各国の行動を大きく規定するのだ。国際社会を構成している諸国間で、はたしてどの程度価値が共有されているかによって、国際秩序の安定性も異なるであろう。

第三に、国際秩序とは、国際社会における「主要な基本的目標を維持する活動様式」であるという点が重要であろう。現代の国際社会における「基本的目標」とは何であろうか。国際社会の基本的構造を規定する最も重要な文書である国際連合憲章を参照しよう。そこでは、第一条において「国際連合の目的」が、何よりも「国際の平和及び安全を維持すること」であると規定されている。したがって、「国際の平和及び安全」が基本的に維持されているとすれば、それは国際秩序の安定性と大きく連関していることになる。もちろんそれだけではない。二つ目の目的としては、「人民の同権及び自決の原則の尊重に基礎をおく諸国間の友好関係を発展させること並びに世界平和を強化するために他の適当な措置をとること」が挙げられている。なるほど、「諸国間の友好関係を発展させること」もまた、国連の重要な目的なのだ。

しかしながら国連憲章は、国際社会を規定する数多くある国際的な規範のなかの中核的な部分となっているとはいえ、唯一絶対的な行動準則ではない。また、規範があることと、それが厳密に遵守されていることは同じではない。リアリズムを基礎に国家の行動準則を考えるとすれば、それとは大きく異なる「基本的目標」が見えてくるであろう。たとえば、国益を追求し、パワーを増大して、自国の領土を守ることも重要な国家の目的であるのだから、国際秩序は権力闘争のアリーナに過ぎないともいえる。これはかつて、ハンス・モーゲンソーが、その主著である『国際政治（*Politics among Nations*）』のなかで描いた国際秩序観である。モーゲンソーの有名な言葉を用いるならば、「国際政治とは、他のあらゆる政治と同様に、権力闘争である[15]」。

だが、そのように諸国家間の権力闘争が無制限に追求された結果、われわれは二〇世紀に二度の世界大戦を経験した。時代に応じて、そのような「基本的目標」がゆるやかに変化してきた。その変化を理解することで、国際秩序の性質も理解できるかもしれない。

共通利益と共通価値

国際秩序の性質は、歴史とともに少なからず変わっていくし、また地域によっても異なっている。それでは、どのような場合に国際社会において安定的な秩序が実現し、それが持続するのであろうか。またどのような場合に、国際社会は不安定化するのであろうか。これについて、ヘドリー・ブルは次のように述べている。

「もし今日の国家が国際社会を形成しているとすれば、(中略)それは、国家が、一定の共通利益と、おそらく、いくつかの共通価値を承認することによって、自らが、相互関係の処理において、一定の規則によって拘束されていると考えているからにほかならない[16]」

なるほど、諸国家が「共通利益」や「共通価値」を持っているならば、その国際社会は強い求心力を持つことになる。それによって、秩序は安定化するであろう。そのような「共通規則体系」に諸国が拘束されていないとすれば、それぞれが勝手な行動をとり、領土問題も紛糾し、偶発的な紛争も勃発するかもしれない。このように国際秩序の安定性のためには、それを構成する諸国の間で「共通利益」や「共通価値」が認識されていなければならないのだ。

高坂正堯も、国際秩序における「価値」の重要性を次のように述べている。すなわち、「すべての秩序は力の体系であると同時に価値の体系である。われわれの国家にしても、それは単に中央権力のおよぶ範囲を言うわけではない。国民が基本的な価値体系を共有しているからこそ、そこに秩序が成立しているのである。それなしに力だけがおよんでも、それはカントの言うように専制になるか、または無政府状態になってしまう。人びとは共通の行動様式と価値体系という目に見えない糸によって結ばれてはじめて、国家などの制度を構成することができるのである」[17]。

同様に、国際政治学者の篠田《しのだ》英朗《ひであき》も、国際秩序を考える上での原則や価値、規範の重要性を次のように指摘する。

「国際秩序は、国際社会の信奉する原則を基準にして、認められる。原則にしたがった状態が秩序づけられた状態であり、原則から外れた状態が秩序から逸脱した状態である。国際秩序の探求とは、まずもって国際社会を構成する原則あるいは価値規範の探求から始められなければならないのである」[18]

篠田は、「秩序を構成するのは、社会が全体として信奉している原則」であることを強調している。

このような「共通価値」や「原則あるいは価値規範」の共有という点を考慮すれば、現在のヨーロッパが安定的な秩序を構築することにおおよそ成功していることがわかる。EU（ヨーロッパ連合）においては、その憲法にあたるローマ条約やマーストリヒト条約、リスボン条約などで、「共通利益」や「共通価値」が何であるのかが明記されている。たとえば、マーストリヒト条約、すなわちヨーロッパ連合条約の前文では、「自由、民主主義ならびに人権および基本的自由の尊重、および法による支配の諸原則への愛着を確認」することや、「それぞれの歴史、文化および伝統を尊重しながらそれら諸国民の連帯を深めることを希望」することが、その重要な「共通利益」であり「共通価値」であるとみなされている。そして、「ヨーロッパの人々のより緊密な連合を創設する過程を続けることを決意」すると明記されている。ヨーロッパにおいては、EUという制度を通じて、すでに「共通利益」や「共通価値」がきわめて深く認識されており、それによって相互に拘束することで、安定的な秩序をつくることに成功しているのだ。

確かにEUにおいても、たとえばどの程度外交や防衛を統合するべきか、あるいは各国の財政政策や税制についてどのていど相互に拘束するべきかについて、それぞれの加盟国の利益や価値の認識に少なからぬ違いが見られる。二〇〇三年三月にはじまったイラク戦争をめぐる対米協力の問題や、二〇〇八年のリーマン・ショック以降の金融危機における対処の方法、さらにはユーロ危機の解決方法などをめぐり、加盟国間で大きな対立が見られるのは、それゆえであろう。それでも、二度の世界大戦や、一九二九年の世界恐慌以降のヨーロッパ経済の混乱と比較するならば、ヨーロッパにおける地域秩序が本質的に大きく変容していることが理解できるだろう。

他方で、現在の東アジアの諸国は、ヨーロッパと同様の水準で利益や価値を共有しているわけではない。そのことが、東アジアにおける地域協力の限界となり、地域の不安定性の源泉ともなっている。だとすれば、東アジアで安定的な国際秩序を形成するためには、主要な諸国がこの地域における共通の利益や共通の価値を認識しなければならない。

変容を辿る

諸国間で「共通利益と共通価値」がどの程度浸透しているかによって、秩序の性質は大きく異なる。そのように考えれば、一九世紀から二一世紀にかけて、国際秩序が本質的に大きく変容しつつあることが理解できる。一九世紀前半のウィーン会議後の時代においては、ヨーロッパの諸国ではさまざまな価値を共有していた。それはキリスト教的な価値観であったり、あるいはナポレオンの再来を防ぐための王制に基づいた正統主義の理念であったりする。ヨーロッパの王朝は、王侯貴族の婚姻などを通じて「家族」のように繋がっており、そこに一定の連帯感が見られていた。

一九世紀になると大きな変化が見られる。まず、帝国主義の時代に入り、ヨーロッパの大国は本格的な世界進出に乗り出す。蒸気船の発明によって海洋に定期航路が開かれて、他方で鉄道の延長によって大陸の諸都市が繋がっていく。海路と陸路の両方で、人々の動きが加速していく。世界の諸地域が一つに繋がっていき、ヨーロッパの人々はアフリカやアジアの新しい世界を「発見」した。言い換えれば、世界のさまざまな文化を擁する諸地域が、国際秩序に組み込まれていった。

それに加えて、一九世紀の前半には、イギリス、フランス、プロイセン（ドイツ）、オーストリア、ロシアという五つの大国が国際秩序を構成する主要なアクターであったのに対して、一九世紀末になるとそれらの諸国に加えて、アメリカや日本が大国としての地位を確立していく。西半球の「新世界」でヨーロッパ諸国とは異なる世界観を有するアメリカが参画し、また東アジアでは非キリスト教国で人種的にも欧米とは大きく異なる日本が加わることで、国際秩序における「共通利益と共通価値」を維持することはよりいっそう難しくなっていく。利害の衝突のみならず、国際秩序のなかで価値の衝突もより頻繁に見られるようになる。一九世紀前半の同質的な国際秩序は、その一世紀後にはより多元的で、より多くの価値の対立が見られる国際秩序へと変わっていった。それにともなって、いくつもの困難な問題が見られるようになっていった。

二一世紀に入った現代の国際秩序は、利益と価値の多様性がさらに増している。一九世紀のウィーン体制においては、五大国間で協調を構築することによって、秩序の安定化を目指していた。現在では、一九〇を超える主権国家が国際連合に加盟しており、それぞれの利益や価値を抱えて自己主張を行っている。また、中国やインドといった非西洋のアジア諸国が台頭することによって、欧米を中心とした同質的な国際秩序は新しい挑戦を受けている。さらに二〇〇一年の九・一一テロ事件は、イスラーム教を信仰する人々の意向がそれまで以上に重要となった新しい現実を明らかにした。われわれは、これら全ての新しい動向に留意して、新しい国際秩序を考えていかねばならない。

国際秩序の弁証法

本書ではこのようにして、時間軸を中心に据えて国際秩序を考えることにしたい。その上でここでは、いわば国際秩序の弁証法とでも呼べるようなアプローチをとりたい。

国際秩序の弁証法とは何であろうか。それは、既存の国際秩序が新しい状況に応じて柔軟に変容し、進化して、弁証法的な作用と反作用によって新しい国際秩序がつくられることである。ここでは、国際秩序を固定的で不変なものとは見ない。新しい時代状況が生まれることで、既存の国際秩序は挑戦にさらされることになる。その挑戦に応えることで、国際秩序自体が変化を示すようになり、新しい国際秩序へと姿を変えることになる。たとえば、一八世紀末のヨーロッパの国際秩序は、フランス革命という挑戦と向き合うことになった。それによって国際秩序は、従来のような勢力均衡のみに依拠するのではなく、共通の価値を擁する「協調《コンサート》の体系」として、新しい段階へと発展することになる。

さらに一九世紀末には、それまでの五大国協調のヨーロッパの国際秩序が、新たにアメリカや日本という非ヨーロッパの「新興国」が台頭するなかで、危機に直面する。ヨーロッパの文化的紐帯に限定されないような、より普遍的で、よりグローバルな国際秩序が求められていった。アメリカや日本などの諸国が受け入れられるような共通の価値観が必要であった。そのような必要性のなかから、一九一九年には国際連盟規約が合意され、一九四五年には国連憲章が五一の国々によって調印された。既存の国際秩序と、「新興国」の台頭との間で、弁証法的な作用と反作用が生まれて、より普遍的でグローバルな国際秩序へと発展していく。こうした歴史の理解こそが、国際秩序の弁証法のアプローチである。

まずは、「均衡の体系」、「協調の体系」、「共同体の体系」という三つの視座から論じることから、国際秩序をめぐる歴史の旅を始めよう。

註

1　坂本義和『人間と国家――ある政治学徒の回想（下）』（岩波書店、二〇一一年）一九一頁。

2　この二人の論争については、苅部直「未完の対論――坂本義和・高坂正堯論争を読む」飯尾潤／苅部直／牧原出編『政治を生きる――歴史と現代の透視図』（中央公論新社、二〇一二年）から大きな示唆を得た。

3　坂本義和『地球時代の国際政治』（岩波書店、一九九〇年）一六頁。初出は『世界』一九五九年八月号。

4　同、二七頁。
5　高坂正堯『海洋国家日本の構想』（中央公論新社、二〇〇八年）七〜八頁。初出は『中央公論』一九六三年一月号。
6　坂本『人間と国家（下）』一九一〜一九二頁。
7　坂本『地球時代の国際政治』四七頁。初出は『世界』一九六五年三月号。
8　同、五一〜五四頁。
9　同、五五頁。
10　坂本『人間と国家（下）』二二九頁。
11　高坂正堯「ウィーン会議と『ヨーロッパ』（一・二）」『法学論叢』六五巻、一号、二号（一九五九年）、高坂正堯『古典外交の成熟と崩壊』（中央公論社、一九七八年）所収、坂本義和「ウィーン体制の精神構造」福田歓一等編『政治思想における西欧と日本（上）』（東京大学出版会、一九六一年）、坂本義和『国際政治と保守思想』（岩波書店、二〇〇四年）所収。
12　坂本『国際政治と保守思想』三〇四頁。
13　同、二六八〜二六九頁。
14　ヘドリー・ブル『国際社会論――アナーキカル・ソサイエティ』臼杵英一訳（岩波書店、二〇〇〇年）九頁。
15　ハンス・J・モーゲンソー『国際政治Ⅰ　権力と平和』現代平和研究会訳（福村出版、一九八六年）三〇頁。
16　ブル『国際社会論』一四〜一五頁。
17　高坂正堯『国際政治――恐怖と希望』（中央公論社、一九六六年）一二八〜一二九頁。
18　篠田英朗『国際社会の秩序』（東京大学出版会、二〇〇七年）iv頁。

第1章　均衡・協調・共同体——三つの秩序原理

国際秩序とは本質的に複雑かつ多面的である。それは、さまざまな側面を持ち、見る角度によって異なった様相を示す。

国際秩序の基層として、本書では次のような三つの体系を指摘する。それは、すでに述べたように、「均衡《バランス》の体系」であり、「協調《コンサート》の体系」であり、「共同体《コミュニティ》の体系」である。この三つの体系が、さまざまなかたちで結びつくことによって、それぞれの時代にその時代に特有の国際秩序が形成された。本章では、この三つの体系それぞれについて見ていく。まずは、「均衡の体系」が思想的に誕生する一六世紀のイングランドへと、時代を遡《さかのぼ》ることにしたい。[1]

1　均衡《バランス》の体系

力・恐怖・嫉妬

近代が誕生する一六世紀後半から一七世紀前半にかけてのヨーロッパは、戦争と内乱によって支配されていた。宗教対立に端を発する戦争や内乱がヨーロッパ大陸やイングランドに溢れており、人々は自らの安全を確保することに懸命となっていた。この時代に最も大きな悲劇をもたらした戦争は、一六一八年にボヘミアで始まった三十年戦争であった。カトリックの支配に対するプロテスタントの宗教的抵抗から始まったこの戦争は、次第にヨーロッパ中の諸邦を巻き込んでいき、戦場となったドイツ諸邦では村という村が荒廃し、死体の山が積み重ねられていった。

その三〇年前の一五八八年、戦争と内乱の時代に生まれたイングランドの思想家のトマス・ホッブズは、このような時代に安定的な秩序を生み出すためにはどうしたらよいのかを思索した。彼が生まれたのは、スペインの無敵艦隊がイングランドに来襲する直前のことであった。ヨーロッパの辺境の弱小国イングランドは、巨大なスペインの軍事力を前にして生き残れるのだろうか。

その頃のことを、ホッブズは老年になってから次のように記した。「都市から都市へと噂が広まっていた。艦隊によって民族に終わりの日がやって来ると。そんなおりに、恐怖を孕《はら》んだ私の母は双子を産んだ。私と恐怖とを一時に」[2]。ホッブズが思想家として活躍した時代は、まさにこの残虐な三十年戦争の時代と重なっている。それゆえホッブズは、自らが「恐怖」との「双子」だとみなしたのだ。

　ホッブズの思想は、その時代を支配していた恐怖の情念と、そのなかで自らの生命を守るために必要な力の論理によって彩られていた。一六二九年、トゥーキュディデースの『戦史』をギリシャ語から英語へと翻訳したことを通じて、ホッブズは政治の世界における恐怖や嫉妬《しっと》、そしてそのなかで力の持つ意味の大きさを学んだ。それから二〇年ほど後の一六五一年、彼は自らの思想を『リヴァイアサン』という、奇妙な海獣の名を冠した書物へとまとめた。

トマス・ホッブズ

　そこでホッブズは、自然状態として、他者に対する不信が増大する状況を描いた。彼は次のように論じる。「このような相互不信から自己を守るには、機先を制するほど適切な方法はない。すなわち力や策によってできるだけすべての人間の身体を、自分をおびやかすほど大きな力がなくなるまで支配することである」[3]。すなわち「自己保存」のためには、力を持つことが必要だ。「また人によっては、自己の安全のための必要を越えて征服を追求し、征服行為における自己の力を眺めて楽しむ者がある」。力は膨張する。なぜならば、「絶えざる恐怖と、暴力による死の危険がある」からだ。それゆえ、「自分たちすべてを畏怖させるような共通の権力がないあいだは、人間は戦争と呼ばれる状態、各人の各人にたいする戦争状態にある」のだ。[4]

ホッブズが描いたのは、平和を願いながらもそれが確立しないような、恐怖と力が支配する世界であった。それは、イングランドにおいて内乱が収まらず、大陸において宗教戦争が終わらないその時代の空気を反映した秩序観であった。そこには正義と不正との違いはない。「正邪とか正義不正義の観念はそこには存在しない。共通の権力が存在しないところに法はなく、法が存在しないところには不正はない。力と欺瞞は戦争における二つの主要な美徳である」[5]。

アナーキーな秩序

唯物主義者であったホッブズにとって、何よりも重要なのは、力であった。「自己保存」のためにも、十分な力を保持することが必要であった。その前提は、社会には「共通の権力」が存在しないということ、すなわちアナーキーであることだった。ホッブズが想定していたのは、内戦状態のイングランドにおける、「共通の権力」の欠如であった。後の時代の国際政治学者たちは、そのようなホッブズの思想を国際政治に応用して、ホッブズ的国際政治観と名づけることにした。

ホッブズの政治思想を、アナーキーな国際秩序を理解するために国際政治学において応用したのが、国際政治学者のヘドリー・ブルであった。ブルは、「ホッブズ的な自然状態」を、「主権国家は、主権国家相互の関係における自らの行為を取り巻く状況が規則や法や道徳によって（中略）限定されることはない」状態と考えた。[6] 国家と国家の関係においては、「規則や法や道徳」ではなくて、力こそが重要なのだ。

それでは、力と力の関係として国際秩序を考えるならば、それはいかなる秩序なのであろうか。そもそも、そこに秩序は可能であろうか。ブルは、次のように述べる。すなわち、「国家は自然状態としての戦争状態にあるというホッブズ的見解とは逆に、諸国家は政府のない社会を形作っていると論じることができるであろう」[7]。国際社会はつねに「戦争状態」であるとは限らない。そこには、「政府のない社会」が存在する。アナーキーでありながらも、無秩序ではない。それは一定の秩序をつくっているのだ。それでは、それはいかなる秩序であろうか。「共通の権力」が存在しない以上、それは国家と国家がつくる秩序、すなわち「諸国家の社会《ソサイエティ・オブ・ステイツ》」である。

国際秩序において、力が何よりも重要であるとすれば、その力が無制限に膨張していかないようにすることが重要である。ある一国の力が無制限に膨張していけば、それは他国と衝突して戦争となるか、あるいは他国を侵略し支配する帰結として帝国的な秩序が生まれるであろう。後述するように、そのような世界帝国を誕生させないためにも、その大国の力の膨張を抑制することが必要だ。大国と大国が相互に牽制し合うことで、いかなる大国も世界帝国になるようなことがないであろう。それこそが、勢力均衡である。

勢力均衡とは何か

「均衡《バランス》の体系」としての国際秩序、すなわち勢力均衡とは、国際政治学におけるリアリズムの伝統において最も重要な概念であると同時に、現実の国際政治の世界においても繰り返し用いられてきた政策の手法である。なぜならば、国際政治の基本がパワーであり、そのパワーとパワーを均衡させることは国際秩序の最も基本的な原理として受け継がれてきたからだ。それは、古代ギリシャの時代から、一五世紀のイタリア半島を経て、一八世紀のヨーロッパの国家間関係へと続いてきた秩序原理である。

現在の東アジアにおいても、そのような勢力均衡の発想と政策が連綿と実践されている。論者によりそのとらえ方は大きく異なり、さらにはその理念が正邪のイデオロギーをもって批判されたり、あるいは擁護されたりしてきた。

イギリスの歴史家、ハーバート・バターフィールドは、「欧州の秩序全体は、ニュートンの天文学体系に対応するような地上の体系であった」と述べている。すなわち、「大国であれ小国であれすべての多様な政治体《ボディ》は、他の政治体すべてに対して引力のような力を及ぼして互いに釣り合いを保っていた」のだ。[8] 国家間関係においてもいわば自明な原理として、そこに均衡が生まれるのだ。

ハンス・モーゲンソーは、バターフィールドと同様に、自然科学的な思考のなかから勢力均衡の原理が生まれたと指摘した。「多数の国家のうちのどれか一国が、他国の独立を脅かすほど強くならないようにするために、多数国間でバランスを保つという着想は、機械学の分野から得られた暗示である。それは、一六世紀から一八世紀にかけて特有の思考様式である。しかもこの思考様式は社会および全宇宙を、神聖な時計師によってつくられ動かされている巨大なメカニズムないし機械装置、あるいはぜんまい仕掛けとして描こうとした」[9]。

勢力均衡を自然科学的な発想からとらえる視点がある一方、人間社会において一般的な現象としてそれを規定する思想家もいる。一八世紀スイスの法学者ヴァッテルは、勢力均衡について、「いずれの一国も優越的地位を占めておらず、他国に対して自らが正しいとみなすことを独断的に命令できない状態」と定義している。[10] これは簡潔だが、勢力均衡の本質を最も的確に表現しているといえる。あるいは、二〇世紀後半に、国際政治学者ヘドリー・ブルに多大な影響を及ぼしたマーティン・ワイトが述べたように、「ある国家が危険なまでに強大化していったときに、他国がそれに対抗して連携すること」とも定義できる。[11] もしも現在の東アジアおよび東南アジアで、中国が近隣国に対して「自らが正しいとみなすことを独断的に命令」できているとすれば、そこでは勢力均衡がもはや崩れてしまったことを意味する。他方で、アメリカ政府が、「独断的に命令」されることのないように中国の周辺のそれらの小国の主権の維持を支援するとすれば、それは勢力均衡が典型的に機能したといえる。

人間の社会においても、あるいは諸国家が織りなす国際社会においても、ある個人、ある組織、あるいはある国家が「危険なまでに強大化」すれば、その周辺の者がそれを懸念して恐怖を感じることは自然なことである。そして、その構成員の自由を擁護し、「独断的な命令」を避けるためにも、「危険なまでに強大化」した大国に対抗して連合を形成し、均衡を回復させようとすることは自然なことかもしれない。あたかも体のバランスが崩れたときに体勢を立て直そうとするかのように、反作用として均衡を求めることになるであろう。すなわち、強大な他者に対して人間が恐怖の感情を抱く限り、そしてそれに対して自らの安全を守るために対抗しようと行動する限り、勢力均衡という秩序原理は永遠に存続することになるであろう。

そうした人間社会の常識としての均衡について、高坂正堯は次のように的確に記している。「考えてみれば、均衡という考え方は、ただ国際政治において使われるだけでなく、国内政治においても使われる。それだけでなく、経済においても医学においても使われている。人間の身体を構成する多くの器官が均衡を保っていてこそ、人間は健康であると考えられる[12]」

勢力均衡の起源

勢力均衡という発想は、紀元前のはるか昔の古代ギリシャの時代から見られていた。それは、トゥーキュディデースの『戦史』において明瞭に描き出されている。

古代ギリシャには、海軍国家としてケルキューラ、コリントス、そしてアテーナイの三大国があった。それがどのような組み合わせになるかで、戦略バランスが大きく変わる。もしもケルキューラがアテーナイと同盟を組むことができるならば、それはケルキューラにとって有利な状況となる。したがってケルキューラの使節は、コリントス海軍との戦いにおいて優位な状況をつくるためにも、アテーナイに接近してその支援を求めていた。

「ギリシアには、海軍の名に値するものはただ三つ、諸君ら（アテーナイ――引用者註、以下同）、われら（ケルキューラ）、コリントス人、各々の所有するもの以外には無い。若し諸君が、その二つが合体するのを黙過し、コリントス人がまずわれらを先に併合することになれば、諸君はケルキューラとペロポネーソスの合同海軍を同時に敵にまわして海戦をいどまねばならぬ。だがわれらの要請をいれれば、われらの船隊の数だけ味方は優勢となり、これをひきいて敵と勝敗を決することができる」[13]

これは、歴史上はじめて、明確なかたちで勢力均衡の発想が描かれた記録といえる。まだこの時点では、国際秩序としての勢力均衡についてのシステムが確立していたわけでもないし、政治家たちがそれを前提に政策を遂行していたわけでもない。とはいえ原初的なレベルで、人々は自らに有利な数的状況をつくることを求めていたことが分かる。それは、バターフィールドが言う「引力」のようなものであったのかもしれない。自らの安全を求めるためには、自らがより強大でなければいけない。他者の力を借りることで、また力を組み合わせることで優越的状況をつくろうとする。そこに、勢力均衡の原理が生まれるのだ。

嫉妬深い競争心

「勢力均衡（balance of power）という〈思想〉が、まったく近代の政策（modern policy）に起因するのか、それともその〈言葉〉だけがこうした後の時代に発明されたのかは、問題である[14]」

これは、一八世紀イギリスの思想家デイヴィッド・ヒュームがその論説、「勢力均衡について」の冒頭で述べた言葉である。この論文が書かれた一七五二年は、オーストリア継承戦争が終わって四年ほどが経過した時期である。ヨーロッパでは、フランスやオーストリア、イギリス、プロイセン、そしてロシアといった大国間で戦争や交渉が行われるなかで、勢力均衡が確立していった。それは、普遍的帝国の出現を阻止するための措置でもあった。

その半世紀ほど前の一八世紀初頭に、「太陽王」と呼ばれたフランスのルイ一四世がヨーロッパでの覇権的な地位を求め、スペイン王位継承戦争を開始した。しかしそのようなフランスの野望は、イギリスを中心とした勢力均衡のための対仏大同盟によって阻まれる結果となった。いかなる大国といえども、普遍的帝国となってヨーロッパ全体を支配することは難しい。というのも、そのような野心を実行に移せば、他の諸国が合従連衡《がっしょうれんこう》してそれを阻止しようと試みるからである。ヒュームが生きた時代のヨーロッパでは、まさにそのような新しい勢力均衡の秩序観が生まれつつあったのだ。

そのような状況を「勢力均衡《バランス・オブ・パワー》」という概念を用いて最初に明瞭に説明した思想家が、ヒュームであった。したがって、ヒュームを抜きにして、勢力均衡を語ることはできない。ヒュームが生きた時代のヨーロッパでは、そのような、国際秩序についての新しい思考が確立しつつあったのだ。ヒュームは、勢力均衡という行動原理が人間の本性に基づいたものだと考えた。そして古代ギリシャにおいても、「軍事力の増大に対する嫉妬」から、そのような

デイヴィッド・ヒューム

勢力均衡が生じていたことを記した。「競争心」こそが、ギリシャの諸都市国家の行動原理となっていた。すなわち「どの国家（state）も、いかなる盤石の権威と支配権を望むよりも、他国を先導するという名誉をいっそう考えていたように思われる」。「嫉妬深い競争心」によって、「どの支配的勢力も必ずそれに対抗する同盟（confederacy）、しかもしばしば昨日の友邦や連盟国からなる同盟

に直面することになった」のである。

「嫉妬深い競争心」に基づいた勢力均衡こそが、リアリストたちが考える国家間関係における「常識《コモンセンス》」であって、その基本となる秩序原理である。たとえいかなる国際組織や制度化もなかったとしても、勢力均衡は機能するであろう。ヒュームは、勢力均衡とは「嫉妬深い競争心」に基づいた人間性の本質が生み出す秩序であると考え、それを肯定的にとらえようとしていた。多数の国家に分かれる多元的な秩序のなかで自由が保たれて、競争のなかで社会が進歩する。人々が他者に対する「嫉妬心」を持ち、国家もまた強大化する他国に対して「嫉妬心」を持つとすれば、そこに勢力均衡が生まれる余地がある。

そのような「嫉妬心」は、一五世紀イタリア半島の国家間関係にも見られた。マキアヴェッリの友人であり、優れた歴史家であったグイッチャルディーニは、イタリア半島で勢力均衡が働いた根拠を、次のように描写する。「なぜなら、彼らは嫉妬と競争心に駆られ、絶えずお互いの動きを監視し合い、そのいずれかがその力、あるいは名声を拡大させようとすると、必ずその計画を阻止するからである」[15]。

古代ギリシャや、近代黎明《れいめい》期のイタリア半島のように、同じ言語が話されて、同質的な文化が存在する、同等な規模の国家群が並立する国際社会において、勢力均衡の秩序観が自然に浸透し、また現実の政策で実践応用されていった。文化的な同質性や言語的な近似性は国家間でのコミュニケーションを容易にし、その地域の国際秩序に一定の安定性を生み出した。

しかし文化的および言語的な同質性だけでは、勢力均衡は機能しない。あくまでも他国に対する「嫉妬深い競争心」が必要であった。他国よりも自国が安全でいたい。強くありたい。そのような競争心によって、自国の強大化を目指すことになる。他国もまた同様に行動すれば、衝突する。そこに均衡を求める動きが、勢力均衡に繋がるのだ。

ヒュームや後述するヴァッテルの思想の影響もあり、一八世紀から一九世紀のヨーロッパにおいても、勢力均衡の体系が人々の間で広く認識され、実践されていった。勢力均衡こそが、この時代に至るまでの国際秩序の最も重要な、そして基本的な原理となっていたのだ。現在の国際関係においても、人々の感情のなかに「嫉妬深い競争心」がある限りは、この勢力均衡の秩序原理は繰り返し示されることになる。

多様性への愛

国家と国家が分立し、利害を対立させて、力と力を均衡させる。われわれは勢力均衡という秩序体系を擁護すべきか。あるいはそれを否定すべきか。

ヒュームの勢力均衡論に注目し、日本においてその価値を最も雄弁に、そして最も力強く擁護したのが高坂正堯であった。高坂もまたヒューム同様に、勢力均衡の原理を肯定的にとらえて、それが維持されることが国際社会において価値のあることであると説いた。なぜであろうか。

高坂は、勢力均衡の本質を、自由を護る動き、そして多様性を護る動きと見抜いた。勢力均衡が崩壊して普遍的帝国による一元的な支配が確立すれば、そこでは各国に根付いていた自由が失われる。また、一つの普遍的帝国が膨張して周辺の弱小の国家を支配すれば、それらの諸国の独立性も失われる。そこでは、閉塞的で専制的な、そして帝国的な秩序が生まれるだろう。高坂は国際社会における多様性を擁護して、ヒュームの次のような言葉を引用する。

「巨大な帝国は……人間性に害をなすものである——その成立の過程においても、それが継続しているときにもまた、作られてから間もなく始まる没落の過程においても」

このように、「巨大な帝国」に対立する概念として、ヒュームが「勢力均衡」の体系を位置づけたことに、高坂は深く共鳴し、またそれを高く評価した。[16] 高坂は続けて次のように記している。

「こうして、ヒュームが勢力均衡原則によって得ようとしたものは、まったく明白である。それは平和ではなかった。彼が勢力均衡原則に求めたものは一者による他のすべてのものの支配、すなわち世界帝国が成立しえないという保証であった。そして、世界帝国を拒否し、多様性を好む考え方は、近代ヨーロッパのほとんどの人が持っていたものであった[17]」

すなわち、「近代ヨーロッパは多様な存在であり、それが与える自由と活力が近代ヨーロッパに力を与えて来た」のである。高坂正堯は、ヒュームにおける勢力均衡論のなかに、その時代のヨーロッパに根付き始めていた自由主義の精神、そして多様性への愛を見いだした。一八世紀から一九世紀のヨーロッパでは、多様な国家に分かれて、多様な価値を擁護する主権国家システムを維持していく強い決意が見られ、「世界帝国」を目指したナポレオン帝国に対抗する諸国家の動機となった。[18]それが勢力均衡の精神であった。勢力均衡と、自由の精神との連関について、高坂は次のように語る。

「多様性はただ単に活力の源泉、創造力の源泉につきるものではなかった。それは自由を保証するものでもあった。より正確に言えば、近代ヨーロッパの人々にとって、多様性、競争、活力、自由は不可分にからみ合ったものなのであった[19]」

多様性と自由を愛する点において、高坂はヒュームと多くの見解を共有していた。それが、彼らにおける勢力均衡の擁護へと繋がっていた。

ヴァッテルの多元主義

人々が多様性を求める本能こそが、歴史のなかで勢力均衡が受け継がれてきた重要な要素となっていた。国際社会には多様な価値が存在し、また多様な国家が存在する。もしも諸国が普遍的帝国の誕生を阻止して、一つの価値による他者の支配を拒絶するとすれば、そこには多元性に基づいた国際秩序が維持されることになる。国際秩序において、さまざまな国家が多元的に共存し、そして多様な価値が擁護される重要性を説いた思想家が、ヴァッテルであった。

エメーリヒ・デ・ヴァッテルは、スペイン王位継承戦争が終結する一七一四年にスイスのヌーシャテルに生まれた。スイスが生み出したもう一人の著名な思想家、ジャン＝ジャック・ルソーが生まれた二年後のことである。多様な言語や、多様な人種が混ざり合うスイスは、宗教改革の拠点ともなり、自由主義や多様性を求める精神が広く普及していた。

ヴァッテルは、それぞれの主権国家が法的に平等であって、大国と小国の間の関係においてもそれは同様だと考えていた。いかに弱小な国家であったとしても、国際システムのなかでは、その国家の主権は守られねばならない。ヴァッテルは、それゆえ次のように論じる。すなわち、「小人も巨人と同じ人間である。小共和国も巨大王国と同じ主権国である」[20]。

ヴァッテルは、一七五八年に刊行されたその著書、『国際法、あるいは諸国民と君主との行為・事項に適用された自然法の諸原則』において、「自然法」が人間どうしの関係のみならず、国家と国家の関係にも適用可能だと論じた。すなわち、「国際法（Law of Nations）とは、そもそも、自然法（Law of Nature）を諸国家へと単純に応用したものである」[21]。そして、「諸国家は、人間が生まれつきお互いに自由で自立しているのと同様に、その社会の第二の法則として、それぞれの国家に本来的に備わっているその自由を平和的に享受できるよう、みなされるべきである」[22]。したがって、そのような独立した諸国家が集まる国際社会では、他国の自由を侵害してはならない。そこに、自然法としての国際法に基づいた義務が生じるのだ。

このようにヴァッテルは、自然法を援用して国際法の存在を唱えたのであり、それはまた人と人の繋がり、社会と社会の繋がりが増していく当時のヨーロッパの実情を反映したものでもあった。

さらにヴァッテルは、次のように記す。「あらゆる国家、すなわちあらゆる主権を持つ独立国は、偉大な人類社会のなかで名誉ある地位が与えられるに値するものである。それは、その国家の数が限られたものであるゆえに、個人に与えられるよりもより大きな重要性を有しており、また地球上のいかなる権力からも独立している」[23]。

あらゆる諸国に対して、その国家の規模の大小にかかわらず、「名誉ある地位」が与えられねばならない。それは独立した主権的な存在なのである。それぞれの国家主権や独立性を尊重することは、国際社会における多元性を維持していくための基礎となる。

しかしながら、実際には国と国の間に力の格差が存在する。大国がその軍事力を用いて、規模の小さな主権国家に対する侵略や征服に乗り出すかもしれない。だとすれば、現実の国際政治では、いかにして小国の主権を守ることができるのだろうか。そこに、勢力均衡が存在する意義がある。すなわち、小国の主権を守るための行動が、パワー・バランスの崩壊を防ぐことになり、国際秩序の安定性を守ることに繋がる。独力で独立を保てないような小国に対しては、大国が手をさしのべなければならない。

ヴァッテルの功績は、このようにして、国際社会における多元主義を擁護して、それが均衡の論理によって成立していることを説いたことであり、またそれによって侵略されそうな弱小の主権国家の独立が維持可能だと考えたことである。小国が大国の侵略の犠牲になることを阻止しようと他国が介入する場合、それは小国のためではない。侵略を企てた大国がさらに巨大となることによって、国際秩序における均衡が崩れることを防ぐためである。

国際社会における多様性が維持されることと、勢力均衡が維持されることは、不可分の関係にあった。だからこそ、勢力均衡とは国際社会における多様性を守るための最後の手段であって、諸国の行動の自由やその独立を維持するために不可欠な基盤となっていたのだ。

多様性と一体性

ヴァッテルとヒュームという、二人の思想家の主張は、同じコインの表と裏を意味していた。ヴァッテルは自然法に基づいてヨーロッパにおける諸国家が守るべきルール、すなわち、「諸国民の法」の存在を論じ、他方でヒュームはヨーロッパにおける勢力均衡を論じた。同時に、ヴァッテルは国際社会における多元性の擁護を主張し、ヒュームはヨーロッパでの国家と国家のゆるやかな繋がりを論じていた。すなわち、ヨーロッパの国際秩序の多元性と一体性を総合する必要性である。文化的および歴史的にある程度の一体性を維持しながら、同時にそれぞれの国家の違い、価値や利益の相違点を尊重して、国際秩序における多元性を維持していくことが必要だ。一八世紀のヨーロッパでは、普遍的帝国を目指した神聖ローマ帝国の影響力が衰退していったことで、多様な価値や利益を擁する主権国家が徐々に力を増していった。そして、そのような主権国家と主権国家の関係性こそが、国際秩序の本質となっていった。

主権国家が、いかなる上位の権力にも服従せず、行動の自由を保障されていたとしても、その行動を抑制するいくつかの原理が存在する。第一にそれは、自然法に基づいた国家間のルールであり、すでに見たように、ヴァッテルは自らの著書のなかでそれについて言及している。第二には、ある国が他国を侵略し支配することで覇権的な存在となることを防ぐような、勢力均衡の論理であった。自然法と勢力均衡によって、国際社会に一定のルールがあることが認識される。いずれにしても、この時代特有の啓蒙主義の精神に基づいて、理性によって人々の行動を制約することが可能だと考えられていた。人間が理性的な存在であり、慎慮を持っているとすれば、国際社会が無秩序に堕することもなければ、殺戮に明け暮れることもない。多元性を担保しながら、同時に一体性が保持されるという、楽観的な秩序観がこの時代に生まれて、普及していったのだ。国際秩序が、文化的紐帯の存在するヨーロッパ諸国に限定されているならば、このような多様性と一体性は麗《うるわ》しい調和を保つことができたのだろう。

ところが、国際秩序が世界全体に拡大していき、非西洋、非キリスト教の諸国がそこに加わるようになると、価値や利益の共有が次第に困難になっていく。ヴァッテルはすでに、一八世紀において、勢力均衡を維持する上での「共通利益の絆」の重要性を指摘していた。すなわち、「ヨーロッパはある種の共和国になる。そのメンバーは、それぞれ独立してはいるが、秩序と自由を維持するために共通利益の絆をつうじて一体になる。そういう理由で、政治的均衡あるいはバランス・オブ・パワーという周知の機構が生まれたのである」[24]。このような現実について、ドイツ出身の国際政治学者であるモーゲンソーは、次のように述べる。「これらの人びとはヨーロッパを、『洗練と教養』という共通の基準と、共通の『技芸、法、および生活様式のシステム』とを備えた『一つの巨大な共和国』として理解していた」[25]。

だとすれば、国際秩序がグローバル化して、非ヨーロッパ諸国がそこに加わるようになることで、「共通の『技芸、法、および生活様式のシステム』」や「共通利益の絆」が失われていくとすれば、どうすればよいのか。そして、ナショナリズムや愛国心の衝動から、戦争に動員された人々が理性を忘れて残虐な殺戮行為を犯すようになるならば、勢力均衡はそれでも可能なのか。そのような時代に、理性に従って自国の行動を抑制することや、勢力均衡によって他国の行動を制止することは容易ではない。われを忘れた怒りに駆られた人々は、戦争が勃発した後に、無限に拡大していく戦争を止める手段がないことに気づくであろう。それが、第一次世界大戦での人々の経験であった。勢力均衡には、理性に基づいた「共通利益の絆」が必要であった。それが失われた後には、新しい精神や論理に基づいた、新しい秩序が必要となっていた。

否定される勢力均衡

二〇世紀に入ると、第一次世界大戦を一つの転機として、勢力均衡に対する人々の見方は大きく変わっていく。この勢力均衡の論理こそが、まさに戦争の原因となったと考えられるようになり、力と力の脆弱で危険なバランスをとろうとすることが、道徳的に非難されるようになっていく。力に依存した国際政治観、すなわちパワー・ポリティクスを前提とした勢力均衡論に代わって、新しい秩序構想が唱えられるようになった。

その先頭に立つ指導者が、アメリカ大統領のウッドロー・ウィルソンであった。彼は、一九世紀後半のヨーロッパで、ドイツ宰相ビスマルクが勢力均衡の原理に基づいて国際秩序を構築したことを、嫌悪の感情を持って見つめていた。そのような力の関係に基づいた脆弱な国際秩序ではなく、道徳や正義に基づいた秩序をつくることが必要だと考えていた。プリンストン大学教授、後には同大学の学長となったウィルソンは、政治学者としての議会政治に関する自らの立憲政治の理想を政治の世界で実践しようと試みた。平和や安定を構築するために、力の均衡に依存するのではなく、それを否定してむしろ理性的な議会での討議によって紛争を解決できると考えたのだ。

ウィルソン大統領は、「勢力均衡という今では永久に信用を失ってしまった偉大なるゲーム」を放棄するように、人々に訴えた。「勢力均衡《バランス・オブ・パワー》ではなく、諸国共同体《コミュニティ・オブ・パワー》を、組織化された競争関係ではなくて組織化された共通の平和が必要である」[26]。ウィルソンは、国際秩序の原理として、「均衡《バランス》の体系」を否定して「共同体《コミュニティ》の体系」の実現を求めたのである。アメリカの国力の急速な増大とあわせて、ウィルソン大統領が擁護するこのような国際秩序理念もまた急速に普及していった。そして、一九二〇年一月には、ウィルソン大統領の掲げた平和の理念に沿って、新しく国際連盟という国際組織が樹立され、そのような「諸国共同体」によって戦争を防ぎ、安全を確保できると多くの人が信じていく。人々は、「共同体の体系」に基づく国際秩序によって、戦争を廃止して平和を確立できると信じた。

勢力均衡は、非難すべき、そして避けるべき忌まわしい秩序原理とみなされるようになった。二〇世紀において、リベラルな思想を掲げる人々から勢力均衡という秩序原理は忌み嫌われ、否定されてきた。それとは異なる国際秩序の理念が必要だと考えられるようになっていった。

2　協調《コンサート》の体系

スコットランド啓蒙の時代へ

これまで「均衡《バランス》の体系」としての勢力均衡を見てきた。二つ目の秩序体系は、「協調《コンサート》の体系」である。国家間関係は必ずしも、トマス・ホッブズが考えるように力のみにより動かされているわけではない。人間は野獣ではない。力に恐怖するのみならず、あるいは自己保存のみを目的とするのではなく、理性に基づいて行動することもある。この「協調の体系」の秩序原理は、それが成立する頃の時代精神が色濃く反映されたものであった。ホッブズが考えるような、力と恐怖に基づいた政治認識が大きく変容しつつあったのも、この頃であった。

一七世紀から一八世紀へと時代が移るにつれて、ヨーロッパでは少しずつ秩序に関する認識が変わっていく。それまでは、マキアヴェッリやホッブズが語ったように、国家の「自己保存」のため力こそが何よりも重要であった。そこでは、他者に対する嫉妬や恐怖の感情が支配していた。国家は自らの安全を確保するために力を蓄えることが必要であり、膨張する力と力が均衡を保つことで国際秩序がつくられていった。

一七世紀から一八世紀初頭にかけてのヨーロッパでは、恐怖に怯える国家が軍事力を強大化させていき、それらが衝突することで凄惨《せいさん》な戦争が絶えることがなかった。それは、「均衡の体系」によって支配された時代であった。そのような空気にも、少しずつ変化が見られるようになる。宗教戦争に代わって、徐々に商業の繋がりが思想家の関心事となっていった。時代の思潮はスコットランド啓蒙へと移っていった。その中心に立っていたのが、この時代のスコットランドに生まれた二人の盟友、デイヴィッド・ヒュームとアダム・スミスであった。

ヒュームは、すでに見てきたように、勢力均衡の概念を明確に語った最初の思想家であった。一七一一年にスコットランドに生まれたヒュームは、若き日にフランスでの生活を経験した。この頃のフランスでは、啓蒙主義が時代の精神になりつつあった。ヒュームが大きな影響を受けた人物が、モンテスキューであった。そしてその後ヒュームとモンテスキューの親しい交流が始まる。ヒュームは、モンテスキューが権力の分立を論じたように、ヨーロッパにおける勢力均衡による多元的な秩序、そして権力が分立することによる自由の擁護を語った。ヒュームの語る勢力均衡において、国家と国家の関係は、ホッブズが語る「各人の各人にたいする戦争状態」のようなイメージではない。むしろ、多様性のなかで統一が維持されて、そのなかで各国の行動の自由が担保されるような麗しき調和が想定されていた。[27]

ヒュームやモンテスキュー、そして何よりスミスがそのような啓蒙主義的な思想に基づいて、国家と国家のゆるやかな結びつきに注目したのは、この時代の精神の反映でもあった。すなわちそれは、リベラリズムの精神に基づいた商業社会である。この時代にオランダやイギリス、フランスなどで商業が発達して、国家と国家を結びつける役割を果たしていた。スコットランド啓蒙に見られる特徴とは、経験主義的な思考方法に基づいた人間性への注目、道徳哲学、そして商業の精神であった。それらがゆるやかなヨーロッパの秩序原理をつくっていったのだ。

「商業的社交性」の精神

アダム・スミスは、ヒュームよりも一二年遅れて、一七二三年に生誕した。その時代にはすでに、大陸からグロティウスやプーフェンドルフの思想がスコットランドにも流入していた。[28]一六二五年にはオランダの法学者グロティウスが『戦争と平和の法』を刊行しており、一六七二年にはドイツの法学者プーフェンドルフが『自然法と万民法』を刊行していた。いずれも、国際社会において諸国が守るべき法の存在、すなわち「国際法」を描き出していた。

現在ケンブリッジ大学で教鞭を執る思想史家のイシュトファン・ホントは、大著『貿易の嫉妬』のなかで、そのような時代の変化に注目した。[29]それまでのホッブズの政治思想が、力や恐怖、そして「自己保存」を前提に秩序を考えていたのに対して、プーフェンドルフ、スミス、そしてヒュームの時代になると次第に「社交性（sociability）」が重要になっていく。国と国は対立するばかりではなく、商業によって結びつけられていった。すなわち、「商業的社交性」の精神である。ホントが言うには、「〈社交性〉においては、利己的な動機と利他的な動機とは対極に位置するものではなく、むしろそれらは特有の結合を形成したのである」。そのような認識に基づいて、「協調の体系」の可能性が生まれていく。

アダム・スミス

そこで描かれる秩序は、かつてホッブズが想定したようなアナーキーな「戦争状態」でもなければ、「自己保存」のための無制限の力の膨張でもない。ホントは、この点を次のように指摘する。「ホッブズは『商業的』社交性を、結局、彼の政治目的にとって重要でないものと一蹴したと思われる」[30]。ホッブズの非商業的な政治思想と訣別することから、プーフェンドルフやスミス、そしてヒュームの考える「商業的社交性」の思想が確立し、この時代の国家と国家の協調が正当化されていった。

ヨーロッパにおいては、さまざまな諸国が織りなす多様性を前提にしながらも、それらの諸国が守るべき規範やルールが存在していた。そこに、文化的同質性に基づいたヨーロッパの統一性が存在する余地があった。ヨーロッパを「一つの家族」のように描くことで、諸国の間の絆の存在を認識させた。スミスもまた、国家と国家が無制限に戦争を行うだけではなく、そこには相互の利益を生み出すような繋がりが存在することを証明しようとした。スミスはそれを、法学的な思惟ではなく、道徳哲学的な思惟、さらには商業の発展に注目して経済学的な思惟で語った。

「同感」と「義務」

アダム・スミスは、個別的な利益の追求が、結果として社会全体の公共の利益に繋がるという論理を鮮やかに導き出した。一七七六年に刊行した『国富論』のなかで、次のように論じている。「自分自身の利益を追求することによって、彼はしばしば、実際に社会の利益を推進しようとするばあいよりも効果的に、それを推進する。公共の利益のために仕事をするなどと気どっている人びとによって、あまり大きな利益が実現された例を私はまったく知らない[31]」。

諸国家は自らの利益を追求することによって、国際社会全体の利益をもたらすことができる。「自分自身の利益を追求すること」が、必ずしも、国家間の衝突、すなわち「戦争状態」を意味するとは限らない。ホッブズが内乱と宗教戦争の時代に、「恐怖」の感情に支配されながら「自己保存」の必要を語ったのに対して、スミスは商業が発展する時代に、相互に利益をもたらすような諸国の経済的繫がりを語った。諸国の間に、「調和」がもたらされ、「協調」が実現する。「協調の体系」としての国際秩序観の萌芽《ほうが》である。

それでは、なぜそれぞれが自己利益を追求しながら、社会に一定の秩序が成立するのであろうか。この問題について、スミスはもう一冊の著書、『道徳感情論』において自らの見解を明確に示している。それは人間が他者に対する「同感《シンパシー》」の感情を抱くからだと、スミスは考えた。それは明らかに、ホッブズにはない思考様式であった。

スミスは、一方で人間が「自分自身の利益を追求すること」を行いながらも、他方で「他の人びとの運不運に関心をも」つような行動をとる点に注目した。人間は、自らの利益だけをいつでも考えるとは限らない。経済学者の堂目《どうめ》卓生《たくお》はその著書『アダム・スミス』のなかで、スミスの国際秩序観に注目して次のように述べている。「人間は自分の利益を考える存在であるが、それだけではない。人間本性の中には別の原理もある。それは何かというと、他人に関心をもつということである。人間は、自分の利害に関係なくても、他人の運不運、あるいは境遇に関心をもち、それを観察することによって、自分も何らかの感情を引き起こす存在なのである」[32]。そこに、社会秩序が生まれる心的状況が見られる。堂目によれば、「少なくとも非難されないものになるよう努力する」ことによって、「義務の感覚」が生まれる。人々がその秩序のなかで、義務を守るようになり、共通の規範に従うようになる。スミスは人間のなかにある諸感情を深く洞察することで、秩序が生まれる論理を見いだした。

それは明らかに、ホッブズが想定していた「戦争状態」とは異なる。ホッブズは、あくまでも力と恐怖に注目して、「リヴァイアサン」という国家権力による強制的な秩序を想定していた。他方でスミスの場合は、力ではなくて、このような「同感」という感情によって秩序が生まれうることを見いだした。人々は利己的な行動をとりながらも、同時に他者から非難されないような行動を求めるからだ。秩序に関する新しい思想の誕生である。

スミスとヒューム

ヒュームは、そのようなスミスの秩序論を発展させ、貿易と結びつけて政治を論じた。商業的な論理に目を向けたことで、ヒュームは相互利益というものに対する深い認識に辿り着いた。それは、力という要素にあまりにも拘泥《こうでい》したホッブズの思想からの訣別を意味する。

しかしながら、当時の多くの人々は、他国の成長に対する強い「嫉妬」の感情を有しており、国家間関係をあくまでも敵対的な関係としてとらえる傾向が強かった。そのような傾向を批判して、ヒュームは「貿易の嫉妬について」と題する論文のなかで、次のように論じた。

「商業においていくらかの進歩を遂げた国家のあいだで、近隣諸国の進歩を疑いの眼で見て、すべての商業国（trading states）を競争相手と見なし、近隣諸国の犠牲なしにはいずれの国も繁栄できないと考えることほど、ありふれたことはない。こうした偏狭で悪意のある意見に反対して、私があえて主張したいのは、どの一国民の富と商業の増大も、そのすべての近隣諸国民の富と商業を害《そこな》うのではなく、通常はそれらを促進するということ、また、すべての周辺諸国が無知、怠惰、野蛮（barbarism）の状態に埋もれている場合には、一国がその商工業（trade and industry）を大いに進歩させることはほとんどできないということである」[33]

このようにヒュームは、国家間関係にある「貿易の嫉妬」によって、国家と国家の相互利益が損なわれることを懸念した。ヒュームは、商業の論理が戦争の論理とは異なることを深く認識していた。ホントは次のように述べる。「一八世紀の多数の指導的な思想家と同じく、ヒュームは貿易と戦争は基本的に異なる論理に従うと論じた。見込みとしては、戦争は一方的な事件で、勝者と敗者をもつが、他方、貿易は本質的に相互性に基礎があった」[34]。

このような相互性を認識する思想は、彼の友人であるスミスから受け継いだものでもあった。スミスは『国富論』のなかで、次のように述べていた。すなわち、「諸国民は、自分たちの利益はすべての隣国を乞食にしてしまうことにあると教えられてきた。各国民は自国と貿易するすべての国民の繁栄を憤怒の目でみて、彼らの儲けは自国の損失だと考えさせられてきた。諸国民間の商業は、諸個人間の商業と同様、自然に連合と友情とのきずなであるべきなのに、不和と敵意とのもっとも豊かな源泉となっている」。

そのような「不和と敵意」が溢れる状況を嘆いて、スミスは次のように論じる。「隣国が富んでいることは、戦争や政治の上では危険であるとしても、貿易においてはたしかに有利である。敵対状態にあっては、それは、われわれの敵がわれわれにまさる陸海軍を保持することを可能にするかもしれないが、平和と商業の状態にあっては、それは、彼らがより大きな価値をわれわれと交換し、わが国の産業の直接の生産物やそれで購入されるすべてのものに、よりよい市場を提供することを、同様に可能にするにちがいない[35]」。だからこそ、国際秩序を考える際には、われわれは戦争の論理ばかりでなく、「商業的社交性」の論理にも留意する必要があるのだろう。

スミスは、『道徳感情論』のなかで人間の嫉妬や同感という感情に注目し、他国に対しても人々が嫉妬や競争心を持つ現実を語っていた。またヒュームは、彼の勢力均衡論において見たように、秩序を考える際に古代ギリシャのトゥーキュディデースが論じたような国家間の嫉妬や恐怖の感情、いわゆる「嫉妬深い競争心」を深く理解していた。そして、貿易と戦争とが重なり合うなかで、国家間関係には対立の側面と協調の側面があると認識した。アダム・スミスもヒュームも、「神の見えざる手」によって自動的に秩序の調和が達成されるのではなくて、人間がそのために政治的な努力をする必要があることを理解していた。

彼らのなかでは政治と経済は一体となっていた。スミスとヒュームは、人間の感情を考察し、他国に対して人々が「嫉妬」の感情と「同感」の感情の双方を同時に抱くことに注目する。とりわけ、ヒュームはそのような認識に基づいて、国家間関係において多元性と統一性の二つの力学が同時に働いていると考えた。彼における勢力均衡の理解は、マキアヴェッリやホッブズが考える権力政治の理解とは大きく異なっていた。勢力均衡においても、そこに商業的社交性に基づいた深い結びつきが存在することを理解していたのだ。

ヨーロッパというコモンウェルス

スミスやヒュームは「商業的社交性」の論理から、ヨーロッパ諸国の繋がりを論じた。他方で、それとは異なる論理から、ヨーロッパ諸国の繋がりを論じた思想家がいた。イギリスのエドマンド・バークである。彼は、「ヨーロッパというコモンウェルス」という概念を用いて、価値や文化を共有する同質的なヨーロッパの国際秩序を描いていた。

国際政治学者のジェニファー・ウェルシュは、バークの国際政治思想を論じて、次のように述べた。「合理主義の立場から、バークはヨーロッパ国際社会の存在を観察し、それが勢力均衡といった制度によって維持され、『全人類の偉大な紐帯』である国際法によって統御されているとしている」[36]。

ヨーロッパにおける紐帯を考える場合に、商業的な繋がりだけではあまりにも心細い。商業的な取引だけでは、国と国の平和を担保するには不十分であろう。ヨーロッパを「事実上は一つの巨大な国家」とさえ述べるバークは、ヨーロッパを覆う「キリスト教、君主制的統治原理、ローマ法の遺産、ゴート的習慣」といった共通の価値の重要性を強調する[37]。スミスやヒュームの思想を受け継ぎながらも、バークの場合はより政治的な文脈や文化的な文脈を強調している。また、「君主制的統治原理」が共有されるヨーロッパの一体性を語るバークは、より共和主義的な思想を有していたスミスやヒュームとは政治的立場を異にする。しかしながらバークもまた、「同感」という絆によって「ヨーロッパというコモンウェルス」が結びつけられていることに目を向けていた。

そのような「ヨーロッパというコモンウェルス」を破壊したのが、フランス革命であった。フランス革命は、「君主制的統治原理」を共有する正統な国王による統治に基づいた「ヨーロッパというコモンウェルス」の文化的紐帯を破壊すると同時に、皇帝ナポレオン一世の侵略戦争によって多元的な勢力均衡をも破壊した。それだけではなく、自らの力の無限な膨張と、自らの考える正義の強制を求めるような、過剰なナショナリズムに帰結した。それは、ヨーロッパの平和にとっての脅威であった。それゆえ、ウェルシュは次のように述べる。「バークにとって革命の脅威とは、軍事力に基づく物理的な脅威のことではなく、破壊的かつ伝染的な原理に基づくイデオロギー的な脅威のことである。さらに、フランス国内でのヘゲモニーを握ろうとする従来までの試みとは違って、現在の危機はトランスナショナルなものであり、実体はないにしても、より影響力のある革命勢力のドグマから発しているものである」[38]。

皇帝ナポレオンがヨーロッパで形成した帝国秩序を、バークは秩序原理として正統性を持たないものだと考えた。「君主制的統治原理」に基づいた「ヨーロッパというコモンウェルス」を擁護する彼の反革命の思想は、ヨーロッパの多くの国王や政治家に共有されていたものであり、彼らが抱く怒りや不安を正当化する思想的根拠となった。安定的な秩序をつくるためには、ヨーロッパの秩序原理について、「価値の共有」に至ることが必要であった。ナポレオン戦争後の国際秩序は、したがって、単に多元主義的な勢力均衡を回復するだけではなく、正統主義という価値の共有を基礎とした秩序でなければいけない。そこに、ウィーン体制における「ヨーロッパ協調《コンサート・オブ・ヨーロッパ》」が確立する理念的な土壌が生まれる。

大国間協調の精神

「協調《コンサート》の体系」が国際秩序として確立したのは、ナポレオン戦争後のウィーン体制においてであった。もともと「コンサート」とは、イタリア語の「コンチェルト」から派生した言葉であり、調和が実現された状態のことを指す。それは、自動的な機械のような調和ではなく、むしろ人間の手によってつくられた、調整と合意の組織化でもあった。そのような「コンサート」が一九世紀のヨーロッパで実現する。「ヨーロッパ協調」が成立することで、ヨーロッパには「均衡《バランス》による協調《コンサート》」と呼べるような新しい国際秩序がかたちづくられた。勢力均衡のみに依存するのではなく、それを基礎としながらも、大国間の利益の調和によって安定した秩序が可能だと考えられた。それは、プーフェンドルフやスミス、そしてヒュームやバークが語ったような、一八世紀的な理性に基づいた秩序観でもあった。

ナポレオン戦争後のウィーン会議を議長としてとりまとめたのは、オーストリア外相のメッテルニヒであった。彼は、「オーストリア人」である以上に、ラインラントのコブレンツに生まれてストラスブール大学に学んだ、合理主義と啓蒙主義を信じる「ヨーロッパ人」であった。また、バークが論じていたような、君主制的統治原理を信奉する正統主義の思想を有していた。したがって、メッテルニヒはヨーロッパ全体の平和と利益を視野に入れて、オーストリアの外交を進めていった。ヨーロッパ全体を視野に入れて、その全体の利益の調和や協調を考慮することができたことが、メッテルニヒの外交指導者としての優れた資質であった。そのメッテルニヒは、旧秩序を破壊し、ナショナリズムの情念に駆られて奔走し、帝国秩序を構築した皇帝ナポレオンと、長年にわたってイデオロギー的に対立することになる。

かつてスミスやヒュームが示唆したように、「予定調和」は必ずしも自然に成立するものではない。それは、人間の感情や思想を考慮に入れながら、人為的な政治的営みとして実現するべきものであった。そのためにも、人間の感情を理解する深い人文学的な教養や、理性を信じる合理的精神が備わっていることが重要であった。そこに、外交が行われる余地がある。

この時代には、外交の慣習と制度が確立していった。[39] 一八一四年から一五年にかけてのウィーン会議、そして一八一八年のアーヘン（エクス・ラ・シャペル）会議において、外交官職の身分の規則が確立して、外交官の制度と役割がヨーロッパにおいて共通に理解されていった。また、イギリスにおいて外務事務次官の職位も確立していき、次第に外務省が外交を行う中心的機関として発展していった。国家と国家の関係は、力の衝突や「自己保存」ばかりではなく、対話や交渉によっても彩られるようになった。それは、ヒュームらが考えた「商業的社交性」の思想の政治的帰結でもあった。国際関係における「相互的利益」が、深く理解されるようになった。諸国間の国益がゼロサム的に衝突するだけではなく、すべての諸国にとっての国際公益が存在するという考え方が広まっていく。

そのような国家と国家の関係における利害調整の場が、外交会議であった。一九世紀は外交会議が花開いた時代でもあった。すべての主要な大国が集まって国際問題全体を協議する「会議《コングレス》」によって、戦後処理が行われた。それが、一八一四年のナポレオン戦争後のウィーン会議や、クリミア戦争後の一八五六年のパリ会議、そして露土戦争後の一八七八年のベルリン会議であった。そのような外交会議によって国際関係が処理されたことから、ウィーン体制が確立した一九世紀の国際秩序は「会議体制《コングレス・システム》」と称されることもある。

このようにして、一九世紀において、従来の「均衡の体系」の秩序原理に加えて、「協調の体系」の秩序原理が確立していく。一九世紀の大国間の長い平和は、このような「均衡の体系」と「協調の体系」が麗しく結びついたことによって確立していた。しかしながら、この二つの秩序原理はともに、大国間で同質性が見られることが重要な基礎となっていた。時代が進んでいくとともに、非ヨーロッパ諸国の台頭によって、国際秩序におけるそのような同質性が失われていく。また、ドイツ宰相のビスマルクは、「協調の体系」としての「利益の調和」を信じることなく、あくまでも「均衡の体系」に依拠した「力による平和」を求めていた。ところが、ビスマルク失脚後は、その「均衡の体系」も崩れていく。「均衡《バランス》」と「協調《コンサート》」が失われた世界は国際秩序の安定の基礎を失い、二度の世界大戦の時代へと突進していく。そして、その二つの秩序原理に代わって、「共同体の体系」が唱えられるようになっていく。

3 共同体《コミュニティ》の体系

カントの勢力均衡批判

哲学の巨人イマヌエル・カントは、一七二四年に東プロイセンのケーニヒスベルク（現在はロシア領カリーニングラード）に生まれた。アダム・スミスがスコットランドで生まれた翌年である。同時代人であるスミスとカントは、ヨーロッパにおける同様な知的空気のなかで育ちながらも、活動した時期も、活動した土地も大きく異なり、また思想的にも異なる立場に立っていた。

カントが最初の大著、『純粋理性批判』を刊行したのは齢《よわい》六十歳になろうとする一七八一年のことであり、フランス革命が迫っていた。それは、スミスが『道徳感情論』を刊行した一七五九年頃からは二〇年以上の年月を隔てており、異なる時代の空気が広がっていた。カントは、サン・ピエールやジャン＝ジャック・ルソーが取り組んだ「永久平和」の問題に強い関心を示しながら、革命という不安定な時代に永続的な平和の条件を考えたのである。それは、商業が発達して文明の光が輝いていたスコットランドやパリとは異なり、バルト海に面した陰鬱《いんうつ》な東プロイセンの土地柄を反映していたのかもしれない。

カントは世界平和を考えるにあたって、ヒュームが擁護した勢力均衡に対して強い不信感と嫌悪感を隠さなかった。彼は、すでにフランス革命戦争が始まっていた一七九三年に刊行した『国際法における理論と実践との関係』と題する書物のなかで、次のように勢力均衡の脆弱性を批判した。

「いわゆるヨーロッパ列強間の力の均衡に基づく恒久的な全般的平和のごときは、スウィフトの家屋さながらで一個の妄想にすぎないからである、——この家屋は、一建築家が何もかも平衡の法則通りに建てたものであるが、たまたま雀が一羽その屋根に止まっただけでたちまち崩壊したというのである」[40]

このようにカントは、「雀《すずめ》が一羽その屋根に止まった」だけで、いともたやすく勢力均衡は崩れてしまうと考えていた。それは、とても平和を保障できるような国際秩序ではない。勢力均衡によって平和を手にすることなど、幻想である。カントが参照するスウィフトとは、イギリスの作家であり『ガリヴァー旅行記』で知られるジョナサン・スウィフトであり、辛辣《しんらつ》な社会風刺でその名が知られていた。そのスウィフトの比喩を用いて、カントは勢力均衡がいかに脆弱で危険であるかを説こうとした。

イマヌエル・カント

この時代はアメリカとフランスで革命が勃発し、社会が大きく変動した時代であった。カントは、アメリカやフランスにおける革命に淡い期待を抱いていた。新しい政治秩序の可能性を感じながら、カントは人間の理性を信じてより安定した秩序を模索した。それは、嫉妬や同感という人間の感情を重視したヒュームやスミスとは異なる秩序観であった。スミスやヒュームが「均衡の体系」や「協調の体系」を前提に平和を考えていたのに対して、カントはそれに代わる秩序原理を模索した。それはいわば、「共同体《コミュニティ》」を求める政治的態度であった。カントの勢力均衡批判を、国際政治学者のワイトは次のように叙述する。

「アメリカとフランスの革命教義は、友愛的で非競争的で何よりも単純であり、国際社会に一つの代替原則を提示しているように思われた。これらの教義に触れたすべての人々にとって、勢力均衡とは、旧体制《アンシャン・レジーム》の時代遅れの原則であり、絶対君主制の名残をとどめる外交的片割れとして非難されるべき存在であった」[41]

カントは、勢力均衡とは異なる、「国際社会に一つの代替原則を提示」するような新しい平和の可能性を模索した。あくまでも「勢力均衡とは、旧体制の時代遅れの原則」であって、ささいなことでも「たちまち崩壊」するような危険な体系である。カントはその二年後、一七九五年に七十一歳という高齢にもかかわらず、『永遠平和のために』という題名の情熱的な書物を刊行して、平和へ向けた「代替原則」を披露することになった。

「平和連合」へ向かって

カントは、『永遠平和のために』で、人間が理性に基づいて永遠平和を確立することが可能だと論じた。「永遠平和のための第二確定条項」として、「国際法は、自由な諸国家の連合制度に基礎を置くべきである」と論じた。[42] 人間は「自然状態」においては、「隣りあっているだけですでに互いに害しあっている」からだ。そのような状態を脱しなければならない。

カントは、ホッブズと同様に、「自然状態は、むしろ戦争状態である」と考えていた。それは、他者に対する「同感」によって「商業的社交性」が生まれ、それによって諸国間の利益の調和が可能だと考えていたアダム・スミスの秩序観とは大きく異なる。ホッブズが生きた時代が三十年戦争の時代と重なっていたのと同様に、カントがこの書物を書いた時代もフランス革命という巨大な混乱や殺戮の時代と重なっていた。だからこそカントは、そのような戦争を防ぐための「平和連合」をつくるべきだと考えた。「平和状態は、創設されなければならない」のだ。すなわち、「そこで各民族は自分たちの安全のために、それぞれの権利が保障される場として、市民的体制と類似した体制に一緒に入ることを他に対しても要求でき、また要求すべきなのである」。

カントによれば、「これは国際連合と言えるが、しかしそれは当然諸民族合一国家ではないであろう」という。彼は、平和を確立するためにはあくまでも、人間の理性にしたがって、「自由な諸国家の連合」をつくるべきだと考えた。そのためには、市民の理性を信頼して、国家は共和的体制でなければならない。すべての諸国が共和制であるべきことを、カントはこの書物の「第一確定条項」として明記している。共和的体制である諸国が「自由な連合」を組むことができれば、そこには「永遠平和」がもたらされるであろう。それは、力の均衡によって平和をつくろうとする「均衡の体系」とも、商業や外交の繋がりによって諸国間の利益の調和を目指す「協調の体系」とも異なる。「連合」という、国際的な共同体をつくることで、永遠平和を確立しようとする。いわば、「共同体の体系」である。国際的な共同体こそが、カントや彼の平和論の支持者にとってみれば、永遠平和を確立する鍵となる思想であった。カントはこのように、「均衡の体系」を嫌悪して否定する一方で、それに代わるものとして「共同体の体系」を提唱していた。

そのような共同体について、カントは次のように説明する。「以上に述べた諸理由から、平和連合（*foedus pacificum*）とでも名づけることができる特殊な連合が存在しなければならないが、これは平和条約（*pactum pacis*）とは別で、両者の区別は、後者がたんに一つの戦争の終結をめざすのに対して、前者はすべての戦争が永遠に終結するのをめざすことにある、と言えよう」。

この「平和連合」の目的とは何か。それは、「もっぱらある国家そのもののための自由と、それと連合したほかの諸国家の自由とを維持し、保障することであって、しかも諸国家はそれだからといって、（自然状態にある人間のように）公法や公法の下での強制に服従する必要はないのである」[43]。カントはあくまでも、人間の理性を信用していた。共和的体制においては、人間はそのような理性を深めることができて、野蛮な戦争を回避できると考えた。そしてそこで重要なのは、人々が「公法や公法の下での強制に服従する必要はない」ということである。人々は自由な意志で、そのような「平和連合」をつくるべきなのだ。

カントは必ずしも、「世界共和国」を求めたのではない。カントによれば、もしも「諸民族合一国家」としての「世界共和国」を形成したならば、国際社会において「リヴァイアサン」、すなわち「魂のない専制政治」を生み出してしまうかもしれない。そこでは、諸民族の自由は保障されないであろう。カントが述べるには、確かに国際社会は「独立して隣りあう多くの国家が分離していることを前提とする」。しかし、「それにもかかわらず、まさにこうした状態の方が、理性の理念によるかぎり、他を制圧して世界王国を築こうとする一強大国によって諸国家が溶解してしまうよりも、ましなのである」[44]。諸々の独立した共和的諸国が、自発的に「平和連合」をつくることによってこそ、永遠に平和が確立可能だと考えた。それは、一元的な「世界共和国」でも「世界王国」でもなく、多元的な「国際共同体」のようなものである。

「世界市民主義」による平和

カントは、「第三確定条項」として、「世界市民法は、普遍的な友好をもたらす諸条件に制限されなければならない」と論じる。カントは、平和な世界においては、国境を越えた「世界市民」がその主体たるべきだと考えた。いわゆる、「世界市民主義」であり、コスモポリタニズムである。国境の枠組みにとらわれないコスモポリタンな人々が、理性にしたがって繋がりを深めることで、戦争を回避できるだろう。アダム・スミスやヒュームは、人々が「祖国への愛」という「国民的偏見」を持っている現実を直視した。それに対して、カントは理性によってそのような障壁を乗り越えられると考えていた。「世界市民主義」に基づいて「平和連合」という国際共同体を構築する。これにより、国際秩序において永遠平和を確立できるはずだ。

そのようなカントの国際思想が色濃く表出しているのが、一七八四年にカントが公刊した論文、「世界公民的見地における一般史の構想」である。そこでカントは、諸国が破滅的な戦争を繰り返すことで、社会が疲弊して、平和を求めて諸国の連合がつくられると考えた。

しかし人間は、そのような悲劇を繰り返さずとも、理性があれば国際連合を成立できるはずだ。そして、「かかる国際連合においては、どの国家も――従ってまた最小の国家といえども、その安全と権利とを、自国の威力や法的判決に求めるのでなくて、この大規模な国際連合（*Foedus Amphictyonum*）に、すなわち合一せる威力と合一せる意志とによって制定せられた法律に従うところの決定とに期待することができるだろう」[45]。カントは、諸国家の「合一せる威力と合一せる意志」により、「大規模な国際連合」が成立可能だと考えていた。こうしたカントの国際秩序観は、現在の国際連合や東アジア共同体構想に見いだすことができるだろう。カントの考える「共同体《コミュニティ》の体系」は、時代を超えて巨大な影響を及ぼしているのだ。

復権するカント

政治哲学において巨大な地位を占めるカントの哲学も、国際政治学においては長らく無視されるか、実現不可能なものと軽蔑《けいべつ》されてきた。とりわけ、リアリズムの伝統が強い戦後アメリカの国際政治学の世界では、一九八〇年代にマイケル・ドイルがカントの永遠平和論をリベラリズムの伝統として再定義するまでは、軽視されてきたと言える。

国際政治学の世界でカントの平和思想が最初に注目され、理論化されたのは、イギリスにおいてであった。一九六〇年代頃から、イギリスの国際政治学において、徐々にカントの平和思想の重要性が論じられるようになっていた。ケンブリッジ大学で国際政治学を教えるハリー・ヒンズレーは、一九六三年に刊行した『パワーと平和の追求』と題する書物のなかで「平和の追求」を行う政治思想家たちについて論じた。ヒンズレーは、その代表的な政治思想家としてカントに注目した。ヒンズレーは、それまで「世界政府」設立を求める思想家と誤解されてきたカント像を、丁寧にそのテキストを読み直すことで修正した。そして、カントが求めたのが、すでに見てきたように、「世界共和国」ではなくて、「諸国家の連合（a union of states）」である点に注目した。[46]

とりわけヒンズレーが光を当てたのは、カントの立憲主義的な秩序観である。カントが「連邦（federation）」や「諸国家の連合」というような概念を用いるとき、それは条約に基づいた諸国間の合意を意味している。カントが念頭に置いていたのは、その時代に新しく生まれつつあったアメリカの連邦政府であった。また「共和的（republican）」という言葉を使うときも、それは現代的な意味での民主主義とは大きく異なり、立憲主義的な政治秩序を考えていた。したがって、イギリスのような王政であったとしても、立憲主義は可能なのである。

国内社会で「憲　法《コンスティテューション》」が安定した秩序をもたらすように、カントは国際社会においても条約や国際法に基づいて立憲的な秩序を樹立可能と考えたのだ。

国内体制として立憲主義的な共和的体制を確立して、それらの諸国が条約に基づいた「連合」を組むことで国際社会では永遠平和が可能だとカントは考えていた。それは、現代にも適用可能な国際秩序観であろう。すべての諸国が民主主義となる必要はないし、また「世界政府」をつくる必要もない。人々が理性に基づいて、「諸国家の連合」をかたちづくれば、そこに安定的な平和が生まれるはずだ。ヒンズレーのこの著書を通じて、多くの読者がカントの国際政治学への貢献を深く理解するようになる。

他方で、国際政治学者のマーティン・ワイトは、一九五九年から六〇年にかけてのロンドン大学での講義のなかで、国際政治に巨大な影響を及ぼした四人の思想家をとりあげて論じた。それは、マキアヴェッリ、グロティウス、カント、そしてマッツィーニである。カントについてのその講義の冒頭でワイトは、「カントは近代の哲学者の中で最も偉大な人物で、その影響はゲーテやシラー、ベートーヴェン、そしてイギリスの哲学の中にも見られる」と述べた。そしてワイトは、カントを「革命主義者」と位置づけた。「革命主義者」と称するのは、カントが「現状の政治的状況が完璧なものとは考えておらず、それは改良されるべきだと想定していた」からである。[47] ケンブリッジでヒンズレーがカントの平和思想について論じていたのとほぼ同じ時期に、このようにワイトはロンドンにおいて、カントの「共和制諸国の連邦（Federation of Republican States）」について語っていた。一九六〇年代以降、彼らの影響を受けたイギリスの数多くの国際政治学者が、カントの永遠平和論の国際政治学的な重要性を認識するようになる。ワイトのこの講義は、二〇〇五年に、彼の主要な講義録である『国際理論』[48]に続いて刊行された。ワイトのこの著書を通じて、カントの平和思想は現在では国際政治学の世界で「カント的伝統」として、広く認知されている。

カント的平和論

イギリスの国際政治学で、ヒンズレーやワイトを通じてカントの国際政治思想が広く知られる一方で、アメリカにおいてはマイケル・ドイルを通じてカントのリベラリズムが広く認知されるようになった。ドイルが一九八三年に発表した画期的な論文、「カント、自由主義の遺産、外交」において、彼はアメリカにおけるリベラリズムの国際政治理論のよりどころとして、カントの永遠平和論を参照している。[49]さらに、歴史を概観すれば、リベラリズムに基づいた民主主義諸国の間での戦争は起こりにくいという点に、ドイルは目を向けた。このドイルの貢献によって、これ以降「カント的平和」、あるいはそれと同様な意味で「民主的平和」という用語が、アメリカの国際政治学において浸透していった。すなわち、民主主義国家どうしは戦争をしないから、民主主義を世界に広げることで国際社会に平和を確立しようとする使命が、冷戦後のアメリカ外交の目的として位置づけられるようになっていった。

ヒンズレーとワイト、そしてドイルは、それぞれ異なる文脈から国際政治学の世界でカントの平和論を論じてきた。ヒンズレーが「平和の追求」の一つの淵源として、ルソーやベンサムなどと比較してその思想を紹介したのに対して、ワイトはホッブズ的伝統とグロティウス的伝統と対置して、もう一つの系譜としてのカント的伝統を「革命主義」として紹介した。他方でドイルの場合は、アメリカの国際政治学のリベラリズムの伝統を復権させるためにも、カントの思想を新しいコンテキストのなかで再評価した。それぞれが大きく異なる枠組みのなかでカントの平和思想を論じながらも、それまでの勢力均衡の秩序原理を否定して、国際社会に連邦的な共同体を確立しようとしたことについては大きな意見の収斂が見られた。

イギリスの国際政治学者、ハワード・ウィリアムズとケン・ブースは、次のようにカントの功績を評価する。すなわち、「現実主義のパースペクティヴから見れば、戦争が起こるのはそれを止めるものが何もないからである。カントは戦争を止めるものがあると考える。かれの考えでは徐々にではあるが戦争を止めさせるのは、共通の理性である」。このように、カントは「共通の理性」による戦争のない国際秩序を構想した。「カントによって、人間本性を、戦争を決定づけるファクターではなく平和の根本的な希望とみなすという、パースペクティヴの転換がもたらされた」のである。[50]

グローバル・コミュニティ

カントの考えた「世界市民主義」、そして「平和連合」の理念は、その形式を変えながらも二一世紀に受け継がれている。とりわけ、グローバル化が進む世界のなかで諸国間の繋がりがよりいっそう緊密になることで、地球全体が一つのコミュニティになったと論じられるようになった。

その代表的な論者が、入江昭《いりえあきら》である。ハーバード大学で長らく外交史を教えてきた入江昭は、『グローバル・コミュニティ』と題する著書のなかで、コスモポリタニズムの思想に基づいて現代世界における人々のネットワークを描いた。入江は、「グローバル・コミュニティという概念を、『グローバル意識』を土台として作り出された国家を超えたネットワークの形成を示すもの」と位置づけている。[51] それでは、その「グローバル意識」とは何か。それは、「国という社会を一歩踏み出した外部には遥かなる世界が広がり、個人や集団が、どこに帰属するものであれ、その広い世界の中では一定の利益や関心を共有するという思想」である。

入江はその著書のなかで、一九世紀以来の国際行政機構の広がり、そして「国際主義」という理念の浸透によって、人々の繋がりが緊密になっていく歴史を描いている。入江は、勢力均衡の秩序原理を拒絶して、またメッテルニヒが求めたような大国間の協調からも距離を置いて、むしろ市民やNGOがかたちづくるリベラルなネットワークに基づいた秩序を構築するよう提唱した。それは、カントが論じる世界市民主義の伝統を部分的に受け継ぐものであった。カントが、「自由な諸国家の連合」を重視していたように、入江もまたリベラリズムに基づいた国際主義的なグローバル・コミュニティを主唱する。それは、「共同体の体系」としての国際秩序観といえるものであった。

ロンドン大学（LSE）教授であったデヴィッド・ヘルドもまた、そのようなグローバルなコミュニティの形成に目を向けて、新しい世界秩序を論じた。ヘルドは次のように述べる。「換言すれば、国家第一主義の政治やリアリズムないし『国家の理性』は、人々のあいだの、また、コミュニティ間の網の目が密になっている時代の政治を展望するには適切とは言えないし、不十分なものともなっていることになる。これに替わる方向は相互の承認を基礎とした政治であり、各人が、また、万人が同様に重視されるとともに、国境にかかわりなく大きなインパクトを受ける公的決定設定が透明で、説明責任に耐え得る政治が求められている」[52]。ヘルドはこれを「コスモポリタニズム」と呼ぶ。

ヘルドの世界秩序論は、明らかに、カントの世界市民主義の系譜を受け継いでいる。他方でヘルドは、カントの「世界市民主義」に民主主義的な条件を加えることによって、「世界市民的民主主義」を提唱している[53]。カント自らは実際には、すでに見てきたように、「世界共和国」の成立には消極的であった。むしろ彼は、主権国家の自由な連合によって、世界市民主義の精神に基づいてゆるやかな連邦的秩序をつくることを目指していた。それに対して、ヘルドはより積極的に、民主主義の理念を基礎とした「世界共和国」のようなコミュニティを構築することを希求する。「こうした形での世界市民主義への関与は、自分たちの国境の内外で民主公法を支持する、民主的国家や社会からなる国際共同体、すなわち、世界市民的民主共同体の設立に向けて努力する義務を課す」[54]。明らかにヘルドは、カントの永遠平和論を実現可能な政治的なプログラムとして、それをさらに拡充したかたちで実践することを希求している。

このように、二一世紀になるとかつてのカントの夢が、現実の世界秩序の構想として学者たちによって論じられるようになった。カントからウッドロー・ウィルソン、入江昭に至るまで、彼らは勢力均衡に基づいた国際秩序を時代錯誤なものとして拒絶した。新しい時代には、新しい秩序が可能だと考えた。カントが、共和的体制の諸国による自由な連合を想定していたのに対して、入江やヘルドはより積極的にグローバルなコミュニティが可能だと考えた。

このように、近代的な国際社会が成立してから、思想家たちはさまざまな国際秩序の構想を思い描いてきた。それを本書では、「均衡《バランス》の体系」、「協調《コンサート》の体系」、そして「共同体《コミュニティ》の体系」という三つの系譜に分けて考えた。それでは、これらの国際秩序の原理は、実際の歴史のなかでどのように実践されたのだろうか。それぞれの時代に、いったいどのような国際秩序が存在していたのか。次章では、歴史のなかの国際秩序を見ることにしたい。

註

1　ここでは、一般的な用法にしたがって、一七〇七年のイングランドとスコットランドの合同以前についてはイングランドという用語を用い、それ以後はイギリスという用語を使用する。
2　伊豆藏好美「ホッブズ」『哲学の歴史5　デカルト革命【17世紀】』（中央公論新社、二〇〇七年）五八頁。
3　ホッブズ『リヴァイアサンI』（中央公論新社、二〇〇九年）一七一頁。
4　同、一七二〜一七三頁。
5　同、一七五頁。
6　ヘドリー・ブル「国際関係における社会とアナーキー」H・バターフィールド／M・ワイト編『国際関係理論の探究——英国学派のパラダイム』佐藤誠ほか訳（日本経済評論社、二〇一〇年）二七〜二八頁。
7　同、三八頁。
8　H・バターフィールド「勢力均衡《バランス・オブ・パワー》」バターフィールド／ワイト編『国際関係理論の探究』一四七頁。
9　ハンス・J・モーゲンソー『国際政治II　権力と平和』現代平和研究会訳（福村出版、一九八六年）二一九頁。
10　ヘドリー・ブル『国際社会論——アナーキカル・ソサイエティ』臼杵英一訳（岩波書店、二〇〇〇年）一二七頁。
11　Martin Wight, *Power Politics* (Leicester: Leicester University Press, 1978, reprinted in 1995) p.169.
12　高坂正堯『国際政治——恐怖と希望』（中央公論社、一九六六年）二三頁。

13 トゥーキュディデース『戦史（上）』久保正彰訳（岩波書店、一九六六年）九〇頁。

14 ヒューム『政治論集』田中秀夫訳（京都大学学術出版会、二〇一〇年）九五頁。

15 バターフィールド「勢力均衡」一五三頁。

16 高坂正堯『古典外交の成熟と崩壊』（中央公論社、一九七八年）一一頁。

17 同、一二頁。

18 「世界君主政への対抗」という視座からヒュームの勢力均衡論を論じたものとして、森直人『ヒュームにおける正義と統治——文明社会の両義性』（創文社、二〇一〇年）一七七～一八五頁。

19 高坂『古典外交の成熟と崩壊』一五頁。

20 アンドルー・ハレル「ヴァッテル、多元主義とその限界」イアン・クラーク、アイヴァー・B・ノイマン編『国際関係思想史——論争の座標軸』押村高・飯島昇藏訳者代表（新評論、二〇〇三年）二九九頁。

21 E. de Vattel, *The Law of Nations, or, the Principles of Natural Law: Applied to the Conduct and to the Affairs of Nations and of Sovereigns*, translated by Charles G. Fenwick（New York: William S. Hein, 1995）p.4.

22 Ibid., p.6.

23 Emmerich de Vattel, "From The Law of Nations or Principles of Natural Law", in Chris Brown, Terry Nardin and Nicholas Rengger（eds.）, *International Relations in Political Thought: Texts from the Ancient Greeks to the First World War*（Cambridge: Cambridge University Press, 2002）p.370.

24 モーゲンソー『国際政治Ⅱ』二三二頁。

25 同、二三四～二三五頁。

26 マーティン・ワイト「勢力均衡《バランス・オブ・パワー》」バターフィールド／ワイト編『国際関係理論の探究』一九三頁。

27　森『ヒュームにおける正義と統治』九〇～九二頁。
28　前田俊文『プーフェンドルフの政治思想——比較思想史的研究』（成文堂、二〇〇四年）六三～九三頁。
29　イシュトファン・ホント『貿易の嫉妬——国際競争と国民国家の歴史的展望』田中秀夫監訳（昭和堂、二〇〇九年）第1章。
30　同、三〇頁。
31　アダム・スミス『国富論2』水田洋監訳（岩波書店、二〇〇〇年）三〇四頁。
32　堂目卓生『アダム・スミス——『道徳感情論』と『国富論』の世界』（中央公論新社、二〇〇八年）二八頁。
33　ヒューム「貿易の嫉妬について」ヒューム『政治論集』三一一頁。
34　ホント『貿易の嫉妬』四～五頁。
35　スミス『国富論2』三七二～三七四頁。
36　ジェニファー・M・ウェルシュ「エドマンド・バークとヨーロッパというコモンウェルス——国際秩序の文化的基盤」クラーク／ノイマン編『国際関係思想史』二二〇頁。
37　エドマンド・バーク『バーク政治経済論集——保守主義の精神』中野好之編訳（法政大学出版局、二〇〇〇年）九一四頁。
38　ウェルシュ「エドマンド・バークとヨーロッパというコモンウェルス」二二五頁。
39　細谷雄一『外交——多文明時代の対話と交渉』（有斐閣、二〇〇七年）五八～六八頁。
40　ワイト「勢力均衡」一九一～一九二頁。
41　同、一九二頁。
42　カント『永遠平和のために』宇都宮芳明訳（岩波書店、一九八五年）三八頁。

43 同、四二～四三頁。

44 同、六八～六九頁。

45 カント『啓蒙とは何か　他四篇』篠田英雄訳（岩波書店、一九七四年）三六～三七頁。

46 F. H. Hinsley, *Power and the Pursuit of Peace: Theory and Practice in the History of Relations between States* (Cambridge: Cambridge University Press, 1963) p.66.

47 Martin Wight, *Four Seminal Thinkers in International Theory: Machiavelli, Grotius, Kant, & Mazzini* (Oxford: Oxford University Press, 2005) p.71.

48 マーティン・ワイト『国際理論――三つの伝統』佐藤誠／安藤次男／龍澤邦彦／大中真／佐藤千鶴子訳（日本経済評論社、二〇〇七年）参照。

49 邦訳は、マイケル・W・ドイル「カント、自由主義の遺産、外交」猪口孝編『国際関係リーディングズ』（東洋書林、二〇〇四年）第五章、一一九～一五五頁を参照。

50 ハワード・ウイリアムズ／ケン・ブース「カント、限界のない理論家」クラーク、ノイマン編『国際関係思想史』一〇五～一〇七頁。

51 入江昭『グローバル・コミュニティ――国際機関・NGOがつくる世界』篠原初枝訳（早稲田大学出版部、二〇〇六年）九頁。

52 デヴィッド・ヘルド『コスモポリタニズム――民主政の再構築』中谷義和訳（法律文化社、二〇一一年）ii頁。

53 デヴィッド・ヘルド「世界市民的民主主義とグローバル秩序――新たな議題」ジェームズ・ボーマン／マティアス・ルッツ－バッハマン編『カントと永遠平和――世界市民という理念について』紺野茂樹・田辺俊明・舟場保之訳（未來社、二〇〇六年）二四四～二四八頁。

54 同、二四七頁。

第2章　近代ヨーロッパの国際秩序

前の章では、「均衡《バランス》の体系」、「協調《コンサート》の体系」、そして「共同体《コミュニティ》の体系」という三つの秩序原理が、思想的にどのように生まれて、どのように発展してきたのかを見てきた。それらはけっして、相互に排他的なものではなく、その三つが独特に結びつきあうことによって実際の国際秩序がつくられていく。

本章では、一八世紀初頭から一九世紀末にかけて、「均衡の体系」と「協調の体系」という二つの秩序原理がどのようにして実際のヨーロッパの国際政治で展開したのかを、見ることにしたい。まず、一七〇一年に始まったスペイン王位継承戦争が、「均衡の体系」がつくられる重要な契機となったことを論じる。ルイ一四世の巨大なフランスの覇権的野心が、そのライバルであるオーストリアのハプスブルク家の皇帝レオポルト一世、さらにはかつてフランスに侵略されたオランダ出身のイングランド王ウィリアム三世に警戒心を植え付けた。それに対抗するために、巨大な対仏大同盟がつくられたことは、勢力均衡が機能した典型的な事例であった。

しかしそのような「均衡の体系」も、フランス革命とそれに続く革命干渉戦争、さらにはナポレオン戦争を通じて、もろくも崩れ去っていった。その後にできたのが、巨大な皇帝ナポレオンの普遍的帝国であった。再び、このフランスの野心に対抗するための、対仏大同盟が形成される。その中心に立ったのがイギリスのウィリアム・ピット首相、その精神を受け継ぐカースルレイ外相、そしてオーストリアのメッテルニヒ外相であった。カースルレイとメッテルニヒを中心に、一八一四年九月に始まるウィーン会議を通じて新しい国際秩序がつくられた。それは単なる「均衡の体系」の回復に止まらず、それに新しい「協調の体系」が結びついた、「均衡《バランス》による協調《コンサート》」と呼べるような秩序であった。「均衡の体系」と「協調の体系」という二つの秩序原理が結びついたことで、歴史上最も強固で安定した国際秩序がつくられた。その国際秩序は、結果として、一世紀に及ぶ「長い平和」をヨーロッパにもたらした。

しかしながら、そのような「長い平和」も二〇世紀に入ると崩壊する。およそ二世紀に及ぶヨーロッパの国際秩序の歴史を通じて、安定的な平和のために必要な条件を考えることにしよう。

1　勢力均衡の成立——一八世紀の国際秩序

勢力均衡の黄金時代

一七世紀前半のヨーロッパは、宗教戦争に彩られていた。一六一八年に三十年戦争が勃発すると、カトリックとプロテスタントの間での際限のない殺戮《さつりく》が続けられ、ヨーロッパ大陸は混沌としていた。そのような混乱のなかイングランドの思想家ホッブズは、『リヴァイアサン』と題する著書において、絶対的な権力を有する国家によって安定した国内秩序を確立することを求めた。何よりも、力こそが重要であって、より大きな力を持つものが政治を動かす。この時代においては、フランスのブルボン家とオーストリアのハプスブルク家の二大勢力が、ヨーロッパ大陸での覇権的な地位をめぐり対立していた。そしてこの二つの勢力の覇権争いが、この時代の二極的な秩序の基本構造となっていた。

そのような秩序が、一七世紀半ば以降に徐々に変化を示すようになる。一六四八年のヴェストファーレン地方のミュンスターとオスナブリュックでの講和条約（いわゆるヴェストファーレン〔ウェストファリア〕条約）によって、三十年戦争は幕を閉じた。その後は徐々に、大国間では全面戦争を回避するような一定の抑制が見られるようになっていく。時代は新しい秩序を求めていた。その新しい秩序とは、多極的な勢力均衡によってつくられる秩序であった。イギリスの外交史家であるM・S・アンダーソンは、一八世紀を「勢力均衡の黄金時代」と位置づけた。

一八世紀に至るまでは、均衡の概念はいつでも、非難の対象となっていた。力と力の脆弱な均衡によって平和をつくることは、道義的に非難すべきものであった。ところが、プーフェンドルフやヒュームらの著作を通じて、ヨーロッパにおいて政治的安定の条件として勢力均衡の秩序原理が広く受け入れられるようになった。確かに、ヒュームが論じたように、古代ギリシャの頃から勢力均衡の思考が実際の国際関係においても見られていた。しかしながら、それが意識的に理論化され、政治の世界に導入され、また秩序原理として浸透するのは、この時代まで待たねばならなかった。

一八世紀ヨーロッパの国際秩序は、「協調《コンサート》なき均衡《バランス》」と呼ぶべきものであった。「均衡の体系」としてのヨーロッパの一体性が育まれながらも、一九世紀に見られるような「協調の体系」はまだ確立していない。勢力均衡を維持するために戦争が行われ、あるいは大国間で恒常的な相互不信や謀略が見られた。

イギリスの国際政治学者マイケル・シーハンは、一八世紀の勢力均衡の特徴を、次のように述べている。「勢力均衡システムは戦争を防ぐことはなかったし、実際のところそうすることがその目的に含まれていたわけでもなかった。しかしそれによって、限定戦争の時代が到来したのである」[1]。というのも「一八世紀において、戦争はまさに政治の延長であったのだ」[2]。そのような現実から、プロイセンの軍人クラウゼヴィッツの戦略思想が生まれる。クラウゼヴィッツは、戦争論の古典である著書『戦争論』のなかで、「戦争は政治におけるとは異なる手段をもってする政治の継続にほかならない」と論じた[3]。一七八〇年にプロイセンに生まれたクラウゼヴィッツは、時代精神を体で吸収して、戦争の本質を論じたのである。当時のオーストリア宰相カウニッツは、主君マリア・テレージアに次のように進言していた。「君主国の頼みの綱、そして領地および臣民の安全と繁栄は、まず何よりもわが軍の質の高さと強大さに依拠しております」[4]。戦争が常態であるこの時代において、質が高く強大な軍事力こそが、国家の安全と繁栄を保障していたのだ。

一八世紀の「均衡の体系」の時代には、軍事力や戦争を通じて国際秩序が確立されていた。「均衡の体系」において、戦争はときとして秩序を安定させるための必要悪であった。とはいえ、この時代の戦争は、二〇世紀に人類が経験する総力戦ではない。理性や節度によって抑制された、主として名高い貴族や傭兵によって戦われるような限定的な戦争であった[5]。それゆえ、多くの人々にとって戦争とは、自らの生活にはそれほど関係のないものであって、国王が行う戦争を受け入れることもそれほど難しくはなかった。国民が大規模に動員され、ナショナリズムに鼓舞されて制限のない戦いを始めるようになるのは、ナポレオン戦争以降のことである。

このように、「均衡の体系」を維持するためには、ときには戦争という手段に訴えることも必要であった。一八世紀には、小規模な戦争が頻繁に繰り返されて、軍事力こそが自国の安全を守るための最後の砦であった。アナーキーな国際社会で、自らの軍事力以外に頼るべきものはない。したがって、一八世紀は「勢力均衡の黄金時代」であったのと同時に、そのような力に支配された「協調なき均衡」の時代でもあったのだ。

理性と節度

国際政治学者のハンス・モーゲンソーは、主著『国際政治』のなかで、勢力均衡の原理と歴史について多くの紙幅を割いて説明している。リアリストの彼にとっては、何よりも、勢力均衡こそが国際秩序の中核となるべき体系であった。モーゲンソーは、一八世紀のヨーロッパで勢力均衡が成立した背景として、この時代に浸透しつつあった理性や節度に目を向けた。

モーゲンソーによれば、「近代国際システムの安定に対する信頼は、バランス・オブ・パワーによってもたらされるのではなくて、バランス・オブ・パワーおよび近代国際システムの双方が拠って立つ、現実の知的、道義的な多くの要素によってもたらされるのである」。その「知的、道義的な多くの要素」とは、「西洋文明の知的、道義的基礎、つまり一八世紀社会の主役たちを動かし、彼らのすべての思想と行動に浸透していた知的、道義的風潮」であった。それによって、一八世紀ヨーロッパの国際秩序では、ある程度の一体性が存在していた。

それでは、その「知的、道義的風潮」とは具体的にどのようなものか。また一八世紀のヨーロッパで、なぜそのような「知的、道義的基礎」に基づく一体性が成立したのであろうか。モーゲンソーは次のように述べている。「宗教戦争の激情は、合理主義と、啓蒙運動の懐疑的な節度とに屈服したのである。その寛容な雰囲気のなかでは、いかなる種類の主義によって助長された国家的憎悪や集団的敵意も、勢いづくことはまずなかった」[6]。

宗教戦争に明け暮れた一七世紀の殺戮と混乱とは対照的に、一八世紀のヨーロッパにおいては「合理主義」や「啓蒙運動の懐疑的な節度」による安定性が育まれていた。そのような「合理主義」と「懐疑的な節度」の精神を反映していたのが、すでに触れたプーフェンドルフやアダム・スミス、ヒュームらの思想であった。理性や節度が、ヨーロッパの国際秩序に浸透することで、国家間関係が無制限の戦争や衝突ではなく、一定の抑制と均衡によって導かれることになる。逆に人々が理性や節度を失い、ナショナリズムの熱情に駆られて、あるいは宗教的な正義を掲げ、怒りのなかで他国との対立を激化させていけば、勢力均衡は成り立つことは難しい。勢力均衡の成立と、節度と理性の保持は不可分の一体として考えるべきものであった。それこそが、一八世紀の時代精神であった。

他方でマイケル・シーハンは、勢力均衡が成立した根拠として、この時代のヨーロッパの王室や貴族階級が、同質的な文化的および社会的な絆で結ばれていたことを指摘する[7]。一八世紀のヨーロッパでは、スペインの国土はフランス出身の国王によって統治され、イギリスの国土はドイツ出身の国王によって統治されていた。また、各国の軍隊は外国人の傭兵によって構成されていた。この時代に、まだ民族はそれほど重要な要素ではなかった。そして、ナショナリズムという熱情が政治を支配する以前の時代であった。だからこそ、そのような国境を越えた結びつきが可能であった。宗教戦争が終息した一八世紀においても、依然として信仰が政治に影響を及ぼす機会は数多く見られたが、他方で宗教的対立がそのまま大国間の全面戦争に発展する可能性は薄れていった。理性が支配する時代において各国の統治者や外交官たちは、国益の合理的な計算や冷静な力関係の分析に基づいて、外交を行うようになっていた。そして理性や節度は、戦争の限定性や妥協的な平和の成立に帰結した。

　このように、宗教戦争の荒波に飲み込まれた一七世紀と、ナショナリズムの奔流の時代となる一九世紀に挟まれた一八世紀には、国際関係に理性や節度が適用されやすい時代精神が存在していたといえる。[8] それがこの時代において、勢力均衡が成立しえた背景でもあった。二〇世紀になると、ナショナリズムが絶頂に達し、人種主義やイデオロギーあるいは宗教的な亀裂が国際的な摩擦を激化させ、また武力衝突も総力戦の時代に入る。それは一八世紀とは大きく異なる時代精神であった。そもそも、一八世紀に成立する「均衡の体系」とは、ヴァッテルが述べるような「共通利益の絆」あるいは「ある種の共和国」としてのヨーロッパ社会の一体性を背景としていたのだ。

そのような一八世紀のヨーロッパにおける勢力均衡が成立する契機となったのが、一七〇一年に勃発したスペイン王位継承戦争であった。

ウィリアム三世の登場

一七世紀から一八世紀初頭に至るまで、ヨーロッパの国際関係において、ブルボン王朝のフランスこそが、ヨーロッパで最も強大な国家であり、覇権的な野心を備えた軍事大国であった。フランスは、リシュリュー枢機卿《すうきけい》やマザラン枢機卿という狡猾《こうかつ》で知的な指導者の下で、着実に国力を増していった。それだけではない。フランスはリシュリューの下で一六二四年に「外務省」を他国に先駆けて設立し、外交が独自の機構によって進められるようになる。フランスは優れた外交官を育成し、彼らの活躍によって自国の国益を着実に実現させていった。一六四三年にルイ一四世がわずか四歳で即位した頃には、フランスはヨーロッパで最大規模の兵力を備えるに至っていた。一六六一年にはルイ一四世の国王親政が始まり、ヨーロッパ最大の大国となったフランスは徐々に覇権的な野心を膨らませていった。

他方で、もう一つの大国であるハプスブルク君主国は、歴代の神聖ローマ帝国の皇帝が輩出し、ヨーロッパで最も権威がある、そして最も広大な領地を擁する大国となっていた。一六一八年に帝国領内で始まった三十年戦争によって国力を大きく衰退させながらも、ブルボン王朝のライバルとしてヨーロッパ大陸でフランスと勢力を二分していた。一六五八年に即位したレオポルト一世がハプスブルク家の当主として、また神聖ローマ皇帝として、一八世紀初頭までの長きにわたりハプスブルク王国と神聖ローマ帝国を統治した。一七世紀後半には、ブルボン王朝とハプスブルク王朝の対立が契機となり、いくつもの戦争が勃発した。このように統治の時期を大きく重ねていた二人の君主、すなわち「太陽王」であり「戦争王」であったルイ一四世と、神聖ローマ皇帝でもあったレオポルト一世との対立が、この時代の国際政治の基調となっていたのだ。[10]

一七世紀末に、この時代のヨーロッパの国際政治を動かすもう一人の主役が表舞台に立つ。オランダ出身でイングランド王となったウィリアム三世である。オラニエ家ウィレム三世としてオランダ総督という立場にあった彼は、優れた外交感覚をもってオランダの安全、そして後にはイングランドの安全と繁栄を確立しようとした。彼の父親はオランダ総督ウィレム二世であり、また母親はイングランド国王チャールズ一世の王女、メアリ・ヘンリエッタ・ステュアートであった。ウィレム三世は、一六七七年にイングランド国王チャールズ二世の弟ヨーク公の娘メアリと結婚した。名誉革命の後に、妻メアリがメアリ二世として即位すると、彼もまたイングランド国王ウィリアム三世として、メアリ二世とともに共同統治することになる。

ウィレム三世が総督となっていたオランダは、一六七二年にはフランス軍による侵略を受けていた。フランスの覇権的な野心に対抗することこそが、ウィレム三世にとっての最大の政治的使命となっていた。オランダからイングランドに渡りイングランド国王となったウィリアム三世は、それまで弱小国と見られていたイングランドを大国化させることを目指し、またヨーロッパの国際政治で積極的な役割を担おうと考えていた。このウィリアム三世こそが、スペイン王位継承戦争に参戦してこのイギリスを一躍ヨーロッパの大国へと成長させた偉大な国王であった（原則として、一七〇七年のイングランドとスコットランドの合同以降は「イギリス」と表記し、それ以前は「イングランド」と表記する）。このウィリアム三世は、同君連合としてオランダとイングランドを結びつけることによって、ヨーロッパ大陸におけるルイ一四世の覇権への野心を制止しようと試みた。実際にこの頃のオランダとイギリスは二大海洋国家であると同時に、二大通商国家でもあった。この二つの海洋国家を連合させることで、ウィリアム三世は海洋を支配することができると考えた。

ウィリアム三世

このように、覇権的な野心が溢れるフランスのルイ一四世、そしてブルボン王朝への対抗心を持つハプスブルク家のレオポルト一世、さらにはこの二つの大国の間でバランサーとしての役割を担おうとするウィリアム三世と、この三人の国王が中心となってヨーロッパの国際関係を動かしていた。一六八六年、大国フランスに対抗するため、ハプスブルクのレオポルト一世が結成したアウクスブルク同盟には、オランダ、スペイン、スウェーデン、ドイツ諸侯が加わった。一六八九年にはこのアウクスブルク同盟に、国王ウィリアム三世が率いるイングランドも加わった。

一六八八年にフランスとこのアウクスブルク同盟との間で始まった九年戦争（プファルツ伯位継承戦争）は、このようなフランスとオーストリアの覇権争いを象徴する戦争であった。ルイ一四世はアウクスブルク同盟の勢力に苦戦し、ウィリアム三世率いるこの大同盟を前に大きな挫折《ざせつ》を味わう。相互に大きな被害を受け、一六九七年のレイスウェイク条約でこの戦争は終結した。ちなみにこの条約は、ハーグ郊外にあるレイスウェイクのウィリアム三世が所有する宮殿で調印された。背の低く、外見的にあまり目立たないこのウィリアム三世こそが、この時代のヨーロッパ国際政治の舞台で中心に立っていたのだ。それだけではない。この戦争にイングランドが加わったことで、これ以降一世紀を超えるフランスとイギリスとの対抗関係が浮かび上がってきた[11]。

歴史家の君塚直隆《きみづかなおたか》によれば、「ルイ一四世の最大の失敗は、一六世紀前半のフランソワ一世の外交政策を踏襲できなかった点にあった[12]」。すなわち、「オスマン帝国軍からウィーン包囲にあっていたカール五世の神聖ローマ帝国の弱体化を狙い、フランソワは異教徒スレイマン一世とも手を結んだのである」。冷徹な勢力均衡の計算に従えば、アウクスブルク同盟に対抗するためには、フランスはイスラーム教のオスマン帝国の力を借りるべきであった。しかしながら、「いともキリスト教的国王」としてカトリックの教義を信仰していたルイ一四世にとって、異教徒であるイスラーム教徒の軍事力に頼る選択はとれなかった。このアウクスブルク同盟は、そのようなフランスの勢力膨張を阻止するために組み立てられたものであった。フランスの巨大な軍隊が、このような勢力均衡のための同盟に対峙《たいじ》していた。しかしルイ一四世の野心は止まることはなかった。すぐその後に、新しい戦争に乗り出すのであった。

バランサーとしてのイギリス

すべては一七〇〇年十一月に、スペイン国王カルロス二世が亡くなったことに始まった。彼には王位を継承する嗣子がいない。カルロス二世の遺言に従って、フランスのルイ一四世の孫であるアンジュー公フィリップが、フェリペ五世としてスペイン国王に即位した。それにより、フランスとスペインとの緊密な連合が誕生する。

フェリペ五世がスペイン国王となる条件として、彼がフランスの王位継承権を放棄するという合意が存在していた。しかしながらルイ一四世は、フェリペ五世がスペイン国王の地位にありながら、自らのフランス王国をも継承してくれることを希望していた。それゆえ、その合意をルイ一四世は反故《ほご》にして、孫のフェリペ五世のフランスの王位継承権を復活させる。それによって、最強の軍事大国フランスと、世界規模で植民地を擁するスペインを統合した巨大な普遍的帝国が誕生するであろう。それを恐れたウィリアム三世は、一七〇一年にオランダ、イングランド、オーストリアを中核とするハーグ同盟を結成した。一七〇二年五月にこのハーグ同盟がフランスに対して宣戦布告し、ここにスペイン王位継承戦争が始まる。

イングランド国王となったオラニエ公ウィレム、すなわちウィリアム三世は、ヨーロッパ大陸においてルイ一四世の巨大な普遍的帝国が形成されつつあることを深刻に懸念した。ルイ一四世の軍隊は、九年戦争が終わったときよりも明らかに強大化していた。ヨーロッパ大陸に巨大な普遍的帝国が誕生すれば、オランダもイングランドも、もはや安全とはいえなくなる。

そのような巨大な帝国の誕生を阻止するために、それに対抗する同盟をまとめあげて、イングランドがバランサーとなる。[13] ウィリアム三世は、そのようなヨーロッパにおける勢力均衡の構図をつくりあげたのである。それまでのイングランド国王とは異なり、ウィリアム三世はオランダ総督としてヨーロッパの複雑な力のバランスを熟知しており、またそこに自らが深く関与することにも躊躇《ちゅうちょ》がなかった。それは、それまでのイングランドの国王の国際政治観とは大きく異なるものであった。オランダ出身のウィリアム三世によって、バランサーとしての新しいイギリス外交の伝統がつくられていく。[14]

そもそもウィリアム三世にとって、ルイ一四世はオランダを侵略した祖国の敵であり、またフランスの覇権的野心は彼にとっての恐怖であった。ウィリアム三世は、「全ヨーロッパの自由」や「ヨーロッパのコモンウェルス」という言葉を用いて、ヨーロッパ全体の利益を守るためにフランスの膨張主義に対抗する必要を説いた。しかし実際のところは、オランダの独立や利益、そしてイングランドの大国化がその戦略の本質的な目的であった[15]。

アメリカ大統領補佐官も務めた国際政治学者ヘンリー・キッシンジャーは、国王ウィリアム三世の下でイギリスにおける新しい外交の伝統がつくられていったことを高く評価している。「イギリスは、その国家理性がヨーロッパの中で領土を拡大することを必要としない、唯一のヨーロッパの国であった。ヨーロッパの均衡を保つことが国の利益となると認識して、一つの力によりヨーロッパが支配されるのを防ぐということ以外には、ヨーロッパ大陸上に自分自身のために何も求めなかった唯一の国であった。その目的追求のため、イギリスは、大陸を一国で支配しようとする国に反対する国々のいかなる連合にも協力した[16]」。

このようなキッシンジャーの説明で、その後のイギリス外交の伝統が理解できるだろう。一八世紀初頭のスペイン王位継承戦争では、ルイ一四世のフランスの覇権的野心に対抗するために、ウィリアム三世が中心となって対仏大同盟を成立させる。また、その一世紀後の一九世紀初頭には、ナポレオンの普遍的帝国に対抗するために、ウィリアム・ピット首相やカースルレイ外相が、オーストリア、プロイセン、ロシアを説得して、対仏大同盟をつくりあげた。さらには、第一次世界大戦ではデイヴィッド・ロイド＝ジョージ首相が、英米仏の「三大国」によって、ヴィルヘルム二世のドイツ帝国に対抗した。そして第二次世界大戦では、ナチス・ドイツの巨大な第三帝国の野望に対して、ウィンストン・チャーチル首相が、ローズヴェルト米大統領やソ連のスターリン首相とともに「三巨頭」として、巨大な力を集めた大同盟を結束させた。

キッシンジャーは、このようなイギリスの伝統を次のように説明する。「イギリスのバランサーとしての役割は、地政学上の現実を反映していた。もしも大陸の資源が一人の指導者の下に動員されたら、ヨーロッパ沿岸の比較的小さな島が生き残る可能性は、危ういものとなったであろう」。

マールブラの戦争

さらにもう一人、重要な人物がいた。初代マールブラ公爵《こうしゃく》、すなわちジョン・チャーチルである。イギリス史で最も偉大な将軍とも呼ばれるマールブラ公爵は、国王ウィリアム三世とも親しい関係にあり、対仏大同盟の連合軍最高司令官となっていた。第二次世界大戦の英雄ウィンストン・チャーチルは、第七代マールブラ公爵の孫にあたる。ウィンストン・チャーチルが大同盟を率いてナチス・ドイツを打倒したように、スペイン王位継承戦争ではジョン・チャーチルがブレンハイムの戦いにおいて、ルイ一四世とスペインの強大な連合軍を見事に打破した。この戦いの勝利に喜び、アン女王はジョン・チャーチルにオクスフォード郊外の華麗な宮殿をプレゼントした。そのブレナム（ブレンハイムの英語読み）宮殿で、ウィンストン・チャーチルは一七〇〇年後に生まれる。一八世紀から二〇世紀へと、マールブラ公爵家を通じて、イギリスのバランサーとしての歴史は繫がっていたのだ。

　巨大な覇権的野心に対抗するためには、それに対抗する諸国の連合をまとめあげるリーダーシップが必要となる。国王ウィリアム三世と、最高司令官マールブラ公爵の二人の優れた指導力によってそのような対仏大同盟が成立し、フランスの勢力拡張を防ぐことに成功した。[17]勢力均衡がまさに、実践されたのだ。

　この戦争において、対仏大同盟の中核を担ったのが、イギリスとオランダという二つの海洋国家であった。とはいえイギリスは、オランダの三倍から四倍の人口を擁する大国であった。戦争指導を行っていたのはもっぱらイギリス国王のウィリアム三世であり、その臣下である最高司令官マールブラ公爵であった。一七〇二年にウィリアム三世が死去した後も、マールブラ公爵の戦争指導によってイギリスは有利に戦いを続けた。したがって、この戦争は「マールブラの戦争」でもあった。すでに述べたように、一七〇四年にはブレンハイムの戦いでフランス＝スペイン連合軍に勝利を収め、圧倒的な英蘭両国の艦隊により地中海はイギリスの湖となっていた。英蘭の艦船数は、フランスの二倍ほどとなっていた。フランス政府にできることは、私掠船を用いてイギリスやフランスの海路に打撃を与えることくらいであった。

　それまでのヨーロッパの国際関係は、基本的構図として、ハプスブルク家とブルボン家との対立によって彩られていた。この二つの勢力に加えて、スペイン王位継承戦争を通じてイギリスもまた主要な大国の列に加わった。大陸で二つの大国が対峙するなかで、イギリスがバランサーとして普遍的帝国の誕生を阻止するため、その片側に関与する。勢力均衡を維持するという構図が、このようにできあがった。

一七〇二年に亡くなったウィリアム三世に続いて、一七〇五年にはレオポルト一世もこの世を去った。新しい神聖ローマ皇帝のヨーゼフ一世は、先帝以上に優れた能力をもって戦争指導を行った。またハプスブルク家に仕えたオイゲン公も、ブレンハイムの戦いではマールブラ公の軍隊と合流し、見事な戦果を示した。フランスの国力は徐々に疲弊し、他方で対仏大同盟の勢力は拡大していった。一七〇九年にはフランスを大寒波が襲い、食糧不足など国家的な危機を迎える。明らかにフランスの覇権的な地位も、あるいはルイ一四世の戦争での栄光も、翳《かげ》り始めていた。戦争が終結した後の一七一五年、ウィリアム三世やレオポルト一世の後を追うかのように、「太陽王」のルイ一四世もまた長い人生の幕を閉じた。勢力均衡の原理が機能して、フランスの覇権的野心は挫折した。一つの時代が終わろうとしていたのだ。それは、多極的な勢力均衡の時代の到来を意味していた。

勢力均衡の成立

一七一〇年、イギリスでトーリ党が政権を掌握し、政権交代が生じたことによって、戦争

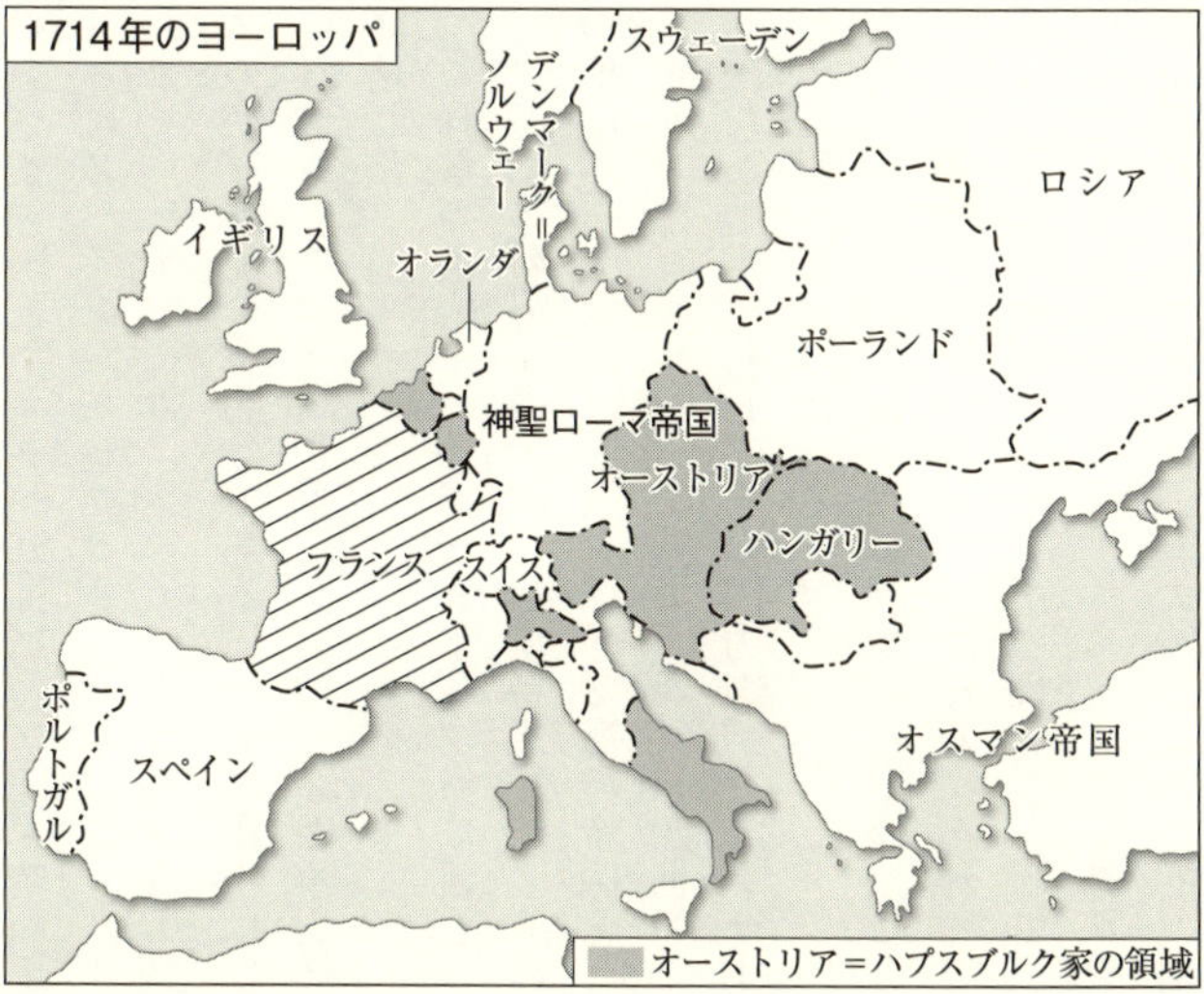

Mckay & Scott, *The Rise of the Great Powers 1648-1815* (London:Longman,1983) P.363より作成

への方針も変わった。一七一一年には、マールブラ公爵が最高司令官としての任を解かれた。イギリスもフランスも、戦争が長期にわたっていることで戦費がかさみ、国内では早期の戦争終結を求める声が強くなっていた。また一七一一年に神聖ローマ皇帝としてカール六世が即位すると、今度はハプスブルク家がフェリペ五世に代わりスペインの王位を継承する可能性が生じる。このことがイギリスの不信感を招き、対仏大同盟に亀裂が生じる。

一七一三年、イギリスとフランスとの間で講和条約が結ばれる。ユトレヒト講和条約である。イギリスは、スペインの国王としてフェリペ五世を承認した。それと同時に、ブルボン家出身のスペイン国王フェリペ五世は、フランスの王位を継がないことを約束した。他方で、イギリスはスペインからジブラルタルおよびメノルカ島、そしてフランスから北アメリカのニューファンドランド島、ハドソン湾などを譲り受けて、巨大な海洋帝国を築き上げた。イギリスの海洋支配の幕開けである。一七一四年には、オーストリアもまたフランスおよびスペインとラシュタット講和条約を締結し、戦争を終結させた。ここに、スペイン王位継承戦争が終結した。

これらの条約によって、ヨーロッパに新しい秩序がもたらされた。まず、イギリスがフランスと同等の規模の大国として台頭した。それまでの、ヨーロッパの辺境にある島国としての地位から、世界に版図を広げる海洋帝国として圧倒的な地位へと上昇した。しかしながら、イギリスはヨーロッパ大陸で、ルイ一四世のような領土的な野心から侵略戦争を起こすつもりはなかった。むしろその国力を、バランサーとしてヨーロッパ大陸の勢力均衡を維持するために用いるようになる。

フランスはこの戦争に勝利できなかったことで、国力を大きく衰退させてヨーロッパ大陸での覇権的な地位を失うことになる。それまでのような、覇権を求める普遍的帝国の誕生の危険性は大幅に薄まった。その代わりとして、同等な規模の大国が並立する新しい多極的な均衡が生まれつつあった。スペイン王位継承戦争を終わらせるユトレヒト条約とラシュタット条約によってヨーロッパ大陸では多極的な勢力均衡の体系がつくられつつあり[18]、他方で海洋においてはイギリスが圧倒的な海軍力によって覇権的な支配を確立する。この二重性が、第一次世界大戦に至るまでの国際秩序の基調となる。

五大国がつくる秩序

ヨーロッパのそれ以外の地域に目を向けると、この時代にいくつかの巨大な地殻変動が生じていたことがわかる。一七〇〇年から一七二一年まで続いた大北方戦争でロシアが勝利を収めたことで、バルト海地域でスウェーデンがそれまでの地位を失っていた。それに代わって、バルト海沿岸ではロシアが優越的な地位を確立する。ロシアが初めて、ヨーロッパで大国としての地位を得ることとなった。また、一七四〇年に始まったオーストリア継承戦争では、新興の軍事大国プロイセンが、偉大なフリードリヒ大王（フリードリヒ二世）の下でオーストリアに対して戦闘での勝利を収め、中欧で圧倒的な地位を築くことに成功する。ハプスブルク家のオーストリアよりも強大な陸軍力を擁するプロイセンもまた、この時代に大国としての地位を確立する。

このようにして、一八世紀前半のスペイン王位継承戦争、大北方戦争、オーストリア継承戦争を通じて、ヨーロッパの国際政治を動かす五つの大国が揃ったことになる。それは、フランス、イギリス、オーストリア、ロシア、そしてプロイセンである[19]。この五つの大国が、ヨーロッパにおける勢力均衡の体系をつくりあげた。一七世紀においては、フランスとオーストリアとの間の、二極的な覇権争いこそが、ヨーロッパの国際秩序の特徴であった。ところが一八世紀半ばになると、これらの五大国による多極的な勢力均衡が成り立つ。もはや、ブルボン家のフランスも、ハプスブルク家のオーストリアも、このような五大国による勢力均衡の体系のなかでは、覇権的な秩序をつくることはできなくなっていた。このような、五大国が国際秩序をつくりあげるシステムが、第一次世界大戦勃発まで二百年ほど続いていく。この二〇〇年こそが、ヨーロッパの栄光の時代であった。

またこの時代には、第1章で触れたような、「商業的社交性」が広がっていた。そのなかで各国間の繋がりが深まり、国際社会にある種の「共通利益の絆」が生まれた。同時に、外交制度の確立をとおして、さまざまな問題を交渉によって解決しようとする動きが生じる。一八世紀のヨーロッパでは、このような勢力均衡の国際秩序が成立する。ところが予期せぬかたちで、それは危機に直面した。フランス革命の勃発である。

フランス革命戦争とナポレオン戦争

一七九二年に始まり一八一五年に終結する、フランス革命戦争とその後のナポレオン戦争は、巨大な転換期となった。一八世紀の国際秩序を、二つの意味で大きく崩していったからだ。

第一には、ヨーロッパの五大国間で成立したゆるやかな勢力均衡の体系が、皇帝ナポレオ

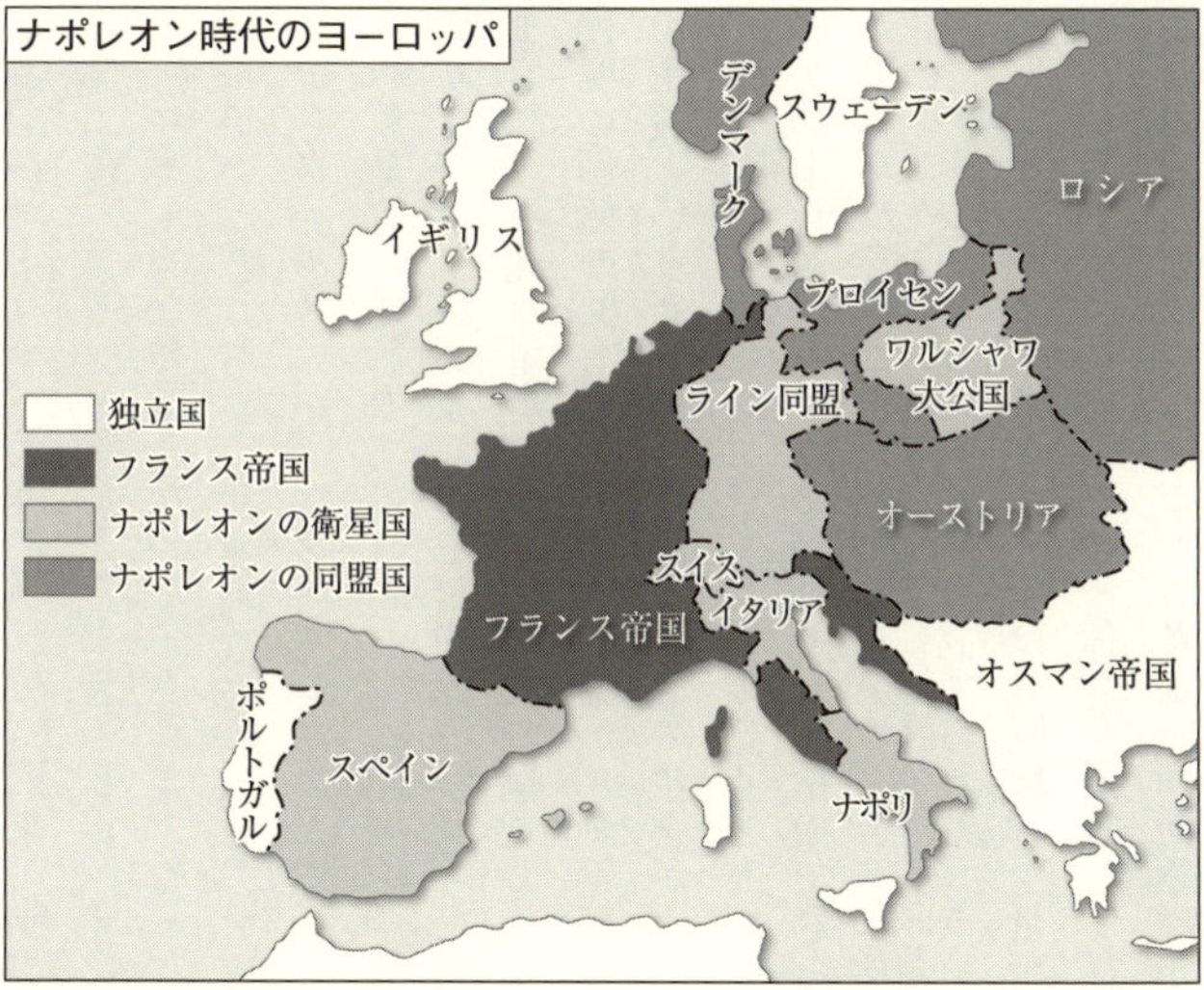

Mckay & Scott, *The Rise of the Great Powers 1648-1815* (London:Longman,1983) PP.368-369より作成

ンの普遍的帝国を前に崩れ落ちた。勢力均衡の大きな目的の一つは、普遍的な帝国の誕生を阻止することであった。しかしながら、強大なナポレオンの軍隊を前に対仏大同盟は敗走と瓦解を続け、ヨーロッパ大陸ではローマ帝国以来最大の勢力範囲を擁するナポレオン帝国が誕生した。島国のイギリスと、はるか東方にあるロシアを残して、それ以外の大国はナポレオン帝国のシステムに組み込まれた。ハプスブルク家のオーストリアは一七九七年にはイタリア戦役で敗れ、また一八〇五年にはアウステルリッツの戦いで決定的な敗北を喫した。これを受けて、一八〇六年には神聖ローマ帝国が長い歴史の幕を閉じた。ナポレオンが支配する巨大

な帝国がヨーロッパ大陸に現れて、旧来の勢力均衡に基づいた国際秩序が崩れ落ちていった。

第二に、フランス革命とその後のナポレオン帝国は、ヨーロッパの国際秩序にとってのイデオロギー的な脅威となった。[20] それまでの一八世紀のヨーロッパ秩序を支えていた、ヴァッテルがいうところの「共通利益の絆」、あるいはバークがいうところの「ヨーロッパという コモンウェルス」が、フランス革命による新しいイデオロギーによって切り刻まれた。フランス革命は、それまでのヨーロッパ諸国をゆるやかに結びつけていた王朝間の繋がりを断ち切り、バークがいう「君主制的統治原理」を崩していった。勢力均衡とは、すでに見てきたように、単純な軍事力のバランスのみによって成り立っているのではない。そこでは、一定程度の価値の共有や、文化的な繋がりが不可欠であった。フランス革命による共和主義や自由主義という新しいイデオロギーの浸透が、旧来のヨーロッパの一体性を崩していった。

それだけではない。さらに重要な点として、ナポレオン戦争を通じてナショナリズムの原理がヨーロッパ中に広まったことが指摘できる。戦争を続けるなかで、人々は次第にナショナリズムの情熱に酔いしれるようになり、自国そして自民族の偉大さや優越性を誇るようになる。ナショナリズムに駆り立てられたフランス国民軍が、他国民を圧倒して支配するなかで、ドイツやイタリアなどでは自国統一を目指す民族意識が覚醒する。ナショナリズムの台頭が、ヨーロッパとしての一体性を浸食し、従来の安定的な国際秩序を崩していった。

このようにして、フランス革命戦争からナポレオン戦争へと続く、革命と戦争による混乱のなかで、勢力均衡の秩序体系が崩れていった。他方、共和主義やナショナリズムという新しいイデオロギーの浸透が、ヨーロッパの秩序を大きく動揺させていった。ただ単に強大なフランスに勝利するだけでは、安定的な平和は得られないであろう。新しい秩序原理が求められていた。

ピットの挑戦

そのような戦後秩序を構想する上で、イギリスの若き首相ウィリアム・ピット（小ピット）、そして彼の遺志を継いだカースルレイ卿の二人が大きな役割を担った。ピットは、一七八三年に二四歳の若さで首相に就任し、その後一七年間にわたる長期政権を築き上げる。一四歳でケンブリッジ大学に入学して、早くからその卓越した能力を示してきた政治家ピットは、イギリスにおいて最も偉大な首相として名前が挙がることがある。またウィンストン・チャーチルをはじめ、その後の多くの首相の模範となってきた。それはピットが、イギリスの独立やヨーロッパの平和へ向けて尽力したのみならず、イギリス外交の伝統を確立したからだ。

ピット首相は、フランスが革命によって過激なイデオロギーをヨーロッパ中に拡散し、さらにナポレオンが権力を掌握してからその危険性が増幅されていることに強い懸念を抱いていた。無用な殺戮や、先の見えない混乱の時代に幕を閉じて、新しい平和と安定をヨーロッパにもたらさねばならない。彼は、安定した秩序を回復するために、外交と戦争の両面で多大な努力を続けた。

　ピット首相は、異なる戦争目的を掲げてばらばらに動いていた諸国をまとめあげる必要を感じ、より強固な対仏大同盟を確立することで巨大なフランス国民軍に対抗しようとした。一世紀ほど前には、国王ウィリアム三世が、ルイ一四世のフランスに対抗する大同盟を見事にまとめあげた。まさに勢力均衡の実践であった。そのような歴史的な記憶のなか、

ウィリアム・ピット

ピット首相も同様にナポレオンのフランス帝国に対する大同盟の形成を求めた。イギリス外交において、バランサーとしての伝統が受け継がれていたのだ。
　一度首相の座を降りた後に、一八〇四年五月に再び首相の地位に戻ると、ピット首相はロシア、オーストリア、スウェーデンとの同盟関係を模索した。ナポレオンの強大な軍隊に恐れおののく国王たちを集めて、強固な対仏大同盟を形成し、また維持することは容易ではなかった。一八〇五年一月、ロシア皇帝のアレクサンドル一世がピット首相に対して、イギリスの戦争目的がいったい何なのかを、書簡を送り尋ねた。ピットは次のように返答している。
「第一。革命の勃発以降フランスの支配に屈している諸国を救済し、革命以前の国境線の内側までフランスを退却させること。

第二。フランスからの領土の回復を進めていく上で、それらの諸国に安全保障と幸福を提供するのと同時に、将来再びフランスに侵略されることを防ぐための、より実効的な障壁を構築すること。

第三。平和を回復するにあたって、ヨーロッパの公法となるような全般的な体制を構築すること」[21]

重要なのは三点目である。ピットが首相の座に復帰して対外政策を動かす立場になると、何よりも重要視したのは、ヨーロッパに安定的な秩序をもたらすことであった。そのために求められているのは、ナポレオン帝国の膨張を封じ込めるための対仏大同盟を構築するのと並行して、より実効的な戦後体制を構想することであった。それをピットは、「ヨーロッパの公法となるような全般的な体制」という言葉で表現している。「ヨーロッパの公法（Public Law in Europe）」とは、ヨーロッパで共通に守られるべき規範であり、ルールであった。そのようなルールや規範を、戦争が終わった後には新たに確立しなければならない。ピットは、戦後の新しい秩序を考える上で、力の均衡の体系のみならず、より永続的で安定的な体制をつくることを欲していたのだ。新しい秩序原理が必要であった。

勢力均衡の回復

ピットが第三次対仏大同盟を構築する一八〇五年の頃には、皇帝ナポレオンはすでに、かってルイ一四世が行った国境線の変更よりもはるかに大がかりな領土の拡張を実現していた。ナポレオン軍の勢いは止まるところを知らず、一八〇五年のアウステルリッツの戦いで、オーストリア皇帝フランツ一世や、ロシア皇帝アレクサンドル一世を相手に、皇帝ナポレオンが率いる軍隊は圧倒的な勝利を収めた。この想定外の結果を耳にして、ピット首相は大変な衝撃を受けた。

その翌年、一八〇六年一月にピットは四十六歳の若さで病没する。対仏大同盟は、偉大な指導者を失った。ピット首相亡き後、イギリス政府内では大陸への軍事的関与をめぐり大きな対立が生じ、対外政策も迷走する。自国がヨーロッパ大陸の問題に関与することへの根強い嫌悪感が見られたのだ。

それでも、一八一二年にピットの志を受け継ぐカースルレイ卿が外相に就任すると、彼は対仏大同盟の構築に奔走する。ピット首相が達成しえなかった大きな目標を、カースルレイ外相が引き継いだのだ。この冬にナポレオン軍は、ロシア遠征作戦の失敗によって壊滅的な打撃を負っていた。対仏大同盟に、大きな好機が訪れた。ナポレオン軍を倒すのは今である。

イギリス政府は、ピット首相やカースルレイ外相の下で、より安定的な新しい均衡のメカニズムを構築しようとした。ただ単に勢力均衡を回復するだけでは十分ではない。それは、五大国間の協力を組織化した「ヨーロッパ協調《コンサート・オブ・ヨーロッパ》」と称される秩序であった。[22] ピットの遺志を受け継いだカースルレイが、ショーモン条約および二度のパリ条約を通じて大国間の協調をまとめあげて、長期的な平和の基礎をつくりあげた。この巨大な地殻変動を通じて、「均衡の体系」から「協調の体系」へと、秩序原理が大きく移っていったのである。

2 均衡による協調——ウィーン体制

四ヵ国同盟から五大国体制へ

「協調《コンサート》の体系」の秩序原理は、一八一二年にカースルレイが外相に就任したことを重要な契機として、つくられていった。カースルレイ外相が中心となってまとめあげた一八一四年三月のショーモン条約と、一八一五年十一月に成立した四ヵ国同盟(the Quadruple Alliance)がその重要な基礎となる。そしてこの四ヵ国同盟を、フランスを加えた五大国体制に拡大することで、五大国による「協調の体系」が確立していく。そのような新しい秩序原理が生まれていく過程を見ることにしよう。

一八一二年冬のナポレオンのロシア遠征失敗は、カースルレイ外相に新しい好機をもたらした。この年に外相に就いたカースルレイ卿は、翌年に入ってからロシア政府やオーストリア政府、プロイセン政府を説得して、新しい対仏大同盟を確立する必要を説いた。イギリス政府の要請に応えて、一八一三年には再び対仏大同盟が成立する。力を衰退させつつあるナポレオン軍に対して、イギリス、オーストリア、ロシア、プロイセンの四大国がその力を合わせて、巨大な勢力をつくろうとしていた。四大国による同盟体制の成立である。

しかしながら、カースルレイ外相は不安だった。それまで何度も対仏大同盟をつくりながら、そのたびにナポレオンの狡猾な策略に翻弄《ほんろう》されて、同盟国がフランスとの単独講和を結んで同盟が瓦解していたのだ。それゆえに、戦時中の戦争協力をしっかりと確立すると同時に、戦争が終わった後にも同盟諸国間の協調関係を維持できるような、制度化されたより強固な枠組みが必要であった。それはまた、一八〇六年に亡くなったピット首相の希望でもあった。八年が経ち、ピットの外交的伝統の流れをくむカースルレイの手によって、ようやくその目的が実現する好機が訪れたのだ。

ヘンリー・キッシンジャーはその著書のなかで、ナポレオン戦争におけるカースルレイの外交を次のように評価している。「カースルレイは、戦争から生れた連合を均衡の永久的表現と見ていたのである。彼は、戦争を一カ国の覇権に反対する防御と見ていたので、同盟を将来の侵略を防ぐものと考えたのは、ごく自然なことであった[23]」。キッシンジャーは、カースルレイの手によって「均衡の永久的表現」となるような、また「将来の侵略を防ぐもの」としての、同盟体制の確立が目指されたことに注目していた。

一八一四年三月に、カースルレイ外相はショーモン条約によって、四大国間の同盟を確立することに成功した。この条約では、戦後も二〇年間はそのような同盟枠組みを維持する点が合意された。この条約では、ナポレオンとの戦争での勝利を目指すことに加えて、「それら諸国のために、そしてヨーロッパのために、全般的な平和を手に入れて、それによってすべての諸国の権利と自由が確立し、確保される」ことが四大国間で合意された[24]。これは、カースルレイの偉大な外交的勝利であった。ナポレオンとの戦争の勝利が見えてきたなかで、戦後に長期的な平和を確立するための条件を整えつつあったのだ。それは、四大国を中核とした、新しい国際秩序の構築である。

それは同時に、イギリスがヨーロッパの勢力均衡に深く関与することを約束するものでもあった。イギリスの関与によってこそ、ヨーロッパに安定がもたらされると、カースルレイは考えていた。キッシンジャーによれば、「ここにカースルレイの功績の真価があった」。すなわち、「イギリスを、二十年間の孤立ののち、再びヨーロッパの一員としたということである[25]」。ナポレオンに対する四大国間の同盟が成立するためには、そこにイギリスが加わっていることが前提となっていた。ウィリアム三世のイングランドがルイ一四世のフランスに対抗するためのアウクスブルク同盟に加わったように、カースルレイ外相もまたイギリスが対仏大同盟に加わることで勢力均衡を回復しようとしていたのだ。

しかし戦争が終わった後に、永遠にフランスをこの体制から排除しておくことは、望ましいことではないし、また可能なことでもない。カースルレイ外相は、これらの四大国にフランスを加えた「五大国」こそが、「第一級の大国（the powers of the first order）」であるとみなしていた[26]。この「第一級の大国」である五つの諸国、すなわちイギリス、オーストリア、プロイセン、ロシア、フランスの五大国が、ヨーロッパの勢力均衡を構成すると同時に、ヨーロッパの平和や安全に特別の責任を有していたのだ。フランスを含めて、すべての大国が平和のために共同して責任を負うことができれば、戦争が再来することはないであろう。それが、新しい平和の基礎となるべき条件であった。

イギリスがヨーロッパの平和に対して責任を持ち関与することは、カースルレイにすれば自然なことであった。ナポレオン戦争での勝利に多大な貢献をなしたイギリスとロシアの国際的地位が飛躍的に向上した。他方でこの戦争を通じて、オランダやスペインの地位が大きく後退した。これらの新しい力関係に基づいて、ヨーロッパの「大国」という地位が固定されていく。一八一四年十一月に公式に開幕したウィーン会議では、この「五大国」を中心に戦後処理が進められていく。そして、この「五大国」は、第一次世界大戦まで「第一級の大国」としての地位を保持することになる。

メッテルニヒとカースルレイ

一八一四年から一五年にかけての戦後処理は、その後の一世紀の国際秩序の骨格をつくるものであった。その戦後処理は、二段階に分かれていた。[27] 第一段階は、おおよそカースルレイ外相によって導かれたものであり、西ヨーロッパの国境線画定などの戦後処理をめぐる交渉であった。これは一八一四年三月のショーモン条約を契機として、その二ヵ月後の第一次パリ条約の合意で実現された。四月に皇帝を退位したナポレオンは、地中海のエルバ島に流された。ところがその翌年二月にエルバ島を脱出し、パリに戻ったナポレオンが武器をとることで、第七次対仏大同盟が結成された。

戦後処理の第二段階は、ナポレオンの「百日天下」とワーテルローの戦いを経て、一八一五年十一月に第二次パリ条約として合意されたものであった。他方、中欧や東欧の国境線画定などの戦後処理については、ロシア皇帝のアレクサンドル一世が指導力を発揮して、交渉をまとめあげた。これらすべてを、議長国の外相として統括し調整したのが、オーストリア外相メッテルニヒである。ウィーン体制とは主として、このカースルレイ、メッテルニヒ、そしてアレクサンドル一世の三人の構想と、この三大国の利益が反映されたものでもあった。

この会議の主役は、あくまでも、メッテルニヒとカースルレイであった。この二人は多くの共通点があった。何よりも重要なのが、この二人が一八世紀の時代精神でもあった理性や自制を尊重していたことであった。それゆえこの両者は、相互に尊敬し、気が合い、そして深い信頼関係にあった。メッテルニヒは、一八一四年一月にヨーロッパ大陸を訪れていたカースルレイと初めて会い、すぐさま意気投合した。メッテルニヒは回顧録のなかで、カースルレイに対する信頼を次のように記している。すなわち、「見識もありまた誠実でもあるこの政治家と私との間に精神的絆が生じるには、数時間の会談で足りた。その絆は、あれほど多くの事件が起こったその後の数年間にも、ひたすら強固になり、いっそう親密なものとな

ウィーン会議。左から六人目に立っているのがメッテルニヒ。その四人隣で座っているのがカースルレイ

る一方だった」[28]。

一九世紀の時代に広がっていくナショナリズムの過激で情緒的な趨勢には、二人とも強い警戒心を示していた。またそのような感情が暴走し、自国民の間でフランスに対する強烈な復讐心がわき上がることも、この二人は警戒していた。メッテルニヒは、次のように記している。「フランスと締結すべき講和は二つの視点からしか考察しえないものだった。すなわち、フランスに復讐したいという気持ちによって規定するか、それとも、列強の間にできる限り完璧な政治的均衡を打ち立てようという意図を発想の基礎に置くか、だ」[29]。そのような問題意識は、オーストリア皇帝のフランツ一世も共有していた。そして皇帝はメッテルニヒと同様に、後者を望んでいた。「皇帝フランツは私の確信にすっかり同意され、共通の利害のみを着想の基に

されつつ、この大問題の解答を求めておられた」。メッテルニヒとカースルレイの外交指導を通じて、一八世紀的な理性や自制の精神が、外交舞台の中心で発揮される。その精神の反映の一つの果実が、勢力均衡が回復されたことであった。

ウィーン会議とパリ条約

一八一四年秋に始まったウィーン会議では、勢力均衡という旧い秩序原理と、五大国間の協調という新しい秩序原理の、この二つを融合させた戦後秩序の構築を目指すことになった。二つの秩序原理は、相互に深く結びついていた。フランスは敗戦国であるにもかかわらず、大国としての地位が与えられる結果となった。これは、後の第一次世界大戦や第二次世界大戦後の戦後処理との大きな違いであった。ウィーン会議において、フランスに対してはあくまでも限定的に賠償や領土の割譲が求められるのみであった。メッテルニヒやカースルレイは、ナポレオン戦争後の戦後処理を進める上で、情念や復讐心に駆られてそれを行ったのではなく、むしろ理性や自制心に従ってそれを行ったのだ。

フランスに対して、戦勝国の国民の間では復讐心が燃えていた。戦後間もないこの時期に、ナポレオン軍に愛する家族や友人を殺された人々が、フランスに対して寛容な態度を示すことは容易ではなかった。しかしウィーン会議の指導者たちは、フランスに対する復讐心を抑制し寛容な姿勢をとって、フランスを大国として遇することで、安定的な平和をつくろうとした。キッシンジャーは述べる。「フランスは一世紀半にわたってヨーロッパを支配し、その軍隊は四半世紀にわたって近隣諸国に駐兵した。にもかかわらず、ウィーン会議の参加者は、フランスが怒りと恨みを抱いているよりも比較的満足している方がヨーロッパにとって安全だという結論に達した」[30]。

ヨーロッパで安定的な秩序をつくるためには、すべての主要な大国の間の協調、すなわち五大国の協調体制が不可欠であった。そこにフランスも含める必要があったのだ。そのような思考は、必ずしもフランスに対する配慮から生まれたものではない。あくまでも、安定的な国際秩序を構築するための条件として、フランスに過剰な懲罰を課すことを回避したのだ。それこそが自国の利益や安全と繫がっていた。さらにいうならば、そのような自国の国益や安全は、ヨーロッパ全体の公益とも繫がっていたのだ。

イギリスのカースルレイ外相は、次のように述べている。

「フランスが今後も勝手なふるまいをすれば、おそらくヨーロッパをめちゃくちゃにしてしまうであろう。……しかし、同盟諸国は、現在すべてのヨーロッパの国が必要としている休息を取るこの機会を利用すべきである。その場合、もしそれに失敗しても……同盟諸国は単に軍事的に優位な立場からだけでなく、道徳的な力に基づいて、再び武器を取るという保障がある」[31]

さらに、彼らの思考の背後には、戦争の勝利に多大な貢献をしたロシア帝国の膨張に対す

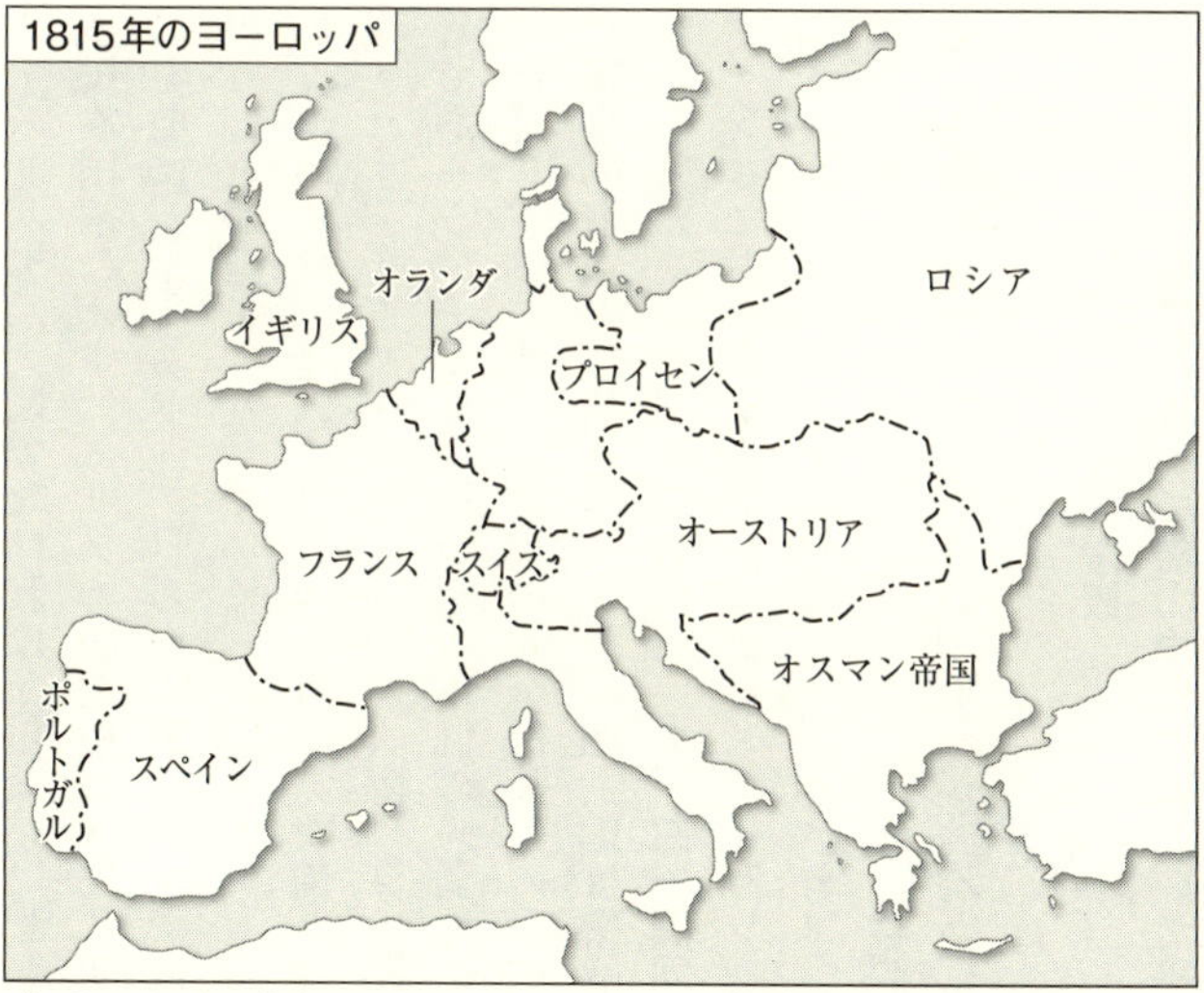

ゴードン・A・クレイグ、アレキサンダー・L・ジョージ『軍事力と現代外交』（有斐閣、1997年）P.36より作成

る警戒心があった。議長であったメッテルニヒは、ナポレオン戦争後にロシアが過剰に膨張することがないように、対抗勢力としてフランスを大国として処遇することを想定していたのである。[32] それは、戦後ヨーロッパにおいて膨張するロシアに対して、勢力均衡を維持するためのリアリズムでもあった。政治指導者たちは、過去の戦争のことだけでなく、未来の安全や平和にも考慮を向けなければならない。

　このウィーン会議を通じて、ナポレオン戦争では敗走が続いていたオーストリアが、大国としての地位を回復した。オーストリアには、ロシアやフランスの勢力拡大に対する「障壁」としての役割が期待された。そのためには、オーストリアが大国でなければならない。しかしながら、ナショナリズムが興隆するなかで、多民族国家のオーストリアの脆弱性は次第に明瞭となっていく。台頭するプロイセンやロシアを前に、オーストリア自らの軍事力のみでは、勢力均衡を維持するための実効的な役割を担うことが難しくなっていく。メッテルニヒ自らが目指すような勢力均衡を実現し維持していくためには、それに見合った軍事力を備えなければならない。オーストリアの軍事力が増強されず、イギリスがヨーロッパ大陸に深く関与しなければ、この安定性は崩れることになるであろう。そこに、ウィーン体制の脆弱性が潜んでいたのだ。

ただし、この時代の最大の安全保障上の脅威は、あくまでもフランスであった。フランスの軍事的脅威が復活することを、四大国は警戒し続ける必要があった。したがって一八一五年一一月の第二次パリ条約において、四ヵ国同盟を維持することに合意して、それによってフランスに対する勢力均衡を維持していく見通しであった。安定した勢力均衡があってはじめて、フランスに対する恐怖心が緩和されて、フランスを含めた五大国の「協調の体系」を構築することが可能となる。「ヨーロッパ協調」を実現するためには、安定した勢力均衡がその基礎になければならない。それが「均衡による協調」の国際秩序の本質であった。

キッシンジャーの国際秩序観

ウィーン会議によって勢力均衡に基づいた平和が実現したことを、国際政治学者のキッシンジャーは賞賛している。そして、キッシンジャーは国際秩序の安定の本質を、「力の均衡」と「その正統性の受諾」という二つの条件を前提に次のように論じている。すなわち、「戦争の論理は力であり、力は本来、限界のないものである。が、平和の論理は、均衡であり、均衡は、制限を意味するものである。戦争の成功は、勝利であり、平和の成功は安定である。勝利の条件は、戦闘であり、安定の条件は自制である。戦争の動機は、外的なもの、すなわち、敵からの脅威である。平和の動機は内的なものであり、力の均衡とその正統性の受諾である[33]」。

キッシンジャーはこの時代の平和の本質を、このように的確に評価した。「限界のない」戦争による力の行使を抑制して、制限や自制を前提とした「均衡」による平和を実現することが望ましい。ナポレオンによる際限のない暴力を目撃した後に、カースルレイやメッテルニヒは、一八世紀的な自制や均衡の精神に命を吹き込み、ヨーロッパに平和を回復した。キッシンジャーの著書のタイトルが『回復された世界平和』である点に留意したい。平和が新しくつくられたのではなく、「回復された」のだとキッシンジャーは考えた。それは、一八世紀的な

ヘンリー・キッシンジャー
（読売新聞社）

平和の回復であった。キッシンジャーは著書のなかで、一八世紀的な均衡の精神を吸収していたカースルレイやメッテルニヒをきわめて高く評価していた。

さらに続けて、キッシンジャーは平和の本質を次のように見事に抽出している。少し長いが、引用しよう。

「国際的な講和というものは、たとえそれが強制されたものでなく、受諾されたものであっても、常に、いずれの当事国にとっても、何かしら不条理なものと映るのである。逆説的であるが、当事国がみな少なからず不満をもっているということが、安定の条件なのである。なぜならば、仮に、いずれかの国が完全に満足するとすれば他のすべての国々は、完全に満足しないことになり、その結果、革命的状況をもたらすことになるからである。安定秩序の基礎は、関係当事国の相対的な安全――従って相対的な危険を意味する――にあるのである。その安定とは、不満がないということを意味しているのではなく、その不満を講和がもたらした枠組みの中で調整をしてゆこうとせずに、その講和自体を破壊することに救済方法を求めようとする程の大きな不満がないということを意味しているのである。すべての主要大国によって受け入れられている枠組みをもつ秩序というものは、〝正統性〟があるのである。一国でもその枠組みを抑圧的と考えるような秩序は、〝革命的〟秩序なのである。国内秩序を保証するものは、圧倒的な政治権力であるが、国際秩序を保証するものは、力のつり合いとその表現である均衡状態なのである[34]」

このように、キッシンジャーは「国際秩序を保証するもの」として、「力のつり合いとその表現である均衡状態」を描き出した。あくまでも重要なのは「力のつり合い」であって、それはパワー・ポリティクスを前提にした認識でもあった。他方、すでに見てきたようにウィーン体制における新しさとは、ユトレヒト＝ラシュタット条約によって実現した勢力均衡の基礎の上に、「コンサート」が実現したことにあった。

キッシンジャーは、「正統性」の原理によって、正統な王朝による領域支配権の復旧という価値が共有された重要性を指摘している。また、著書『外交』において、「この国際秩序は、他のいかなるものよりも公然とバランス・オブ・パワーの名の下につくられたにもかかわらず、力に依存せずに維持されていた」と論じている。[35]すなわち、その「最も重要な理由は、大陸の諸国が同じ価値観を持つという点でお互いに結びつけられていた」ことであった。キッシンジャーは、「力の均衡」とともに、主要な大国が「同じ価値観を持つ」重要性を指摘した。「単に力の均衡があっただけでなく、道徳的な均衡も存在していたのである」。キッシンジャーは述べる。「バランス・オブ・パワーは武力を用いる機会を減らし、共通の価値観は武力を使おうという意思を減じた」。このように、キッシンジャーは、「正統主義」の秩序原理に留意して、「各国の国内政治体制が共存できるものであることは平和を促進する」と指摘する。

とはいえキッシンジャーの国際秩序論は、何よりも「力の均衡」を重視する点に特色があり、あくまでも「正統主義」という共通の価値は、「力の均衡」を強化させ、永続させるために重要なのであった。

ヨーロッパの文化的紐帯

キッシンジャーと比較すると、国際政治学者の高坂正堯の場合は、ヨーロッパの文化的紐帯に基づいた一体性を、よりいっそう重視している。それは、バークが論じた「ヨーロッパというコモンウェルス」の思想に重なるものであった。ウィーン会議は、ただ単に勢力均衡を回復するのみならず、ヨーロッパの一体性を回復した。そして何よりも、新しい秩序をつくろうとするものでもあった。高坂は次のように論じる。

「同盟国の間に、ただ単にナポレオンに対抗している勢力としてのまとまり以上のものがあったことが注意されなくてはならない。きわめて漠然とした形においてではあったが、そこには簒奪者をフランスの旧国境のなかに押し戻し、今やヨーロッパに二十数年ぶりの平和を与えようとしている力としての意識があった。それは簒奪者に対する『ヨーロッパ』という意識であった。メッテルニッヒは、ナポレオンとの有名な会見について、『この決定的な瞬間に、私は自分がヨーロッパ全社会の代表であると思った』と述べている」[36]

ここで、高坂とキッシンジャーの認識の違いが理解できるだろう。高坂によれば、「この『ヨーロッパ』という概念は、きわめて強力な紐帯となることができるものであった」のであり、またそれは「ただ単に当時の国際社会であったヨーロッパを地理的に指しているのではない」という。[37]高坂は、一八世紀に発展した「経済的なつながり」や「人的なつながり」に注目し、ナポレオン戦争後の戦後処理を行う際にもそのような「文化的な紐帯」が大きな意味を持っていたと論じている。キッシンジャーが、国家とその政治指導者を中心に平和の条件を論じているのに対して、高坂は「ヨーロッパ」における「文化的な紐帯」を重要視して平和を論じているのだ。

ウィーン会議においても、交渉の背後にはそのような「文化的な紐帯」が見られた。それは、交渉が成功する上で重要な条件であった。高坂は述べる。「この『ヨーロッパ』という概念は、単なる力の釣合いだけでもなく、また単に道徳的、文化的な紐帯でもない。それは、この二つを融合した概念であった。したがって、力の関係からしてもそれに従うことが必要であったし、同様に、政治家の良心もそれによって制約を受けたのであった[38]」。

そのような「力の釣合い」に基づいた「道徳的、文化的な紐帯」、換言すれば「均衡による協調」の国際秩序は、一八世紀にその基礎がつくられたものであった。高坂は論じる。「かくて十八世紀の後半のヨーロッパは、ヴァッテルの言葉を借りるならば、もはや『昔のように、他の運命に関係があるなどとはほとんど考えていなかった国から成る、ばらばらの端切れの寄集めではない』のであった。『ヨーロッパは一個の政治的組織を形成している』のであり、『主権者たちの関心はヨーロッパを一種の連邦としており、そのメンバーは、独立こそしているが、共通の利益という紐帯を通して秩序と自由のために結合している』のであった[39]」。まさに、ヴァッテルやヒュームが考えていたような、「共通の利益という紐帯」を背景とした勢力均衡という秩序が、一九世紀に入ってカースルレイやメッテルニヒという政治家を通じて、実現しようとしていた。その点を、高坂は強調していた。

イギリスの外交史家のスコットも、高坂同様にウィーン会議の成功が、「ヨーロッパの統一性」に大きく依拠していた点を指摘した。すなわち、「ウィーン会議の前の三〇年ほどの間に、ヨーロッパの政治的な再統合が見られたのであり、それは永続的なものとなった」。そして、「一九世紀の国際システムは、一八世紀のそれが有機的に発展したものであった」のだ[40]。このように、高坂もスコットも、ウィーン会議における「ヨーロッパ協調」が、一八世紀のヨーロッパにおける「文化的な紐帯」の発展に由来するものであることを指摘した。長い平和をもたらした「均衡《バランス》による協調《コンサート》」としてのウィーン体制は、あくまでもヨーロッパの一体性を前提にした秩序であったのだ。その意味で、ウィーン体制は、ナショナリズムに支配されつつある一九世紀の時代精神の産物ではなかった。それは、一八世紀的な理性と自制に基づいた国際秩序であったのだ。したがって、時代の経過とともに、ウィーン体制が新たな挑戦に直面することは、避けられぬことでもあった。

メッテルニヒのヨーロッパ

ショーモン条約から第二次パリ条約までの期間に、五大国間協調の基礎をカースルレイ外相がつくったとすれば、それを実際に具体化し会議体制を確立したのが、メッテルニヒ外相であった。ウィーン体制の国際秩序は、メッテルニヒによってつくられた芸術品だということができる。それゆえ、この秩序を理解するためには、メッテルニヒという政治指導者がどのような人物であったのかを知らねばならない。

メッテルニヒは、一八二四年にイギリスのウェリントン公爵宛に送った手紙で、「ヨーロッパこそ、現在に至るまでの長い間、私にとって祖国のようなものなのです」と書いた。[41] 実際に、メッテルニヒは、ヨーロッパ全体の利害を調整可能な、広い視野を持つ政治家であった。そのようにしてヨーロッパ全体を見渡すことができる政治家は多くはない。それは彼の生い立ちとも関係していた。

メッテルニヒは一七七三年に、ウィーンから遠く離れたライン川沿いのコブレンツに生まれた。その後もラインラントで育ち、フランスのストラスブール大学で学んだ。彼にとってフランス語は母語のようなものであった。ナポレオン統治下のフランスや、ブルボン王朝が復権した後のフランスでは、メッテルニヒの友人が数多く政府の要職を務めていた。そして若き日にジョージ三世治下のイギリスにも滞在し、エドマンド・バークとも親交を温めている。

メッテルニヒはこの時代のラインラントやイギリスで、合理主義や保守主義の精神を吸収し、理性や慎慮に従った政治を自らの理想と考えるようになる。イギリスの歴史家A・J・P・テイラーの言葉を用いれば、彼は「啓蒙主義の遅蒔きの合理主義者」であり、キッシンジャーの言葉を借りれば「啓蒙主義の理性の産物」であった。[42] メッテルニヒが最初にオーストリアに足を踏み入れたのは十三歳のときであり、そこに住むようになったのは十七歳であった。だから、メッテルニヒについては「オーストリア人」と呼ぶよりも、「ヨーロッパ人」と呼ぶほうが的確であろう。そのような生い立ちによって、メッテルニヒにはヨーロッパ全体を考慮に入れることのできる視野の広さが備わっていたのだ。

こうした視野の広さと合理主義的精神があったからこそ、ウィーン会議では各国の利害を調整し、「ヨーロッパの統一性」を回復できたのであろう。メッテルニヒの外交理念は、彼とともにウィーン体制の形成に貢献したカースルレイをはじめとする他国の外交指導者たちにも共有されていた。その点にキッシンジャーも触れている。「メッテルニヒの仲間たちはみな、同じ理想をかかげ、似かよった教養の持ち主であり、本質的には同じ文化の所産であった。彼らが、フランス語で容易に会話を交すことが出来たからだけでなく、より深い意味で、自分たちが共有しているものは、自分たちを隔てている問題よりも、より重要であるという意識があったから、彼らは、お互いに理解し得たのである」[43]。また、メッテルニヒ自らも、「参加諸国は、それぞれ利益は異なるにしても、既存の条約を完結させ確認するための共同作業を行うことを欲して、友人として集まっているのである」と、述べている。[44]

まさに、このような価値の共有がなければ、ウィーン会議であのような親密な空気が生まれなかったであろうし、対立する利害をめぐる妥協や調整も実現しえなかったであろう。それゆえ、キッシンジャーはメッテルニヒの外交指導を高く評価した。「メッテルニヒは、自分の敵を心理的に圧倒し、支配することにかけてのほとんど異常ともいえる能力と、譲歩が、降伏ではなく、共通の目的に対する犠牲であると思わせるような道義的枠組みを規定する能力」を持っていた。「譲歩が、降伏ではなく、共通の目的に対する犠牲」であることが理解されるためには、指導者たちに理性や自制の精神が備わっていなければならなかった。そのような政治術によって、メッテルニヒは会議を支配したのだ。[45]

「協調の体系」の成立

すでに見たように、一八一五年十一月に締結された第二次パリ条約では、フランスに対抗するための四ヵ国同盟の維持についての合意がなされた。それと同時にこの条約では、ウィーン会議終了後に、五大国間で定期的な外交会議を開始することが決められていた。その最初の会議は、一八一八年九月にライン川近くのアーヘンで開かれた。ここでは、ウィーン会議同様に、ロシアのアレクサンドル一世、オーストリアのフランツ一世、プロイセンのフリードリヒ・ヴィルヘルム三世という三人の王侯に加えて、イギリスからはカースルレイ外相と対仏大同盟の連合軍最高司令官ウェリントン元帥、そしてフランスからはリシュリュー首相（ルイ一三世の宰相リシュリュー枢機卿の縁戚）が参加した。[46] 議長はウィーン会議同様に、メッテルニヒであった。

フランスに対抗する四ヵ国同盟と、フランスを加えた五大国体制とを結びつけたところに、ウィーン体制の国際秩序としての特質が見られた。それは、勢力均衡と大国間協調の融合でもあった。いわば、「均衡《バランス》による協調《コンサート》」である。この五大国間の定期的な外交会議は、その後も一八二〇年十月のトロッパウ会議、一八二一年一月のライバッハ会議、そして一八二二年のヴェローナ会議と続き、「会議体制《コングレス・システム》」の下での外交交渉が行われた。これは平時における主要大国間での外交会議という、従来にはない新しい外交的伝統となる。そして、これらの外交会議を通じて「ヨーロッパ協調」の体系が確立していく。これらの開催地は全て、ハプスブルク帝国の領地であった。会議はあくまでも、議長のメッテルニヒによって操縦されていた。

それでは、この「ヨーロッパ協調」に基づいた国際秩序は、それまでとどのように異なるのであろうか。イギリスの国際政治学者ハリー・ヒンズレーは次のように述べる。すなわち、「会議体制は実質的に、その頃の実務家によって封じられていた一つの大国による支配という旧来の目標と、誰もがそこから抜け出したいと考えていたような一八世紀に機能していた勢力均衡と、この二つのシステムに対する歴史上最初の代替を見いだそうとする、意識的な試みであった。そして現在に至るまで、国際連合による実験というかたちで、最新の試みがまさに今でも繰り返されている」[47]。

ヒンズレーが述べるように、「一つの大国による支配」という普遍的帝国の秩序と、旧来的な勢力均衡による秩序と、これら二つの既存の秩序原理とは異なる新しい秩序を模索した帰結が、「ヨーロッパ協調」であった。それは、勢力均衡のみに依拠した秩序とは異なり、定期的な外交会議を開くことで、五大国間に横たわる利害対立や領土紛争などを解決する制度であった。戦争や力と力の競争よりも、外交交渉によって諸問題の解決にあたるほうが、はるかに安定的で、平和的である。このような新しい「協調《コンサート》の体系」としての国際秩序の伝統は、ヒンズレーが指摘するように、現在の国際連合に至るまで連綿と続いてきた。

それゆえに、「ヨーロッパ協調」はしばしば、歴史上初めての国際組織とも位置づけられてきた。国家間関係の「組織化（organisation）」が進められたのは、このウィーン会議とそれに続く会議体制においてであった。それは明らかに、一八世紀の勢力均衡のみによって特徴づけられる国際秩序とは、異なるものであった。そして、大国間協調の組織化は、ヨーロッパの平和にとっての「公共財」とも呼べるものであった。それがすべての大国にとっての利益になると考えられたからこそ、すべての大国がその秩序を維持したのである。

均衡から協調へ

一八世紀に成熟した「均衡の体系」を基礎として、ウィーン会議を通じてつくられた「協調の体系」が麗しく融合するところに、一九世紀の国際秩序、すなわちウィーン体制の安定性の本質が見られた。[48]ウィーン体制は、現在に至るまで、最も安定的で最も優れた国際秩序ともいわれてきた。国際政治学者のシーハンも、一七一三年のユトレヒト条約や一九一九年のヴェルサイユ条約と比較して、ウィーン体制はより安定的な秩序をもたらした偉大な成功であったと論じている。[49]

そのような新しい秩序原理が生まれたのには、いくつかの理由が考えられる。第一に、一八世紀末にもなるとバークが論じたような「ヨーロッパというコモンウェルス」といえる諸国間の絆が成り立っていた。すなわち、文化的、社会的、経済的な絆がヨーロッパの人々の間に生まれつつあり、国境を越えたヨーロッパとしての一体性が感じられたのである。

そして、一八世紀から一九世紀にかけての外交制度と国際法の発達が、この時代の国家間関係の繋がりを深めていった。フランスはすでに一七世紀のリシュリュー枢機卿の時代に、国家の中央集権化が進み外務省が成立していた。少し遅れて、一七八二年にイギリスでも外務省が成立した。この年には、ホイッグ党のチャールズ・ジェームズ・フォックスが、イギリスの初代外務大臣の地位に就いた。[50]ヨーロッパ大陸でも、常駐大使の制度が確立し、またグロティウスやヴァッテル、プーフェンドルフなどの著作を通じて各国が従うべき国際法の存在についての認識も浸透しつつあった。このような、ヨーロッパの大国での外務省の制度的発展と国際法の普及が、職業外交官による外交交渉の普及へと結びついた。それが国家間の対立の解消に、ある程度役に立っていたのである。その外交的帰結が、ウィーン会議であった。

さらにもう一つ重要な要素として、ナポレオン戦争の悲惨な経験の共有がある。ナポレオン帝国の栄光や勝利の陰には、戦死した膨大な数の兵士や、戦争に巻き込まれて荒廃した村落や、戦費によって枯渇した国庫、そして国内政治秩序の混乱や、社会的動乱が見られた。結局、勢力均衡のみでは長期的な平和の条件とはなりえない。戦争による惨禍を繰り返さないためにも、より安定した国際秩序を求める精神が共有されていたのだ。

「協調の体系」の崩壊

では、勢力均衡と五大国協調という、「均衡《バランス》」と「協調《コンサート》」を融合させた安定した国際秩序であるウィーン体制は、どのように崩れていったのだろうか。それには、いくつかの段階が見られた。

最初のほころびは、ウィーン会議が閉幕した七年後の一八二二年に訪れた。この年の一〇月には、北イタリアのヴェローナで会議体制の下での外交会議が開かれることになっていた。その二ヵ月前の八月に、悲報がヨーロッパ政治を駆けめぐった。それまで会議体制を支える一端を担っていたカースルレイ外相が、なんと自殺したのである。

イギリス国内では、カースルレイ外相があまりにもヨーロッパ大陸の国際政治に深く足を踏み入れていることへの、根強い批判があった。ところがカースルレイ自らは、そのような国内世論に配慮をする必要を感じておらず、誤解を解くための努力もほとんどしていなかった。それゆえに、外交史家のマリエル・チェンバレンは、「カースルレイは一八世紀の人間であった」と論評している[51]。カースルレイは、時代の変化を理解していなかった。そしてイギリス国民は、カースルレイの方針に、ついていくことができなかったのだ。

すでにこの頃のイギリス社会には、リベラリズムの精神が広く浸透していた。それゆえ、保守主義的な思想が色濃く、リベラリズムやナショナリズムを苛酷なまで抑圧するオーストリアやロシア、プロイセンの専制君主たちに対して、イギリス国民が抱く違和感は根強かった。それらの専制的で抑圧的な王侯とともに、保守主義的な秩序をつくるカースルレイ外相に対して、批判が強まっていたのだ。

かつてオランダ出身の国王ウィリアム三世は、イギリスをヨーロッパの勢力均衡に関与するという方針へと力強く導いた。しかしながらそのような外交路線は、イギリス国民の間に浸透していなかった。ウィリアム・ピット首相やカースルレイ外相が、その伝統を引き継ごうとしても、専制的で反動的なヨーロッパ大陸の勢力均衡や会議体制に巻き込まれることには、政府のなかでも、また国民の間でも、強い嫌悪感が漂っていたのである。したがって、カースルレイ外相がヴェローナ会議に参加しようとしていたことに対して、それをやめさせようとする強い圧力がイギリス政府内でも見られたのである。

カースルレイは自殺する四日前に、外相と下院指導者の兼任の重圧に疲弊し、国王ジョージ四世に向かって次のように述べていた。「ヨーロッパに別れを告げなければなりません。陛下と私だけはヨーロッパのことがわかっていますし、またヨーロッパを守ることも出来ました。私の後は誰もヨーロッパ大陸のことを理解しないでしょう[52]」。

キッシンジャーによれば、「カースルレイの死は、ヨーロッパ政局の分水嶺となった」。というのも「イギリスと同盟を結びつけていた最後の絆、すなわち、戦時の大連合の記憶はカースルレイの死によって消え去ってしまった」からだ。「そのために、イギリスの政策は、その国民の考え方と同様、極めて島国的な傾向を帯びることとなった[53]」。カースルレイ外相の死後、その地位を引き継いだのは、彼とは対極的な外交理念を有するジョージ・カニングであった。

実はカニングとカースルレイはナポレオン戦争の最中に、それぞれ外相と陸相という立場でヨーロッパ大陸への関与をめぐり激しく対立しており、相互に根深い不信感を抱いていた。一八〇九年秋には、閣僚という立場であるにもかかわらず、日中からロンドンの市街地で決闘を行って傷を負い、これが新聞などで批判された。これが理由となり、ともに閣僚の職を辞している。対仏大同盟への深い関与を当然と考えるカースルレイ陸相に対して、カニングは大陸の諸国に不信感を抱きそれらの諸国から距離をとることを望んでいた。

カニングは、外交においてもリベラリズムの理念を実践する重要性を感じていた。そして、イデオロギー的な違いから、メッテルニヒをはじめとする大陸の指導者たちと協力することを避けようとした。外交における行動の自由を確保して、イギリス帝国としての結束を優先していたのだ。またカニング外相は、カースルレイと比較して、はるかにイギリス国民に強く支持されていた外相であった。カニングは結局、イギリスが会議体制から離脱することを決定した。

ヨーロッパの勢力均衡は、イギリスがバランサーという立場で関与することによって支えられていた。イギリスが離脱すれば、そのバランスにもほころびが生じる。イギリスの軍事的関与が見込めなくなるなかで、フランスの軍事的台頭を押さえこむためにも、メッテルニヒはロシアの力に依存せざるをえなくなる。

ロシア皇帝アレクサンドル一世がウィーン会議で提唱していた神聖同盟に加わってからは、オーストリア政府はよりいっそうロシアに接近し、その対外政策はよりいっそう保守主義色を強める結果となった。保守化を強めるオーストリアとロシア、そしてプロイセンに対して、カニング外相の下でイギリスは外交におけるリベラリズムの色合いを強めていった。五大国間での勢力均衡にほころびが生じるのと並行して、イデオロギー的な亀裂も次第に深まっていった。

価値観の亀裂

一八三〇年代はイギリスのパーマストン外相が中心となり、「ヨーロッパ協調」が興隆した時代であった。カースルレイのようにメッテルニヒの方針に従うのではなく、あくまでもパーマストン自らが議長となり、ロンドンで会議をとりまとめた。ヨーロッパ外交は、パーマストンによって支配されていた。しかしイデオロギー的な亀裂が、次第にそのような「ヨーロッパ協調」の体系を浸食していった。フランスとイギリスが、リベラリズムやナショナリズムに対する一定の理解と共感を示す一方、東方の三列強すなわちオーストリア、ロシア、プロイセンはむしろ保守主義的な抑圧的政策を強めていった。その帰結が、一八四八年の革命であった。ヨーロッパ中で、リベラリズムやナショナリズムを求める奔流《ほんりゅう》が荒れ狂い、人々は暴力や示威行動を通じてそれらを要求していった。旧体制を維持することは困難となった。メッテルニヒは宰相の座を追われ、イギリスに亡命した。もはや五大国間には、共有すべき価値があまり残されていなかった。「均衡による協調」としてのウィーン体制の国際秩序を支えてきたのは、正統主義に基づいた価値の共有であった。それが大きく損なわれ、イデオロギー的な亀裂が深まることで、必然的に国際秩序も不安定化していった。

その五年後の一八五三年に勃発したクリミア戦争は、ナポレオン戦争終結後初めての五大国内での大規模な戦争であった。ロシアのニコライ一世は、オーストリアの理解が得られると誤解をしたまま、キリスト教徒保護という名目の下でオスマン帝国との戦争に突き進んだ。ナショナリズムの荒波に飲まれたオーストリア帝国にとって、西方ではイタリアとドイツの領土を失いつつあるなかで、東方のバルカン半島では自らの領土や勢力圏を死守する必要があった。したがって、オーストリアのバルカン政策はよりいっそう抑圧的となり、硬直的となっていく。他方で、この地域に勢力を膨張させて、コンスタンティノープルやダーダネルス海峡を支配下に収めて地中海に進出しようとするロシアの行動は、地中海を支配するイギリスにとっては許容しがたいものとなった。このオーストリアとイギリスの両国が、ロシアの軍事行動に不快感と警戒感を強めていた。

しかしながらロシアとの戦争に踏み切ったのは、皇帝ナポレオン三世のフランスであった。国民の人気を踏み台にしてポピュリスト的な支持を集めていたナポレオン三世は、伯父の皇帝ナポレオン一世のような偉大な戦勝を求めて開戦を決断した。一八〇八年、ナポレオン戦争中に生まれたシャルル・ルイ＝ナポレオン・ボナパルト、すなわちナポレオン三世は、一八世紀的な理性や自制ではなく、むしろ一九世紀的な情熱やナショナリズムを内に秘めた、国民世論を意識した指導者であった。その彼が、ロシアとの戦争を決断したのである。

イギリス、オスマン帝国とともにロシアとの交戦状態に入ったフランスは、一八五六年のパリ条約によって偉大な勝利を手に入れた。ナポレオン戦争の敗北の記憶が残るフランス国民は、この戦勝に酔いしれた。大国の首脳が集まるパリ会議を開催し、これを主導したナポレオン三世はヨーロッパに平和をもたらした。しかしその平和は、かつてウィーン会議でメッテルニヒがつくったそれとは似て非なるつかの間のものであった。その後一八七一年のドイツ統一に至るまで、ヨーロッパでは一時的に、戦争と混乱の時代が続く。「均衡による協調」の国際秩序は、一八四八年革命からクリミア戦争に至る一連のヨーロッパ情勢に翻弄され、動揺していった。その過程で決定的に重要な役割を担ったのは、一八六二年にプロイセン王国首相となったオットー・フォン・ビスマルクであった。

3　協調なき均衡──ビスマルク体制

「協調なき均衡」の時代へ

一八四八年にヨーロッパ中に広がった革命、そしてその五年後のクリミア戦争の勃発が、ウィーン体制を特徴づけていた「均衡による協調」の時代を終わらせようとしていた。それでは、その後にはどのような国際秩序が待っていたのだろうか。

この時代に国際秩序が大きく変容しつつあったことを、幾人もの優れた国際政治学者が指摘している。たとえば、高坂正堯はこの時代にそれまでの「ヨーロッパ協調」が終焉に向かったと論じる。「ヨーロッパ協調」を特徴づけていたのは、「ヨーロッパの列強がヨーロッパの連帯を重要視し、その行動について抑制を示すことであった」と高坂は指摘する。「そしてそれは共通の文化的価値、慣習、あるいは理念なしにはありえないことであった[54]」。

それではその後の時代は、どのようなものであったのか。高坂によれば、「ヨーロッパ協調」に入れ替わった新しい秩序とは、「レアル・ポリティカー」によるそれであった。「それは国家間の力と利害の関係を重視し、国際体系とは結局のところそれ以上のものではないと考える態度であって、『欧州協調』といったものには二義的な価値しか与えられなかった[55]」。そして、そのような新しい時代の国際政治観、「レアル・ポリティカー」を代表していたのが、一八六二年にプロイセン首相となったビスマルクであった。「国際関係を各国の力と利害のおりなすもの」と考えていたビスマルクは、議会の演説で次のように述べた。「大国にとって、その外交の唯一の健全な基礎はエゴイズムであってロマンティシズムではありません。自らの利害に関係のないことについて争ったりするのは大国にふさわしいことではないのであります[56]」。

このような新しい時代を、高坂は次のように特徴づけている。「ドイツ統一後、ビスマルクによって作られた国際政治の体系は、コンサートなき均衡の体系であった[57]」。もはや「共通の文化的価値」は失われた。「コンサートなき均衡」の時代には、力の均衡こそが平和を約束する。ビスマルクは、ナショナリズムが興隆し、「ヨーロッパの一体性」、あるいは「共通の価値観」を喪失した時代に、勢力均衡によって国際秩序の安定性を回復しようと試みた。そのときの彼の指針は、「エゴイズム」すなわち国益と軍事力に従うことであった。かつてメッテルニヒやカースルレイが信奉した一八世紀的な理性と自制の精神は、ナショナリズムというエゴイズムにとって代わられた。人々は自国の優越性を求めるナショナリズムの情念に惹かれ、イタリア半島やドイツでは統一を求める衝動が政治を動かしていた。その結果、一八六一年には統一されたイタリア王国が成立し、その一〇年後の一八七一年には統一されたドイツ帝国が誕生することになる。巨大なナショナリズムというナイフによって「ヨーロッパの一体性」が切り刻まれる。「ヨーロッパ協調」は崩壊しつつあった。

イギリスの国際政治学者イアン・クラークもまた高坂同様に、ビスマルク体制の時代の国際秩序を、「協調《コンサート》なき均衡《バランス》」と位置づけている。確かにハリー・ヒンズレーのように、この時代の国際政治を論じる際に、「コンサート」が機能し続けていたと評価する論者もいる。ケンブリッジ大学で教壇に立っていたクラークは、ヒンズレーとは異なり、クリミア戦争以後の時代に「ヨーロッパ協調」が崩れていったと論じる。[58]第一次世界大戦に至るまで確かに、さまざまな局面で五大国が外交交渉によって対立を緩和する機会が見られた。それを「ヨーロッパ協調」と位置づけることもできるかもしれない。協調と対立は、白と黒のようにきれいに二分できるものではなく、ほとんどの場合がその中間のグレーの領域において両者が混じり合っているのである。

しかし重要なのは、一八六〇年代のヨーロッパ国際政治の舞台にビスマルクが登場し、七〇年代から八〇年代にかけて彼が中心となって国際秩序がつくられていったことだ。そして、ビスマルク自らが、そもそも「ヨーロッパ協調」を信頼していなかったことである。あくまでもビスマルクは、「力の均衡」による平和を信頼していた。ドイツの安全を確保するためには、ビスマルクは、他国の誠意ではなくて、自国の軍事的な強大さと、自国に有利な同盟や戦略バランスが必要だと考えた。高坂やクラークが論じるように、この時代には「協調なき均衡」という国際秩序が広がっていたのだ。

ビスマルク外交

ビスマルクが生まれたのは一八一五年四月であった。それは、ウィーン会議のさなかのことであり、ナポレオンと同盟軍がワーテルローの戦いへと時計の針を進めていく時期のことであった。メッテルニヒやカースルレイが、一八世紀的な合理主義的精神の産物であるとすれば、ビスマルクは一九世紀的なナショナリズムの精神の産物である。ドイツのナショナリズムや民族統一への運動は、歴史の必然であり必要な発展であった。そして、一八六二年にプロイセン王国首相となったビスマルクは、一八六六年のオーストリアとの戦争、そして一八七〇年のフランスとの戦争に勝利して、一八七一年にはヴェルサイユ宮殿鏡の間でドイツ帝国誕生を宣言した。ここにビスマルクは、ドイツ帝国初代宰相となる。皇帝ヴィルヘルム一世の篤い信頼の下で、ビスマルクはドイツ帝国の対外政策を完全に操縦できる立場にあり、ヨーロッパの国際政治を動かしていった。

ドイツ帝国の誕生は、ウィーン会議以来で最も大きな国境線の変更であった。しかしながら、ここでは「ヨーロッパ協調」は機能しなかった。それが機能しなかったのにはいくつかの理由がある。まず、ウィーン体制を構築したメッテルニヒは一八四八年にすでに政治的に失脚しており、一八五九年には他界している。その後のオーストリアは、一八六六年の普墺《ふおう》戦争でプロイセンに敗れたことによって、大国としての地位を失いつつあった。オーストリアにはもはや、ヨーロッパ外交における「儀典長《ぎてんちょう》」の役割を果たす力がなくなっていた。これ以後のオーストリア外交は、徐々にドイツの圧倒的な軍事力に依存する方向へと傾いていく。

オットー・フォン・ビスマルク

また、五大国のなかでバランサーとしてヨーロッパに関与すべきイギリスは、この時代は「光栄ある孤立」の政策を追求していた。一八六五年に、それまで三〇年を超えてヨーロッパ外交の中心に君臨したイギリスの偉大な外交指導者、パーマストン卿が亡くなった。パーマストンの外交によって、カニング後の時代のイギリスはヨーロッパ外交を支配していた。パーマストンはそれまで、「会議外交《コンファレンス・ディプロマシー》」という手段を用いて、巧みな外交交渉で五大国間の協調を実現した。それゆえ、彼が外相であった一八三〇年代は、「ヨーロッパ協調」の黄金時代となった。君塚直隆は、パーマストン外交を評して次のように述べる。「さらに重要だったのは、メッテルニヒ時代の会議《コングレス》が絶対主義勢力によって大勢を占められ、革命や蜂起を鎮圧する装置として機能していたのに対して、パーマストン時代の会議《コンファレンス》はそうしたイデオロギーには左右されず、中立的な立場から紛争の解決にあたり、合意に達したり平和を維持したりするためには妥協をも辞さない、柔軟な外交姿勢を示すことができた点である」[59]。

一八六〇年代は、そのようなパーマストン外交の時代から、ビスマルク外交の時代への転換期であった。パーマストン亡き後のイギリスは、ヨーロッパへの不干渉政策の傾向が一気に強まっていき、イギリス帝国という殻のなかに閉じこもることになる。普墺戦争が勃発しても、イギリス外相であったスタンリ男爵は、「イギリスの国益にこれほどまで無関係なヨーロッパでの大戦争など、過去にはなかった」と述べて、そこに関与する意思を一切見せなかった[60]。また、一八六六年にはスタンリの父親のダービ首相は、「とりわけ、いかなる他国の国内問題にも、不要な悩みの種となるような関与を試みようとしないこと」をイギリス外交の基本路線と述べている[61]。

そのようなイギリスと、すでに軍事的にも経済的にも弱体化していたオーストリアを前にして、ビスマルクは軍事力を用いて自由にヨーロッパ大陸での国境線を変更することが可能であった。この時代のイギリス陸軍は、平時において二万人程度の規模しか持たず、それはヨーロッパ屈指の陸軍力を持つドイツにとっては無視しうる水準に過ぎなかった。したがって、イギリス軍がドイツの海岸に上陸してくる可能性を問われたビスマルクは、そのような場合にはドイツ帝国の地方警察を派遣して、そのイギリス人を逮捕してしまえばよい、と答えたのだ。[62]

力による平和

このような情勢で、もはや「ヨーロッパ協調」が機能する余地は限られていた。一八世紀的な理性や自制の精神に従って外交を行い、「ヨーロッパの一体性」や「共通の価値観」を前提としていたウィーン会議の時代とは大きく異なり、この時代のヨーロッパではナショナリズムが荒れ狂い、ヨーロッパは国境線に分断されたばらばらな状態となっていた。そこで重要となるのは、軍事力であった。ビスマルクは一八六二年のプロイセン下院予算委員会で、次のように述べている。

「ドイツが注目しているのは、プロイセンの自由主義ではなく、その力《マハト》であります。（中略）ヴィーンの諸条約によって定められたプロイセンの国境は、健全な国家の営みにとって好ましいものではありません。現下の大問題が決せられるのは、演説や多数決によってではなく――これこそが一八四八年と一八四九年の大きな誤りでした――、鉄と血によってなのであります[63]」。

ビスマルクが「鉄血宰相」と呼ばれる所以である。ビスマルクは、軍事力を駆使した外交を展開することで、自らの政策の正当性を証明していた。軍事力に制約があったオーストリアのメッテルニヒが外交会議で平和を維持しようとしていたのに対して、ビスマルクはむしろ強大な軍事力を背景に戦争で「プロイセン王国の強化」を図った。そしてメッテルニヒとは異なり、ビスマルクには「ヨーロッパの一体性」に依拠する外交姿勢はほとんど見られなかった。ビスマルクは率直に述べている。「私には、『ヨーロッパの結束』などという考え方は、承認し得ないのだ[64]」。

ビスマルクはドイツ帝国の軍事力と自らの外交術を用いて、新しい勢力均衡をつくりだした。「レアル・ポリティカー」として、「力による平和」の信奉者であるビスマルクは、「ヨーロッパ協調」を軽視して、もっぱら「均衡の体系」に基づいた平和を求めていた。ビスマルクは、次のように述べたといわれている。

「われわれは、ヨーロッパのチェス盤の上で三国のうちの一つとなることとの重要性を見失ってはならない。それこそは、歴代のあらゆる内閣の不変の目標であったし、とりわけ私の内閣の目標である。誰しも少数者になることは欲しない。政治の要諦はここにある。すなわち、世界が五大国の不安定な均衡によって統御されている以上、三国のうちの一つになることである[65]」

「ヨーロッパ協調」による五大国協調が実現不可能であるとすれば、その五大国は二つのグループに分裂するであろう。そこで三ヵ国の同盟の一員となれば、それは数的に有利な状況を意味する。普仏戦争で屈辱的な敗北をして領土を割譲させられたフランスは、ドイツに対する復讐心で充ちている。他方でこの時期のイギリスは、ヨーロッパへの不干渉政策を選んでいた。オーストリアは、普墺戦争敗北以降は、ドイツ民族主義の論理からも強大化した統一ドイツに接近していた。バルカン半島で勢力圏をめぐりロシアとの対立を深めるオーストリアにとって、ドイツとの友好関係の必要性が増していった。

ビスマルクの外交にとって鍵となるのは、ロシアとの関係であった。伝統的にロシア貴族階級ではフランス語を話し、親仏感情を持つ者も多い。仏露が接近すれば、ドイツ帝国はこの二つの大国に東西から挟まれるかたちになる。ドイツの陸軍が東西に二分されれば、その力は半減するであろう。したがって、この両国の提携を阻止するためにも、ビスマルクはロシアとの同盟関係を模索した。それは、ロシア人に対して軽蔑や嫌悪感を抱くドイツ国民の感情とは無関係な、きわめて怜悧《れいり》な力の計算に基づいた接近であった。キッシンジャーは述べている。「ビスマルクのような強い意志と老練さをあわせ持った政治家でなければ、このような危ない綱渡りを考え出すことは出来なかったであろう。こうして、ドイツとロシアとの関係がヨーロッパの平和のカギを握ることとなったのである[66]」。

ビスマルク体制の成立

ビスマルクの洗練された外交術と、冷徹な力の計算に基づいた国際秩序が、ビスマルク体制であった。一八七三年、ビスマルクのドイツは、ロシアおよびオーストリアとの同盟を締結した。いわゆる「三帝同盟」である。孤立主義的なイギリスとの友好関係さえ維持すれば、フランスが孤立するかたちとなり、ドイツは圧倒的な数的有利を確保できる。そのようななかでフランスがドイツに対する報復的な戦争を決断することはきわめて難しく、ドイツの安全を確保することができるのだ。

メッテルニヒやカースルレイがウィーン会議を通じて「均衡による協調」を確立したのに対して、その半世紀後にビスマルクは「協調なき均衡」をつくりあげた。それは、ビスマルクがつくった「三帝同盟」を中核として、フランスの復讐心を封印することで成り立っていた脆弱な平和であった。バルカン半島でのオーストリアとロシアの勢力圏争いが「三帝同盟」を崩壊させる危険性があり、またフランスの対独復讐心がいつ沸騰するとも知れなかった。ウィーン体制が「ヨーロッパの一体性」に基づいて、五大国による柔軟な協調によって成り立っていたのに対して、ビスマルク体制は潜在的に二極対立に至る構造となっており、その中核に独仏対立が埋め込まれていた。[67] 国内政治においてそうであったように、ビスマルクは力を用いることで秩序を維持できると考えていた。

ビスマルクによって「ヨーロッパの統一性」が損なわれたわけではない。すでにそれが損なわれていたからこそ、ビスマルクはそのような政策を選ばざるをえなかったのだ。その背景には、この時代におけるナショナリズムの興隆があった。フランスの歴史家ルネ・ジローは、この時代に人々の移住が増えて、貿易や金融の関係が強化されることで、「他者」への意識が高まっていったという。一八世紀には「ヨーロッパの一体性」を育んだそのような絆が、一九世紀にはむしろ「他者」への嫌悪感へと帰結した。また、新聞・雑誌がこの時代に急速に普及したことで、他国へのステレオタイプや神話も醸成され、それにあわせて敵意が芽生えることもあった。

ジローによれば、「話題になっていた戦争が身近に迫るにつれて、当然、問題の愛国主義は他国民に敵対する形のナショナリズムをますますかきたてた」のだ。学校教育や、徴兵制での軍隊生活は、さらなる愛国心を育む効果を生んだ。この時代における学校教育の普及、軍隊制度の確立、新聞・雑誌メディアなどが相乗効果をもたらし、ナショナリズムという「集団心性」を発達させた。[68] ビスマルクもまた、このような時代精神の上に乗っていた。

ビスマルクは、ドイツにおけるナショナリズムという「集団心性」を前提にしながらも、力を冷徹に計算することでドイツ帝国の安全と国益を保持していこうとしていた。そのための鍵となるのが、いかにして「三帝同盟」を維持していくかであり、またいかにしてヨーロッパでの大国間の戦争の可能性を封じ込めるかであった。ビスマルクにしてみれば、普墺戦争も普仏戦争も、ドイツ統一を実現するためには必要な戦争であった。そして、ドイツ統一が実現して、フランスから領土を割譲されたのちには、宰相ビスマルクはむしろ大戦争を回避するために力を注いだ。なぜならば、すべての大国が巻き込まれるような戦争が勃発すれば、ヨーロッパ大陸の中心に位置して、多くの諸国と国境線を接するドイツが巨大な被害を受けることが想定されたからだ。一七世紀の三十年戦争でも、一九世紀初頭のナポレオン戦争でも、ドイツ諸邦は多大な負の影響を被り、大きく力を失ったのだ。

ベルリン会議の成功

一八七〇年代半ば、ヨーロッパ大陸に危機が訪れた。一八七六年四月にオスマン帝国領内のブルガリアで民族蜂起が生じると、ロシア帝国はこれを領土拡張を実現させる好機と考え、キリスト教徒の保護という名目の下に干渉を行おうとした。一八七七年にはオスマン帝国とロシア帝国の間で、露土（ロシア＝トルコ）戦争が勃発する。ロシアの圧倒的な軍事的優勢のなかで戦闘は終結し、一八七八年三月にはコンスタンティノープル近郊のサンステファノで講和条約が結ばれた。それによりベッサラビア南部がロシア領となり、新たに自治権が付与されるブルガリアがロシアの傀儡《かいらい》国家になろうとしていた。このような領土的変更に、イギリス政府は強硬に反対した。これによってロシアが地中海に進出することが可能となるからだ。それはロシアの長年の夢であった。イギリスは海軍をダーダネルス海峡に派遣することを決定し、英露間で一触即発の戦争の危機となった。

ここで仲介に乗り出したのが、ビスマルクである。バルカン半島をめぐりロシアとオーストリアの対立が深まれば「三帝同盟」は危機に追い込まれる。また、イギリスとロシアがこの問題をめぐって対立することは、ビスマルクがつくった同盟体制を動揺させることになる。

ビスマルクは、ベルリンで外交会議を開催することを提案した。一八七八年六月から始まるこのベルリン会議は、ビスマルクを議長として、戦争を回避する方策が議論された。ビスマルクは会議の冒頭で次のように述べた。「われわれがここに来たのは、ブルガリア人の幸福を考慮するためではない。ヨーロッパの平和を守るためである」[69]。ビスマルクは老獪《ろうかい》な外交術を通じて老齢のロシア外相ゴルチャコフを説得して、妥協を受け入れるように要請した。イギリスのビーコンズフィールド首相、すなわちベンジャミン・ディズレーリは、長年ビスマルクとは深い信頼関係にあり、相互に尊敬しあっていた。これらの指導者たちの交渉による利害調整の結果、ロシアのブルガリアでの影響力を制限するかたちで、イギリスにとって満足のできる合意を見いだすことができた。

ビスマルクにとって重要なのは、自らのつくった勢力均衡のシステムを壊さないように留めておくことであった。このシステムを保全して、平和を維持することが必要だと考えていた。それは、ドイツの安全のためであった。少し後になってから、ビスマルクは帝国議会でブルガリアの不安定な情勢に触れて、次のように述べた。「ブルガリアは、モスクワからピレネー山脈、そして北海からパレルモまでのヨーロッパ全体を戦争に陥れるほどまでに重要な問題ではない。そのような戦争が、はたしてどのような結果になるか、誰も予想することは出来ないし、またその戦争の後には人々はそもそもいったい何のために自らが戦ってきたのかさえも覚えていないであろう」[70]。これは、その三〇年ほどのちの第一次世界大戦の勃発を考えると、実に示唆深い言葉である。ビスマルクが危惧したように、ヨーロッパ全体を包み込む大戦争は結果としてドイツ帝国を瓦解させ、深刻な不利益を及ぼすことになる。ビスマルクが避けようとしたのは、そのような悲劇であった。

ビスマルクはかつて、次のように述べていた。「政治は、科学《サイエンス》というよりも技術《アート》である。それは、教えることができるような対象ではない。人はそれについての才能を持っていなければならない。それについての最良の助言も、適切に実行されなければ意味を持たない。政治はそれ自体として、論理的な緻密な科学ではなく、流動的な情勢のなかで、最も害の少ない選択肢、あるいは最も時宜を得た選択肢を選ぶ能力を意味するのだ[71]」。

疑いなく、ビスマルクにはそのような才能が備わっていた。しかしながら、そのような高度な政治術は、誰も引き継ぐことができないものであった。メッテルニヒとカースルレイがつくった「ヨーロッパ協調」は、五大国が定期的な外交会議を開くことによって平和を維持することが可能であった。しかしながら、ビスマルク体制とは、ビスマルク個人の体制であって、ビスマルク抜きで維持することは不可能であった。そのような現実を懸念して、ドイツ皇帝ヴィルヘルム一世は次のように述べた。

「私ならお前と同じことはしたくない。私には時にお前が5つのボールをもって馬にまたがり、1つのボールも落とさずに曲芸を演じている騎手のように見える[72]」

ビスマルクがいなくなれば、ビスマルク体制が崩壊することは必然であったのだ。ビスマルクをきわめて高く評価するキッシンジャーでさえ、次のように述べている。「このような崩れやすい均衡は、ビスマルクのような天才をもってしても、いつまでも保てるものではなかった」[73]。そのような懸念を証明するかのように、一八九〇年のビスマルクのドイツ帝国宰相辞任後には、彼がつくった国際秩序はもろくも崩れていった。

包囲されるドイツ

一八八八年に二十九歳の若さで即位した新しいドイツ皇帝ヴィルヘルム二世は、老獪な宰相ビスマルクに強い違和感を抱いていた。皇帝の支持が欠けていることを認識したビスマルクは、一八九〇年三月に辞表を提出した。三〇年間もの長きにわたってヨーロッパ政治の中心に坐してきたビスマルクが、とうとう政治の世界から退出する。これは、ヨーロッパ政治に巨大な変化をもたらす。

自らが外交に関与することを望んだヴィルヘルム二世は、ビスマルク宰相辞任の三ヵ月後に、一八八七年にビスマルクが慎重に結んだロシアとの再保障条約の延長を拒否した。ここで、長年ビスマルクが腐心してきたドイツとロシアの提携がちぎれることになった。当時の多くのドイツ国民は、ドイツは単独でも強大だと考えていた。ロシアとの同盟などに依存する必要はないのだ。またナショナリズムの興隆によって、ロシア人と同盟を結ぶことへの強い不信感が芽生えていた。

同盟の目的は、ただ単にその国と友好関係をつくるということだけではない。むしろ自国に敵対的な国が、その国と連合することを防ぐことも、重要な目的であった。典型的な勢力均衡の発想である。それを理解することが、ビスマルクのいう「政治の技術」であり、ヴィルヘルム二世にはそのような理解が欠けていた。その結果、ロシアはドイツから離れていき、フランスに接近する。

この好機を逃さずフランスも直ちにロシアに接近した。一八九一年には水面下で仏露間の交渉が始まり、一八九四年には軍事的な仏露同盟が締結されたことで、フランスはビスマルク体制下の長年の軛《くびき》から解放された。この後に、ドイツはイギリスとの海軍建艦競争に突入し、イギリスもまたヴィルヘルム二世のドイツ帝国から離れていった。一九〇四年の英仏協商は、新しい時代の到来を告げる。フランスとロシアとイギリスがゆるやかに結びついて、ドイツを包囲する体制がつくられつつあった。それは、一九〇七年の英露協商によって完成する。ドイツを包囲する三国協商の成立である。

ヴィルヘルム二世にとっては実に不都合なことに、自らが十分に意識していない間に、ドイツにとってきわめて不利な国際秩序が形成されていた。ドイツは、フランス、ロシア、イギリスという三つの大国に包囲されるかたちとなり、ほとんど一国でそれらに対抗する軍事力を築き上げなければならなくなった。反対に、フランス外相のテオフィル・デルカッセは、自国のみではドイツの軍事力に対抗できないことを理由に、ロシアやイギリスの力を借りることで自らに有利な秩序を形作ったのだ。

ビスマルクが政治の舞台を退いてからわずか二〇年足らずの間に、ヨーロッパの国際政治は大きく変容した。ビスマルク体制下では、フランスが包囲され孤立していた。ところが今や、反対にドイツ帝国が包囲されて孤立することになったのだ。独仏対立を基軸とする硬直的な二極対立の構図が、よりいっそう濃密となった。そこに柔軟に関与できるようなバランサーは、もはや存在しない。

かつての柔軟で多極的な勢力均衡は、大きく変質していた。ヴァッテルが述べた「共通利益の絆」、あるいは高坂が述べた「文化的な紐帯」に基づいた勢力均衡の体系が、硬直的で、敵対的で、ナショナリズムに基づいた対立の構図へと変わっていた。第一次世界大戦に至るまで、もはや時間はそれほど多く残されていない。

ビスマルク体制の崩壊と同時に、「協調なき均衡」の体系も崩れた。ナショナリズムの激情と、愛国心による他国への攻撃性の強まるなか、「ヨーロッパ協調」はもはや実現困難となった。そのうえ勢力均衡も機能しなくなっていた。「均衡の体系」も「協調の体系」も崩壊した後に待っていたのは、戦争と殺戮の時代であった。

註

1　Michael Sheehan, *The Balance of Power: History and Theory* (New York: Routledge, 1996) pp.101-2.

2 Ibid., p.102.

3 クラウゼヴィッツ『戦争論（上）』篠田英雄訳（岩波書店、一九六八年）五八頁。

4 H. M. Scott, *The Birth of a Great Power System 1740-1815* (London: Longman, 2006) p.6.

5 Sheehan, *The Balance of Power*, pp.99-102.

6 ハンス・J・モーゲンソー『国際政治II　権力と平和』現代平和研究会訳（福村出版、一九八六年）二三四〜二三六頁。

7 Sheehan, *The Balance of Power*, p98.

8 M. S. Anderson, *The Rise of Modern Diplomacy 1450-1919* (London: Longman, 1993) p.167.

9 細谷雄一『外交――多文明時代の対話と交渉』（有斐閣、二〇〇七年）五九〜六〇頁。

10 この時代のヨーロッパ国際関係については、君塚直隆『近代ヨーロッパ国際政治史』（有斐閣、二〇一〇年）第4章を参照。

11 Derek McKay & H. M. Scott, *The Rise of the Great Powers 1648-1815* (London: Longman, 1983) p.45.

12 君塚『近代ヨーロッパ国際政治史』九九〜一〇〇頁。

13 McKay and Scott, *The Rise of the Great Powers*, p.58.

14 君塚直隆「ヨーロッパ協調から世界大戦へ　一八一五―一九一四年――「不実の白い島」の呪縛」細谷雄一編『イギリスとヨーロッパ――孤立と統合の二百年』（勁草書房、二〇〇九年）一八頁。

15 McKay and Scott, *The Rise of the Great Powers*, p.47.

16 ヘンリー・A・キッシンジャー『外交（上）』岡崎久彦監訳（日本経済新聞社、一九九六年）八一頁。

17 Jeremy Black, *Britain as a Military Power, 1688-1815* (London: UCL Press, 1999) pp.47-58.

18 Sheehan, *The Balance of Power*, p.106.

19 McKay and Scott, *The Rise of the Great Powers*, pp.94-5.
20 Sheehan, *The Balance of Power*, p.116.
21 Muriel E. Chamberlain, *Pax Britannica ?: British Foreign Policy 1789-1914* (London: Longman, 1988) pp.34-5.
22 Sheehan, *The Balance of Power*, p.117.
23 ヘンリー・A・キッシンジャー『回復された世界平和』伊藤幸雄訳（原書房、二〇〇九年）六九頁。
24 Scott, *The Birth of a Great Power System 1740-1815*, p.1.
25 キッシンジャー『回復された世界平和』二四七頁。
26 Scott, *The Birth of a Great Power System*, p.1.
27 Ibid., p.354.
28 クレメンス・W・L・メッテルニヒ『メッテルニヒの回想録』安斎和雄監訳（恒文社、一九九四年）二一六頁。
29 同、二三七頁。
30 キッシンジャー『外交（上）』、九九頁。
31 同。
32 Scott, *The Birth of a Great Power System*, p.258.
33 キッシンジャー『回復された世界平和』二五六頁。
34 同、二六八～九頁。
35 キッシンジャー『外交（上）』九六頁。
36 高坂『古典外交の成熟と崩壊』五九～六〇頁。
37 同、六〇頁。

38 同、九七頁。
39 同、九九頁。
40 Scott, *The Birth of a Great Power System*, p.364.
41 キッシンジャー『回復された世界平和』五六七頁。
42 A・J・P・テイラー『ハプスブルク帝国 1809〜1918——オーストリア帝国とオーストリア＝ハンガリーの歴史』倉田稔訳（筑摩書房、一九八七年）四一頁、キッシンジャー『外交（上）』一〇五頁。
43 キッシンジャー『回復された世界平和』五六六頁。
44 ポール・ゴードン・ローレン、ゴードン・A・クレイグ、アレキサンダー・L・ジョージ『軍事力と現代外交——現代における外交的課題〔原書第4版〕』木村修三、滝田賢治、五味俊樹、高杉忠明、村田晃嗣訳（有斐閣、二〇〇九年）三四頁。
45 キッシンジャー『回復された世界平和』五七五頁。
46 君塚『近代ヨーロッパ国際政治史』二一四頁。
47 F. H. Hinsley, *Power and the Pursuit of Peace: Theory and Practice in the History of Relations between States* (Cambridge: Cambridge University Press, 1963) p.196.
48 Ian Clark, *The Hierarchy of States: Reform and Resistance in the International Order* (Cambridge: Cambridge University Press, 1989) p.16.
49 Sheehan, *The Balance of Power*, p.123.
50 細谷『外交』六三〜六六頁。
51 Chamberlain, *Pax Britannica?*, p.43.
52 キッシンジャー『外交（上）』一一三頁。

53　キッシンジャー『回復された世界平和』五五一頁。
54　高坂『古典外交の成熟と崩壊』二三七頁。
55　同、二四五頁。
56　同、二四七頁。
57　同、二六〇頁。
58　Clark, *The Hierarchy of States*, pp.127-8.
59　君塚直隆『パクス・ブリタニカのイギリス外交——パーマストンと会議外交の時代』（有斐閣、二〇〇六年）七頁。
60　John Charmley, *Splendid Isolation?: Britain and the Balance of Power 1874-1914* (London: Hodder & Stoughton, 1999) p.4.
61　Kenneth Bourne, *The Foreign Policy of Victorian England, 1830-1902* (Oxford: Oxford University Press, 1970) p.388.
62　Paul Kennedy, *The Rise and Fall of British Naval Mastery*, 3rd edition (London: HarperCollins, 1991) p.238.
63　飯田洋介『ビスマルクと大英帝国——伝統的外交手法の可能性と限界』（勁草書房、二〇一〇年）一八頁。
64　C. J. Bartlett, *Peace, War, and the European Powers, 1814-1914* (London: Longman, 1996) p.111.
65　ローレン、クレイグ、ジョージ『軍事力と現代外交』四五頁。
66　キッシンジャー『外交（上）』一八八頁。
67　Sheehan, *The Balance of Power*, p.135.
68　ルネ・ジロー『国際関係史 1871～1914年——ヨーロッパ外交、民族と帝国主義』渡邊啓貴、柳田陽子、濱口學、篠永宣孝訳（未來社、一九九八年）七六～一〇〇頁。

69 Bartlett, *Peace, War, and the European Powers, 1814-1914*, p.105.
70 Ibid., p.116.
71 Ibid., p.97.
72 ローレン、クレイグ、ジョージ『軍事力と現代外交』四六頁。
73 キッシンジャー『外交（上）』一九七頁。

第3章　世界戦争の時代

1　国際秩序のグローバル化

トクヴィルの予言

「今日、地球上に、異なる点から出発しながら同じゴールを目指して進んでいるように見える二大国民がある。それはロシア人とイギリス系アメリカ人である。

どちらも人の知らぬ間に大きくなった。人々の目が他に注がれているうちに、突如として第一級の国家の列に加わり、世界はほぼ同じ時期に両者の誕生と大きさを認識した。（中略）両者の出発点は異なり、たどる道筋も分かれる。にもかかわらず、（中略）いつの日か世界の半分の運命を手中に収めることになるように思われる」[1]

フランスの思想家で後に外相を務めるアレクシス・ド・トクヴィルがこの文章を書いたのは、アメリカへの旅行から帰国した後の一八三五年のことであった。その当時の、ウィーン体制下の国際秩序では、イギリスやフランス、オーストリアが中心的な大国であって、この時代にアメリカとロシアの将来の可能性をこのように予測した者は多くはなかったであろう。トクヴィルの洞察力を示す例として、また将来に起こる冷戦を予言した言葉として、この文章は繰り返し引用されてきた。

トクヴィルは次のようにも述べている。「他のあらゆる国民はすでに自然の引いた限界にほぼ達しており、後は守るだけであるが、両者は成長の途上にある。他のあらゆる国民は引きとめられ、多大の努力を払わなければ前に進めないが、両者だけは軽やかにして速やかな足取りで行くべき道を歩き、その道がどこで終わるのか、いまだに目に見えない」[2]。

トクヴィルは、ヨーロッパ諸国の発展の限界を予期しながら、他方でアメリカやロシアが擁する無尽蔵な可能性に強い印象を受けたのだろう。このトクヴィルの予言から半世紀以上の時間が経ってはじめて、多くの人々が両国の国力の大きさを実感し、また国際秩序のパワー・バランスに変化が生じていることを理解するようになる。

パワー・バランスの変化

一九世紀から二〇世紀へと世紀が転換する時代に、国際秩序に巨大な変化が生じていた。ヨーロッパでは、ドイツ宰相ビスマルクがつくった国際秩序がビスマルクの辞任とともに崩壊していき、不安定で不透明な国際情勢となっていた。それまで、ビスマルクとイギリスのソールズベリ首相の間で緊密な友好関係を保っていた英独関係も、新しいドイツ皇帝ヴィルヘルム二世の下で不用意な摩擦や相互不信が増していき、新しい世紀が始まりしばらくすると深刻な軍事的緊張へと転げ落ちていった。そしてそのような硬直的な対立の構造が、人々を不安にさせていた。

他方で、ヨーロッパから世界へと目を向けると、国際秩序を考える上での巨大な変化が訪れていたことに気がつく。それは、この時期にパワーが、ヨーロッパから世界全体へと拡散した結果、国際秩序が質的に変化したことである。一八九〇年に、首相でありながら外相の職も兼任していたソールズベリ卿は、次のように述べていた。「外務省での仕事はとても過酷で、年々ますますそうなっていく。私が一八七八年に外相に就任したときには、西アフリカなどなく、ウガンダなどなく、ザンジバルなどなく、中国のことなど語る必要がなかったのだ！」[3]かつてトクヴィルが予言したように、ヨーロッパの栄光の時代が終わろうとしていた。

それまで、ヨーロッパの五大国によりつくられ、維持されてきた国際秩序が、グローバルな国際秩序へと拡大していく。そこでは、統一されたドイツが圧倒的な力を保持するようになり、またアメリカとロシアという二つの大陸国家が無尽蔵な資源を吸収して国土を開発しつつあり、非ヨーロッパの日本という大国が影響力を拡大しつつあった。そしてソールズベリ卿が嘆いたように、世界各地で起こる問題のために、各国ともに膨大な時間を注がねばならなくなっていた。二〇世紀は、巨大な国際秩序の地殻変動とともに幕を開けたのである。

五大国体制の終焉

一九世紀の「ヨーロッパ協調」の時代には、カースルレイ英外相が言うヨーロッパの「第一級の大国」、すなわちイギリス、フランス、プロイセン、オーストリア、ロシアの五大国によって世界全体の政治が動かされていた。インドはイギリス領となっており、香港《ホンコン》や上海《シャンハイ》をはじめとする中国沿岸の大都市は西洋列強の支配下に入り、東南アジアやアフリカの大半もまたヨーロッパの植民地となっていた。アメリカはまだ建国間もなく、脆弱な国家を守るためにモンロー・ドクトリンという殻にこもることになった。また日本は鎖国という、ヨーロッパ国際政治からの隔離を維持していた。それは、ヨーロッパにとっては栄光の時代であり、世界全体にとってはヨーロッパ帝国主義の時代であった。

ところがこの五大国体制が、二〇世紀が幕を開ける時期に崩れていく。もはや、ヨーロッパの五大国が世界全体を動かす時代は終わろうとしていた。一九世紀後半から二〇世紀初頭にかけての「新興国」の急速な台頭によって、既存の国際秩序が流動化していった。その

「新興国」とは、ドイツ、アメリカ、日本の三ヵ国である。この三ヵ国が、一九世紀半ば以降、次第に国際政治での影響力を増していく。第二次世界大戦が、主としてこの三つの大国によって戦われたのは偶然ではない。一九世紀半ばから二〇世紀半ばまでの一世紀において、この三つの新しい大国の台頭によって、国際秩序が流動化していったのだ。そして、ドイツ、アメリカ、日本という三ヵ国は、国際秩序のなかで、自らのパワーにふさわしい新しい地位を求めるようになる。

まずヨーロッパ大陸の中心では、一八七〇年の普仏戦争で勝利を収めたプロイセンが、統一ドイツとしてヨーロッパ国際政治の舞台に登場する。その工業力と軍事力が次第に他のヨーロッパの大国を凌駕《りょうが》していき、ヨーロッパの勢力均衡に巨大な変化が生じた。そして、このドイツ帝国が若き皇帝ヴィルヘルム二世のもとで「世界政策（Weltpolitik）」を進めることによって、フランスやイギリスなどの植民地帝国との間で、世界規模の摩擦が広がっていった。

第二に、西半球ではアメリカ合衆国が南北戦争を終えて、急速に国土の統一と工業化を進めていった。かつてはイギリスの植民地であったアメリカが、二〇世紀が始まる頃にはヨーロッパの五大国を凌駕する圧倒的な国力を備え、グローバルな勢力均衡にも巨大な影響を及ぼすようになる。アメリカ外交の動向を無視しては、世界の戦略バランスを考慮することができなくなった。かつてモンロー・ドクトリンの旗の下で、旧大陸の勢力均衡から距離を置いていたアメリカは、一八九八年の米西戦争でスペインに勝利を収めた後に、より積極的に世界の問題に関与していくようになる。「アメリカの世紀」の曙光が見え始めていた。

第三に、ユーラシア大陸の東の端では、一八六七年の明治維新を経た日本が、中央集権的な近代国家として誕生した。この日本が急速な経済成長を実現し、また工業化を進めることで軍事大国としても台頭する。日本の海軍力は東アジアの勢力均衡に大きな影響を及ぼすようになり、イギリスは日本との提携を模索する。一九〇二年に日英同盟が締結されると、ヨーロッパとアジアの国際政治が以前にも増して連動していく。グローバルな国際秩序が生まれる上で、決定的な転機となる。

このように、一九世紀後半から二〇世紀前半にかけて、ドイツ帝国、アメリカ合衆国、そして日本という三つの「新興国」が既存の国際秩序に挑戦をし、それまでの旧いヨーロッパの国際秩序が不安定化していく。「ヨーロッパ協調《コンサート・オブ・ヨーロッパ》」と称される、それまでの調和的な国際秩序が衰退し、新しいグローバルな安定性が求められていた。しかし、新しい安定を実現するまでに、国際社会は多くの苦難と挫折を経験せねばならなかった。とりわけ、アメリカと日本という二つの非ヨーロッパの大国をどのように位置づけるかという問題は、数々の摩擦をもたらしていく。

この時代の世界では、「パクス・ブリタニカ」の名の下にイギリスが圧倒的な海軍力を擁して、覇権的な影響力を世界各地に浸透させていた。イギリスは新しい情勢に適応するために、ドイツ、アメリカ、日本という三つの「新興国」に柔軟に対応していかなければならない。勢力均衡を維持して国際秩序の安定性を守ろうとするイギリスに対して、この三つの「新興国」は自らの増強された国力にふさわしい国際的地位を求めて、国際秩序を大きく修正しようと試みた。イギリスには、これら三国すべてと戦争をするような贅沢《ぜいたく》な国力はなかったのだ。

それでは、この時代の国際秩序は質的にどのように変容したのか。ヨーロッパの五大国協調の終焉は、はたして国際秩序にどのような影響を及ぼしたのか。また、国際秩序のグローバル化は、どのような意味を持っていたのか。まずは、この三つの「新興国」が台頭する一九世紀後半の時代へと時計の針を戻そう。

ドイツ帝国の台頭

一八七一年一月一八日、パリ郊外のヴェルサイユ宮殿の壮麗な鏡の間で、プロイセン国王ヴィルヘルム一世はドイツ皇帝に即位した。ヨーロッパ大陸の中心に、巨大な大陸国家が誕生したのだ。このドイツ帝国の誕生は、ヨーロッパのそれまでの勢力均衡に、無視しえない影響を及ぼした。

ドイツ統一にともなうヨーロッパ大陸における勢力均衡の変化に対して、イギリス政府は深く関わろうとせずに看過した。この時期のイギリス政府は、世界規模で植民地獲得を進める一方で、ヨーロッパ大陸では不干渉の政策を進めていた。そのような外交路線は、普墺戦争時の首相であった第一四代ダービ伯爵や、その長男のスタンリ外相に代表されていた。イギリス政府は、ドイツ帝国と共存が可能だと考えていた。[4]

なぜイギリスは伝統的な勢力均衡政策を選ばず、ドイツ統一にともなう領土変更を容認したのか。また、なぜウィーン体制下の「ヨーロッパ協調」に見られるような、大国間協調に基づく調整を行わなかったのか。ドイツ帝国の誕生と急速な台頭に対して、この時期にイギリスがドイツ帝国を封じ込めたり対抗したりせずに、むしろ共存を目指していたのにはいくつかの理由があった。

まず何より、この時期のイギリスにとっての最大の脅威はドイツではなく、世界規模で植民地獲得競争を繰り広げるフランスと、東地中海や中東、アフガニスタンをめぐり「グレート・ゲーム」を展開していたロシア帝国であった。一八七二年のドイツの海軍予算は、イギリスのほぼ半分程度であったために、海洋国家のイギリスにとってドイツ帝国は深刻な脅威とはなっていなかったのだ。[5] フランスとロシアという二つの大国に対抗するためには、むしろドイツとの提携が必要だと考えられていた。人間は通常、未来ではなく過去を念頭に置いて対策を考える。イギリスにとっての最大の脅威は、スペイン王位継承戦争でもナポレオン戦争でも常にフランスの軍隊であった。ドイツ人がイギリスの安全を深刻に脅かしたことはなかったのだ。

また宰相ビスマルクの慎重な外交路線は、イギリス政府を安心させていた。さらには、一七一四年以来イギリスの王室はドイツ出身のハノーヴァー家であり、ドイツの皇室とも血縁関係で深く結びついていた。ドイツ皇帝ヴィルヘルム二世の母方の祖母が、イギリスのヴィクトリア女王であった。[6]そのような王室の繫がりこそが、この時代の英独関係に友好的な空気をもたらしていたのだ。一八九四年に仏露同盟が成立すると、フランスとロシアという二つのイギリスの仮想敵国の提携に脅威認識を強め、イギリス政府はよりいっそうドイツへの接近を試みる。

ビスマルクの巧みで慎重な外交手腕と、イギリスの孤立主義的な政策を背景に、英独は友好的な関係を維持していた。ドイツ帝国が誕生して、急速に国力を増強させていっても、イギリスはそれを容認していたのだ。[7]その背後でパワー・バランスが急激に変化していたことも見過ごしていた。

英独摩擦

世紀が転換する頃に、状況が大きく変わった。ドイツの対外政策はその巨大な国力を背景として、より自信に満ちた膨張主義的なものへと変容していったのだ。一八八八年に皇位に就いたヴィルヘルム二世がより冒険主義的な「世界政策」を展開し、またビスマルクが一八九〇年三月に更迭されると、次第に英独関係は対決色を帯びていく。ドイツ帝国の世界進出と海軍力の増強が、英独間の摩擦を生んだのだ。

　またその背後で、英独両国の国内の空気にも変化が生じていた。ビスマルクが宰相を辞する一八九〇年に、その後に巨大な影響を及ぼす一冊の書物が刊行されていた。それは、アメリカ海軍大学校で教官となっていたマハン大佐が執筆した、『海上権力史論』である。[8] これは、海軍力こそが世界史を左右すると論じる壮大な歴史書であり、海軍力の増強を提唱するプロパガンダとしても利用された。ヴィルヘルム二世のドイツ帝国もまた、この海軍主義のイデオロギーの影響を受けるようになる。ドイツは一八九八年に第一次艦隊法を制定し、それ以後急速に建艦を進めていった。ドイツが海軍力を増強することはそのまま、イギリスにとっての脅威となることを意味した。英独両国内で愛国主義的な風潮が強まり、ナショナリズムに特徴づけられるような論調が溢れ、相手への恐怖心と不信感が募っていったのだ。

　とはいえイギリス政府はこの時期に、ドイツとの戦争を必ずしも想定していたわけではない。歴史家ポール・ケネディが論じるには、一九世紀半ば以来イギリスでは、財政的理由や国内政治的理由から、可能な限り戦争を回避して外交交渉によって平和を確立しようとする「有和《ゆうわ》の伝統」が存在していた。[9] したがって当初イギリス政府は、急速に台頭する皇帝ヴィルヘルム二世のドイツ帝国とも、協調的な関係が可能だと信じていた。イギリス政府の対独政策の基本方針が共存から対抗へと転換していく移行期が、一九〇一年から一九〇七年までの六年間であった。[10] それではこの時期に何があったのか。それを理解するためには、地球の反対側の東アジアでの国際政治の動向に目を向けねばならない。

一九〇〇年、イギリス政府は義和団事件以降に満州での駐兵を続けるロシアの動向を危惧して、東アジアでの英独協調を促進しようと試みていた。十月十六日には英独揚子江《ようすこう》協定を締結し、門戸開放と領土保全の原理に基づいて中国での英独協調を進めようとした。東アジアにおけるロシア帝国の膨張という脅威が、勢力均衡の論理からも、イギリスのドイツへの接近を必要としたのだ。後にこの協定には、ロシアの南下を懸念する日本も加わった。

ところがドイツ政府はロシア政府への配慮から、イギリス政府の要望を退け、この協定から満州を適用除外とした。[11] ロシアとドイツの提携は、一八九五年の日清戦争後の三国干渉でも見られていた。中国を舞台に、ロシアに対抗する英独協力を進めようとしたイギリス政府の政策は、ドイツの消極的で曖昧な態度によって挫折する。

ドイツ国内は、対英協調を求める動きと対英強硬を論じる動きとに分裂しており、路線対立が見られていた。一九〇一年三月、ロンドンではエッカルトシュタイン駐英代理大使が林《はやし》董《ただす》駐英公使を訪ねて、日英独の三国同盟案を提唱した。[12] しかしながらドイツ国内では反英的な空気が濃厚で、またドイツ海軍もイギリスとの対抗を基調としており、イギリスとの協調を明言することは困難であった。当時のドイツ国内で渦巻いていた、反英的なナショナリズムの感情が、英独同盟の締結を難しくしていた。新しく帝国宰相となったベルンハルト・フォン・ビューローは一九〇一年三月十五日の議会演説のなかで、満州における英独協力の可能性を拒否し、イギリスの行動を批判した。このことがイギリス政府、とりわけランズダウン外相を失望させた。結果としてイギリス政府はドイツとの協力を諦めて日英二国間の同盟条約締結へと進んでいった。英独協調は不調に終わった。

他方で、イギリス国内における対独不信感は、ドイツの急速な海軍建造によって醸成されていった。もしも陸続きのフランスとの戦争を想定するならば、ドイツにとって大規模な海軍力は必要ないではないか。一九〇四年二月二十六日の閣議メモランダムでは、ドイツ海軍が「われわれとの戦争という観点から、注意深く建造されている」と結論づけられていた。[14] そして一九〇五年の第一次モロッコ事件を通じて、英独関係はよりいっそう相互不信を増していった。一九〇五年の日本海海戦でロシアの艦隊が壊滅的打撃を受けたことで、もはやイギリスにとってロシアやフランスの海軍は深刻な軍事的脅威ではなくなった。それに代わって、ヴィルヘルム二世の下で急速に海軍力を拡張していたドイツ帝国こそが、イギリスにとっての最も深刻な脅威となりつつあった。

海軍力を増強することが、結果としてイギリスとの関係を著しく悪化させることに、ヴィルヘルム二世は十分に留意していなかった。そして、イギリスと提携することの本質的な意義が、イギリスの力を借りることではなくて、自国の仮想敵国であるフランスにイギリスを接近させないことにあるということを、不幸にしてヴィルヘルム二世は理解できなかった。ヴィルヘルム二世のドイツは、ロシアとの再保障条約の延長を拒否したその四年後にフランスとロシアの同盟が締結されたことを知り、イギリスとの同盟を拒絶したその三年後にフランスとイギリスの協商関係の成立を知った。知らない間に、ドイツはヨーロッパで孤立し、包囲されていた。ドイツにとってきわめて不利な国際秩序が、意図せず形成されてしまった。

イギリスの勢力均衡原則

一九〇七年一月一日の、外務省のエア・クロウが書いたメモランダムは、イギリスの仮想敵国としてドイツを位置づけた最初の重要な公式文書であった。そこでは、「ドイツとの『和解』が成立してより友好的になるという空虚な希望は、明確に断念されるべきである」と論じられている。[15] 外務省内では、サー・トーマス・サンダーソン事務次官が、依然として対独協調を基調とした外交政策の可能性に言及して、クロウのメモランダムに反対意見を示していた。だが、サー・ヘンリー・キャンベル＝バナマン首相をはじめ閣僚たちはクロウの意見に同調した。[16] 第一次モロッコ事件でのドイツの強硬姿勢を転機に、イギリス政府内では対独協調の限界を前提にした政策へと進んでいく。歴史家マリエル・チェンバレンによれば、「一九〇七年になってはじめて、イギリスの政策は、フランスではなくてドイツが敵であることを想定して進められていった」[17]。

さらに重要なことは、このクロウのメモランダムにおいて、イギリスの対外政策の基本路線として、勢力均衡の維持が明記されていることである。すなわち「そのような勢力の組み合わせによって成立する均衡は、専門的には勢力均衡として知られており、イギリスの長年にわたる政策を、このバランスの維持と位置づけることは、ほとんど歴史的な真理ともいえるものである」[18]。それまで、勢力均衡は暗黙の了解としてイギリス外交に継承されてきたが、このようにイギリス外務省の公式文書として、勢力均衡の政策が基本路線として位置づけられたのである。当時においては、膨張するドイツのパワーに対して、フランスやロシアとの協力関係によって対抗するのが、イギリスの目指すべき勢力均衡であった。

このようにして、イギリス政府はそれまでの方針を大きく転換し、一九〇七年以降から勢力均衡の論理に基づいてドイツに対抗するようになる。これは実に奇妙なことであった。理性的に考えるならば、イギリスがドイツと戦争をする必然性など、見つからなかったからだ。海外で植民地や勢力圏をめぐり対立や衝突を繰り広げたフランスやロシアとは異なり、植民地をほとんど持たないドイツとの本質的な軍事的緊張はなかった。また、本来陸軍大国であったドイツと、海洋上で対立をすることも必然的とはいえない。むしろ、ナショナリズムが勃興し、それらの熱情に国民世論が動かされて、現状維持国であるイギリスとその挑戦国であるドイツとが衝突したと見るべきであろう。一九〇四年の英仏協商と、一九〇七年の英露協商によって、ドイツを包囲するかたちで三国は提携を強めていった。しかし、そのような勢力均衡政策は十分に機能することなく、結局は第一次世界大戦の勃発、そしてアメリカの参戦に至ってしまった。勢力均衡の体系によって平和を確立することはできなかったのだ。

もはやヨーロッパの五大国のみでは、勢力均衡を維持することができないことは明らかであった。強大なドイツのパワーに対して、イギリスとフランスのみでは十分に均衡がとれなくなってしまった。アメリカや日本などの、非ヨーロッパの大国も含めたかたちで、新しいグローバルな勢力均衡を見いだし、国際秩序の安定性を模索せねばならなくなっていた。

アメリカの台頭

二〇世紀の初頭、ドイツ、アメリカ、日本という三つの「新興国」が急速に台頭するなかで、イギリスはこれら三国すべてと敵対関係に入ることは避けねばならなかった。一八八九年五月に制定された海軍国防法が前提としていたような、世界第二位と第三位の海軍国の合計を上回る海軍力を持つべきとする「二国標準」に基づいたイギリスの「海洋支配」はすでに崩れており、「光栄ある孤立」によってイギリスの安全を確保することは困難であった。イギリス政府は、ドイツとは勢力均衡政策に基づいた対抗の論理で対応する一方で、日本とは一九〇二年の同盟締結で便宜的な友好国となり、アメリカとは「和解（rapprochement）」に基づいて協調関係を模索していった。世界規模で広がるイギリス帝国の安全と利益を確保する上で、アメリカおよび日本との協力関係こそが不可欠となっていたのだ。

一九世紀末のイギリスの政治指導者の多くにとって、アメリカと友好関係を構築することは決して容易なことではなかった。一八一二年の第二次英米戦争でイギリス軍はアメリカ本土に砲火を浴びせ、それ以降アメリカにとっての最大の仮想敵国は、かつての植民地宗主国であるイギリスであった。また一九世紀を通じて、英領カナダとアメリカ合衆国の国境線画定問題をめぐり、戦争の恐怖が繰り返し語られていた。英米間の相互不信は根深いものがあった。

アメリカは建国以来、ヨーロッパの勢力均衡に巻き込まれることを嫌っていた。初代大統領のジョージ・ワシントンは告別演説のなかで、「永続的な同盟」へと「熱情的に帰結する」ことに警鐘を鳴らし、また第三代大統領のトーマス・ジェファーソンは「いかなる国とも錯《さく》綜《そう》する同盟(entangling alliances)を結ばないこと」を国民に宣言した。[19] ヨーロッパの勢力均衡にアメリカが関与することは、いわば建国の父たちの教えに背くことである。アメリカは大西洋と太平洋という巨大な海洋に守られて、新大陸の殻のなかに閉じこもり、旧大陸の「堕落した」勢力均衡から距離を置くようになる。それはまた、南北戦争後に国土の統一と経済復興を目指すアメリカにとっての、現実的な必要でもあった。モンロー・ドクトリンを通じて旧大陸への関与を否定するアメリカとともに、イギリスはどのように新しいグローバルな国際秩序をつくるべきか。大きな問いが残されていたのだ。

イギリスにとっての最大の懸念は、危機の際にすべての大国がイギリスに対して敵対的となって、自らが孤立してしまうことであった。また財政的制約から国防費を削減する必要があり、それを前提として同盟や協商を模索する新しい外交戦略が一九〇一年から二年にかけて検討されていた。この時期には、フランスとロシアが連携してイギリスと敵対関係にあったことからも、それ以外の諸国との協調関係を模索していた。すなわちそこにはドイツ、イタリア、日本そしてアメリカが含まれており、これらの四ヵ国がイギリスと「友好的」あるいは中立的となることを確保する必要があった。[20]ドイツとの関係では、すでに見てきたように、一九〇一年三月に同盟構想が挫折し、協調関係を深める困難が感じられていた。日本とは翌年に同盟関係を構築するが、その効果は東アジアに限定されていた。

イギリスにとってより重要なのは、アメリカとの関係であった。アメリカは圧倒的な工業力を擁するようになっており、将来的には世界最大の海軍国となることが予想されていた。アメリカが圧倒的なパワーを備えるようになる前に、関係を改善する必要がある。理性と自制によって相互不信を乗り越えて、自らの安全と国益のためにもアメリカとの提携を強めるべきだ。そこでイギリス政府は、アメリカとの「和解」に乗り出す。

世界規模に拡張していたイギリスの海外防衛関与を削減するためにも、イギリス政府は中央アメリカへの関与縮小を検討していた。一九〇一年十一月にアメリカ国務長官ジョン・ヘイとイギリス駐米大使ポンスフォート卿との間で、いわゆるヘイ＝ポンスフォート条約が締結された。[21]そこで両国政府は、パナマで建設中の運河におけるアメリカの優越的な地位について合意した。また係争中のアラスカでの国境線をめぐって、イギリス政府はアメリカに対して譲歩を示した。より大きな協調関係を構築するためにも、いくつかの個別的な係争をめぐりイギリスはアメリカに譲歩する必要があった。

かつての植民地宗主国であり、海洋では覇権国であったイギリス国民にとって、アメリカに対して大幅な譲歩をするということは感情的には苦い経験であった。イギリスの政治指導者たちは理性と自制により、イギリスの国益を考慮に入れた上でアメリカに対して譲歩を示す必要を感じていた。一九〇一年の時点でソールズベリ保守党政権下のイギリスは、フランス、ロシア、ドイツという三つの大国と敵対関係にあり、アメリカに譲歩を示すことで自国に有利な勢力均衡を確保したかった。アメリカが将来世界最大の海軍大国になることも視野に入れて、また圧倒的なアメリカの工業力を前提として、この巨大な「新興国」が将来の仮想敵国とならないように努力を続けたのである。

イギリス国内で英米協調を促進するもう一つの大きな動機として、「アングロ＝サクソン主義」のイデオロギーの浮上があった。これは、人種的なアングロ＝サクソン人の優越性を前提にその結束を示すものであって、一九世紀末から二〇世紀にかけて英米両国を中心に普及していった思想である。その代表的な論者の一人が、ウィンストン・チャーチルであった。チャーチル自身は次第にこのイデオロギーにおいて人種主義的な色彩を薄め、むしろ「英語諸国民（the English-Speaking People）」という表現を用いて民主主義や自由といった価値観を擁護する姿勢を示したものの[22]、そのような人種的イデオロギーの普及が、英米両国の結束をもたらした背景にあった。

イギリスのアメリカに対する外交的譲歩と、それによる英米協調の始まりは、とても大きな意味を持っていた。というのも二〇世紀半ばには、イギリスとアメリカの二国が中心となって、新しいリベラルな国際秩序をつくっていくからだ。それは、民主主義や自由、法の支配といった価値観に支えられた協力関係であった。ただしそれをグローバルに共有されるような普遍的な価値とするためには、二つの世界大戦と、無数の人命の喪失を通過していかなければならなかった。

日本の台頭

日本が明治維新の後に近代化を進めた時期は、ドイツやアメリカが近代国家として発展する時期とほぼ重なっていた。とはいえ、ドイツやアメリカと比べても、この時代の日本は近代化が大きく遅れた後進国であった。フランスやイギリスのような最先進国に追いつくのは困難であるがゆえに、日本は同じように遅れて近代化を進めつつあるドイツを手本として、そこから多くを学ぼうとした。

一八七一年、ドイツ帝国が建国を宣言した年に、明治政府は岩倉具視《いわくらともみ》を筆頭に、一〇〇名に及ぶ大規模な使節団を欧米に派遣する決定をした。岩倉使節団である。そこには大久保利通《おおくぼとしみち》や伊藤博文《いとうひろぶみ》など、明治政府を牽引《けんいん》することになる指導者たちが集結していた。彼らは欧米の文明を見聞し、視野を世界に広げていった。イギリスの歴史家イアン・ニッシュは、「国内を分裂させる多くの問題を政府が抱えていたことを考えると、指導者たちが早くも一八七一年の秋に、大々的な使節団を世界に派遣しようと構想しえたことは、驚嘆に値する」と述べる。[23]

使節団が多大な関心を示したのは、新興国ドイツであった。ドイツ帝国が建国された二年後の一八七三年、岩倉使節団は普仏戦争の勝利の余韻《よいん》が残るドイツの帝都ベルリンを訪れた。宰相ビスマルクは日本の使節団に厚意を示し、三月十五日には使節団の一部の指導者たちを公邸に招いた。そこでビスマルクは日本からの来訪者たちを前に演説を行い、次のように述べた。

「世界のあらゆる国家がお互いを礼節をもって交わっているというが、これは虚構である。現実には強国の政府が弱小国を圧迫している。……幼少のころ、プロイセンは弱小にして、自分はそうした状態を変えようと常に願ってきた。万国公法は諸国家間の秩序維持を目的としているが、強国が他国と紛争を生じたならば、強国は自国の目的に適合するかぎりで、それにしたがって行為するのであり、さもない場合には自らの力を用いるであろう。弱小国は常に不利な立場に立たされているのである。このことはプロイセンに該当するところであったが、プロイセンは国民の愛国主義の助けによってそうした事態を変えることができた」[24]

このようなビスマルクの冷徹な言葉は、まだ世界政治の現実をあまりよく知らない日本の若い指導者たちに、強い印象を与えたことであろう。力によってこそ、国家の安全と繁栄が得られる。弱小の国家には、自らの利益と安全を守ることができない。「万国公法」など役に立たない。重要なのは、「自らの力」と「愛国主義」である。「鉄血宰相」の本領が発揮された言葉である。

岩倉使節団の経験は、日本の世界的舞台への登場にとって重要な契機となった[25]。日本はその後、急速に近代化を進め、世紀転換期には大国への道のりを歩み始めていた。ビスマルクの教えを忠実に守って、日本が頼りとしたのは軍事力であった。一八九五年には清帝国との戦争に勝利を収め、世界を驚かせることになる。さらにその一〇年後の一九〇五年には陸軍大国ロシアとの戦争にかろうじて勝利を収めて、大国としての地位を手に入れる。清帝国とロシア帝国という二つの大国に対して、戦争で勝利を収めたのだ。もはや日本は弱小国ではない。次第にヨーロッパの諸大国も、グローバルな勢力均衡を考慮する際に日本を含めるようになる。

文明的な挑戦

日本の台頭は、それまでのヨーロッパの大国によって構成される国際秩序に対する挑戦として見られることがあった。ドイツやアメリカの台頭とは異なり、日本の台頭はイギリスにとって人種的な脅威としても受け止められていた。帝国主義のイデオローグでもあった植民地相のジョゼフ・チェンバレンは、人種主義的な観点からチュートン人とアングロ＝サクソン人の人種的な結びつきを強調し、一八九八年にはアメリカとドイツとイギリスの間で協定をつくる必要を訴えた。[26] この時代のイギリスの世論は人種主義的な風潮が強く、それが政府に親米的およびある程度親独的な政策を選択する圧力ともなっていた。チェンバレンの提案は、実際に政府内で受け入れられることはなかったが、そうした人種主義は「黄禍論《こうかろん》」とも結びつき、日本の急速な台頭に対する懸念が幅広く見られた。人種的な観点からすれば、イギリスにとって日本の台頭は、懸念すべき状況であったのだ。[27]

もちろんイギリス政府は、人種主義的な考慮のみに従って外交政策を構想していたわけではなかった。むしろ、イギリスの国益と安全を理性的に考慮した場合、イギリスの海軍力のみで東アジアの勢力均衡を維持することが困難であることからも、日本海軍の力を借りる必要が認識されていた。それが一九〇二年一月の日英同盟締結へと帰結する。そのような戦略的要請から結ばれた同盟ゆえに、歴史家のデイヴィッド・スティーズは日英同盟を「愛ではなく、相互の便宜による結婚であった」と述べている。[28]「相互の便宜」という観点からも、日本との提携はイギリスに大きな利益をもたらすことになる。またこの日英同盟を通じて、日本は国際社会でよりいっそう確かな地位を得るようになる。次第にヨーロッパでは、日本とも価値観を共有することができるとみなされるようになる。

ハリー・ヒンズレーは、「一九〇二年の日英同盟は、国際関係における新しい段階の始まりであった」と述べる。すなわち、この時代において、「パワーと均衡の模索が世界大に広がっていき、それはヨーロッパの狭いサークルをはるかに越えていった」のだ。[29] ヨーロッパの五大国に閉じられていた国際秩序のグローバル化が進んでゆき、そこにアメリカや日本が加わった。さらに、国際秩序の地理的な拡大は、その質的な変容をもたらした。ヒンズレーは次のように記している。「ドイツの統一、アメリカ南北戦争の終結、ロシアにおける農奴制の廃止、明治維新、そして一八七七年の西南戦争による最後の士族の反乱によって、当時の国際的なパワーの構造の基盤がつくられていった。それは、一八世紀以来広がっていたそれとは、著しく異なるものであった」。[30]

ここで一つの大きな問題が浮上する。これまで見てきたように、国際秩序の安定のためには、一定程度の「価値の共有」が必要であった。もしも「価値の共有」や「共通利益の絆」が十分でないとすれば、そこでは混乱や摩擦が渦巻くであろう。一九世紀後半のヨーロッパでは、ウィーン体制下で見られた「価値の共有」が大幅に損なわれていた。もしもそのような状況で、アメリカや日本などの非ヨーロッパ諸国が国際秩序の中核に参画し、それを変容させていったとすれば、「価値の共有」はよりいっそう難しくなるであろう。そのような新しい時代の到来を悲観的に受け止めていたイギリスの外交官、歴史家のハロルド・ニコルソンは、次のように記していた。「昔日《せきじつ》は、対外問題は、同質の経歴を持ち、同質の世界を維持することを望む、小さな国際的なエリートに託されていたのだ」。[31] そのような世界が失われていくことは、ニコルソンにとっては憂鬱であった。

このように、二〇世紀の国際秩序の最大の課題の一つは、アメリカや日本などの非ヨーロッパ諸国、とりわけ日本や中国といった非西洋諸国を加えるかたちで、いかにして「価値の共有」を実現するかであり、さらにはいかに「協調の体系」や「共同体の体系」を発展させるかであった。この難題への解答を見いだすよりも先に、世界は二度の世界大戦へと突進していく。

2 秩序の挫折——二度の世界大戦

「ヨーロッパ協調」の終焉

一九一四年六月二十八日、オーストリア帝国の皇位継承者フランツ・フェルディナント大公が、セルビア人の民族主義者の手によって暗殺された。一八四八年革命以降、国際的な地位を大幅に低下させていたオーストリアは、普墺戦争での敗北を契機にしてドイツやイタリアでの影響力も失っていた。自らの影響力を拡大できる数少ない地域であるバルカン半島では、膨張するロシアとの間の摩擦を深刻化させていった。また、そこではロシアと同じスラブ系のセルビア人の民族主義者のテロによって、治安が悪化していた。

ハプスブルク帝国の凋落《ちょうらく》は、あたかもヨーロッパの旧秩序の衰退を象徴するかのようであった。ハプスブルク帝国宰相のメッテルニヒはもはやいない。また、オーストリアとロシアの衝突を「三帝同盟」によって抑えていたドイツ帝国宰相ビスマルクも、もういない。老齢の皇帝フランツ・ヨーゼフ一世はすでに、自らの帝国を継承すべき長男のルドルフを心中により失い、最愛の妻エリーザベトを無政府主義者による暗殺で失っていた。孤独な身よりで、思考が硬直的となっていた皇帝フランツ・ヨーゼフは、毅然《きぜん》たる態度で民族主義者を抑圧する必要を感じた。

七月二十八日、オーストリアはセルビアに宣戦布告を行った。これによって、四年以上に及ぶ、ヨーロッパ文明を破滅させる大戦争が始まった。八月二日、ドイツが中立国ベルギー領の通過を宣言すると、翌三日にはイギリスがそれに抗議して対独参戦を決定した。外務大臣のエドワード・グレイは外相執務室の窓から外を眺めて、次のように将来を嘆いた。「ヨーロッパの街という街から灯が消えていく。そしてわれわれは、生涯二度とそれを見ることはないだろう」[32]。事実、この第一次世界大戦とともに、ヨーロッパ文明はそれまで保持してきた特権的な地位を失う。それに代わってアメリカが、圧倒的な国力を背景として国際社会で指導的な地位を手に入れるようになる。

この第一次世界大戦によって、カースルレイが「第一級の大国」と呼んだヨーロッパの五大国のうち、ドイツ、オーストリア、ロシアという、三つの帝国が崩壊した。かつて「三帝同盟」を結んでいた国々である。戦勝国となったフランスも、国土の多くを荒廃させて、大幅に国力を後退させた。五大国のなかで唯一、戦勝国として巨大な影響力を保持したイギリスも、アメリカの財政的支援や植民地からの兵力供給に依存しなければ、もはや戦争を遂行することはできなくなっていた。歴史家のサリー・マークスによれば、「第一次世界大戦は、ヨーロッパの優位の終焉を告げることになった」。というのも、「この、大部分がヨーロッパで闘われた戦争において、真の勝者はアメリカと日本という、二つの非ヨーロッパの大国であった」からだ[33]。

ヨーロッパの五大国の没落は必然的に、一九世紀の平和を担保してきた「ヨーロッパ協調」の終焉を意味した。すでにビスマルクの時代に機能不全となっていた「ヨーロッパ協調」も、一九一二年十二月から翌年八月にかけて、バルカン危機を解決するためのロンドン大使級会議を開催し、危機の回避に成功していた。「ヨーロッパ協調」の最後の輝きである。しかし、第一次世界大戦の勃発と同時にその枠組み自体が意味をなさなくなってしまった。

国際政治学者のリチャード・ラングホーンによれば、「ヨーロッパ協調」が機能するためには二つの条件が必要であった。それは、第一には主要な大国の間で、パワーが均等に分布していることであり、第二にはそれらの大国が自制した行動をとることである[34]。すでに第一の条件は、一八七一年のドイツ統一とその後のドイツの強大化によって、大きく崩れていた。他方で、第二の条件について述べるならば、一九世紀末から二〇世紀にかけてのナショナリズムの膨張と相互不信の増幅によって、各国の外交行動における自制が大幅に失われてしまった。自制を失い、ナショナリズムの自己正当化が無限に広がり、勢力均衡が崩れてしまった以上、もはや「ヨーロッパ協調」による平和の希望は、空虚なものであった。

一世紀前のヨーロッパでメッテルニヒやカースルレイは、国民感情のなかに広がっていた対仏復讐心を自制し、フランスとの協力を理性的に模索した。しかし二〇世紀に入ると、民主主義の普及に応じて、国民感情を軽視した外交は難しくなっていた。たとえば、第一次世界大戦後のフランスでは、戦争で傷ついた人々は、戦時中のプロパガンダを通じて憎しみを募らせていたドイツに対する過酷な報復を要求し、またそれぞれの国のなかで敵国を罵り嫌悪するような相互不信の感情が渦巻いていた。「ヨーロッパ協調」が終焉したことで、平和を維持するための調整機能が麻痺《まひ》し、国際秩序の液状化が始まっていた。

第一次世界大戦の時代には、ヨーロッパの大国がかつて共有していたような、「共通利益の絆」（ヴァッテル）や、「ヨーロッパの公法」（ピット）は失われていった。それらのヨーロッパ諸国を結びつける紐帯が失われた後には、各国のエゴイズム、すなわち際限のない自己利益の追求や、安全を求めた軍備増強への道が残されていた。各国の自制が失われれば、勢力均衡も大国間協調も機能しないであろう。

第一次世界大戦が終わると、この五大国に代わって台頭したのが、戦勝国となったアメリカと日本、そして新たに誕生したソ連であった。民主主義を世界に広めようとするアメリカ、そして共産主義イデオロギーを掲げて世界革命を唱えるソ連、さらには非ヨーロッパ国家として人種平等やアジア主義のイデオロギーを主張する日本という、それまでのヨーロッパ諸国とは異質な世界観を有する三つの大国が国際社会で大きな影響力を行使するようになる。よりいっそう「価値の共有」を実現することが難しくなった。はたして、どのようにして新しい国際秩序を樹立して、大国間で新しい「価値の共有」を実現し、平和を確立できるのだろうか。将来を見通すことが難しい、不安で不透明な時代へと入っていた。

勢力均衡の崩壊

より大きな問題は、第一次世界大戦勃発と同時に、それまでの勢力均衡が崩れ落ちてしまったことである。ヨーロッパの勢力均衡が崩壊したのには、主として三つの要因があった。

第一には、ドイツという圧倒的な大国をどのようにヨーロッパの国際秩序に埋め込むべきかという、困難な問題が生まれた。いわゆる「ドイツ問題」である。一八七一年に誕生したドイツ帝国は、工業化が進んだ巨大な経済力と圧倒的な軍事力を背景に、第一次世界大戦に参戦した。そして戦争においても連合国に対して優位に闘いを続け、一九一八年三月にはブレスト＝リトフスク条約によってロシアに対する無条件降伏を勝ち取った。

しかしながら、皇帝のヴィルヘルム二世が一九一八年十一月にオランダに亡命したことで、ドイツ帝国は瓦解する。国内政治は混乱し、皇帝を失った後の暫定《ざんてい》政権は休戦協定を要請せざるをえなくなる。「敗戦国」としてドイツは過酷な講和条件を突きつけられることになるが、暫定政権にはそれを拒絶して戦線を再開する余力はなかった。一方で戦勝国が、力に頼ってドイツを永久に押さえつけていくことは不可能である。それでは、巨大なパワーを擁するドイツに対する恐怖心を、どのように解消すればよいのか。どうすれば、ドイツが再び戦争へと進まない保証が得られるのか。このような懸念が、休戦協定調印後のヨーロッパに広がっていた。

第二に、すでに述べたように、もはやヨーロッパの五大国のみでは、世界での勢力均衡を維持することが難しくなった。ヨーロッパの諸大国の活動がグローバル化すれば、必然的に勢力均衡もグローバルに広がっていく。一九〇二年の日英同盟によってイギリスは、東アジアでのロシアに対する抑止力を強化することができた。他方で、一九〇五年の日露戦争における日本海海戦で、ロシアの艦隊が壊滅状態になると、ロシアの海洋上の脅威が消え去ったことで英露協調が可能となる。また、第一次世界大戦で連合国側が勝利した大きな要因は、一九一七年四月以降にアメリカの参戦によって巨大な援軍を得たからであった。アメリカや日本を含めたかたちで、新しいグローバルな勢力均衡をつくる必要があった。

第三には、そもそも勢力均衡という考え方自体が、この第一次世界大戦を契機に否定されていった。勢力均衡そのものが戦争の悲劇を招いたとみなされるようになり、まったく新しい国際秩序をつくることが期待されたのである。そのような考えを持つ政治指導者の代表が、アメリカのウッドロー・ウィルソン大統領であった。急進的リベラルの思想に基づく平和の理想を掲げ、「共同体《コミュニティ》の体系」を求めるようになる。勢力均衡それ自体が悪であり、戦争の原因であるとすれば、それを回復しようという試みが成功する見込みはない。

ここで疑問が浮かび上がる。そもそも、勢力均衡が崩壊したことによって戦争が起こったのだろうか。それとも勢力均衡に頼ったからこそ戦争が起こったのだろうか。基本的な認識をめぐって、政治家の間で、あるいは知識人の間で見解の相違が明瞭となる。

一九一九年一月に始まったパリ講和会議では、ウィルソン大統領の巨大な影響力を通じ、「勢力均衡《バランス・オブ・パワー》」を拒絶して「国際共同体《コミュニティ・オブ・パワー》」を求める動きが活発化する。いよいよ世界は、新しい秩序原理を実践する時代に入っていった。

民主管理同盟と国際連盟

人間は、戦争という巨大な不安に押しつぶされ、その悲惨な経験を通り抜けることによってはじめて、いまある秩序を真摯に改革しようとする。それは、三十年戦争やスペイン王位継承戦争、ナポレオン戦争の後に見られた、永続的な平和を求める思想や行動にも表出している。

第一次世界大戦という、歴史上最も凄絶な戦争を経験することで、人々は新しい国際秩序を構築する固い決意に至った。旧来の国際秩序が行き詰まり、世界戦争の到来を防ぐことができなかった反省から、永遠平和を確立するためには国際秩序を根本から革新して、新しい組織を樹立しなければならないと考えるようになった。

最初の重要なイニシアティブを発揮したのが、一九一四年八月にロンドンで設立された、民主管理同盟（Union of Democratic Control; UDC）という政治団体を通じた平和運動であった。[35]それまでは、勢力均衡を維持する中心的な存在であったイギリスの国内から、勢力均衡の秩序原理を取り壊そうとする動きが始まったのだ。

この民主管理同盟は、イギリスの自由党急進派の人々や、著名な平和運動家を集めた政治組織であった。ノーベル平和賞を受賞した有名な経済学者ノーマン・エンジェルや、経済学者のJ・A・ホブソン、哲学者のバートランド・ラッセルなど、この時代を代表する著名な知識人や政治家が参加していた。そのなかでも最も積極的な活動を行ったのが、イギリスの左派系のジャーナリストのE・D・モレルであった。民主管理同盟の設立者の一人であるスワンウィック夫人によれば、「E・D・モレルは民主管理同盟であり、民主管理同盟はE・D・モレル」だったのだ。また、歴史家のA・J・P・テイラーは、「モレルは異端者たちが選んだ外務大臣だった」と述べる。[36]モレルは民主管理同盟設立後、書記に就任する。

この運動の指導者であったモレルは、どのような国際秩序を望んでいたのか。モレルは、『戦争の翌日（*The Morrow of the War*）』と題するパンフレットのなかで、次のように述べている。「『勢力均衡』の理論と秘密外交は、それが組み合わさることで、戦争をもたらす二つの要因となる」。[37]モレルは、「勢力均衡」こそが戦争の原因であるとし、それを否定することで新しい国際秩序を構想していた。そして、軍備を廃棄することと、外交を民主化することが、永続的な平和のために不可欠な要素であると考えた。まさにそれは、一二〇年前に哲学者カントが述べていたことでもあった。勢力均衡は悪であり、それを拒絶することから新しい秩序原理を構想しなければならない。

民主管理同盟は、一九一四年十一月に重要な文書を発表した。平和のための「四項目の宣言」と題する文書である。「イギリスの対外政策は、勢力均衡を維持することを目的としたり、同盟をつくるようなものであったりしてはならない。そうではなく、諸国間の協調や、国際理事会の設立のような方向へと向かうべきである。そこでの熟慮や決定は公開されねばならず、国際的な合意を確保するためのそのような組織によってこそ、平和を保証することが可能となるのだ」[38]。民主管理同盟は、勢力均衡の秩序原理を否定することをイギリス政府に強く訴えかけた。

民主管理同盟のもう一人の中心人物で、ケンブリッジ大学で古代史を教えるゴールズワージー・ローズ・ディキンソンは、一九一四年十二月の『アトランティック・マンスリー』誌に掲載された論文のなかで、そのような新しい国際組織を、「国際連盟（the League of Nations）」という言葉を用いて表現した[39]。彼こそが、「国際連盟」という言葉を発明し、広く用いた最初の人物である。これ以降、「国際連盟」という言葉が世界中に普及していく。

この「国際連盟」こそが、「均衡の体系《バランス》」から「共同体の体系《コミュニティ》」へと、国際秩序の根本的な秩序原理を変革するものと期待された。戦争の元凶として勢力均衡の秩序原理が批判され、それに代わるものとして国際連盟の樹立が世界の多くの知識人に賛美されていた。

一九一六年になると、民主管理同盟のメンバーでもあったホブソン、ブレイルズフォード、そして、レナード・ウルフの三人が、国際連盟についての詳細な報告書を発表した。これ以降に、「国際連盟」という言葉が用いられる舞台は、イギリスではなくアメリカへと移っていく。アメリカ大統領であるウッドロー・ウィルソンが、この言葉を用いて戦後の平和を語り始めたのだ。

ウィルソンの構想

ウィルソン大統領は、第一次世界大戦を契機に、従来の勢力均衡や同盟に基づいた国際秩序を根本から改革しようと試みた。ウィルソンは、ローズ・ディキンソンを通じて「国際連盟」という言葉を知り、自らの平和理念を示すものとして繰り返し用いるようになる。これまでは主として、知識人たちによって語られてきたこの国際秩序構想が、世界最大の国力を有するアメリカの最高指導者によって語られた意義は大きい。

そのことを、当時イギリスの外交官であったハロルド・ニコルソンは皮肉を込めて、次のように述べた。「ウィルソン氏はいかなる新しい政治思想を発明したわけでもないし、数百年にわたって夢想され称賛され続けるような原則を発明したわけでもない。ウィルソン主義について興味深い一つのことは、数世紀にわたるこの夢が、突如として世界最大の大国の圧

ウッドロー・ウィルソン

倒的な資源によって支えられたということである」[40]。

　そのような「世界最大の大国の圧倒的な資源」によって、「数世紀にわたるこの夢」が現実のものとなる。言い換えるとすれば、ウィルソン大統領を通じて「共同体の体系」が初めて現実の世界で実現する運びとなったのだ。それが、一九二〇年一月に設立されることになる、国際連盟であった。それでは、ウッドロー・ウィルソンはどのような動機から、「共同体」の秩序原理を提唱するに至ったのであろうか。

　ウィルソンは、一八五六年にヴァージニア州で、敬虔《けいけん》な長老派教会の牧師の家庭に生まれた。それは、クリミア戦争が終わる年であった。プリンストン大学卒業後には、ジョンズ・ホプキンス大学で博士号を取得し、議会政治を専門とする政治学者としてのキャリアをスタートさせる。一八九〇年にプリンストン大学に教授として戻ってきたときには、自らの政治的信条や、あるべき政治の姿を確立していた。歴史学者トマス・ノックによれば、「一八九四年の冬までには、少なくとも漠然としたかたちではあるが、まさに国際共同体（community of nations）へ向けた理論的な根拠を確立していた」[41]。このような「国際共同体」へ向けた強い情熱こそが、ウィルソンが大統領になったのちに自らの外交指導を突き動かす衝動となる。ウィルソンについての優れた評伝をまとめた歴史家のアーサー・リンクによれば、ウィルソンは「学者としても分析家としても、ほとんど排他的なまでに英米的伝統の国内政治にのみ関心をもっていたのであり、気が向いたときに対外関係の構造や歴史に目を向けたに過ぎなかった」[42]。そして、ウィルソンは英米の伝統である議会政治の分析をし、そのアナロジーを国際社会に用いることで、ウィルソンは国際社会で「人類の議会（parliament of man）」を設立したいと考えていた。現実の国際情勢や、あるべき政策を緻密に考察するというよりも、彼は原理原則として民主主義や議会政治を世界に当てはめることで、平和が達成可能だと考えたのだ。それはまた、彼の強固なキリスト教的宗教的信念に裏付けられていた。その上で鍵となるのが、国際連盟の設立であった。

歴史家リンクによれば、ウィルソンの国際関係についての考え方は、次の二つの特質によって示される[43]。第一に、ウィルソンは「物質的な利益の文脈」のみで国際関係が語られることを拒絶し、「財産の権利（property rights）ではなく、人間の権利（human rights）へと、より大きな関心をもつべきだ」と考えていた。第二に、ウィルソンは、最も人道的でキリスト教的な政治体制として、民主主義の価値を信奉していた。パワーの物質的大きさによって国際政治を語ることを拒否して、道徳や政治理念を実践することで平和が可能だと考えていたのだ。そこには、人間の理性に対しての揺るぎない信頼が見られた。理性に基づいて、民主主義を樹立して、公開された討議を行うことで平和が達成可能なのだ。そのような道徳や理性を、世界のあらゆる諸国が実践するであろうとウィルソンは考えていた。

そこから導き出される帰結は、次のようなものであると、リンクは記す。「それは究極的には、普遍的な世論や相互的な進歩への結束によって統治されるような、民主主義が世界中で勝利を収めることによって、平和的な世界共同体が実現し得るという信念に帰結した[44]」。

ウィルソンが考える国際秩序とは、「国際共同体（a community of power）」や「平和的な世界共同体（a peaceful world community）」という言葉によって端的に示されている。それは、従来の「均衡《バランス》の体系」を否定する、「共同体《コミュニティ》の体系」であった。したがって、アメリカの使命とは、世界中に民主主義を普及させ、道徳的な政治体制を結集させて「国際共同体」を構築することであった。それは限りなく、カントが考える永遠平和論に近いものでもあった。問題は、この時代の国際社会において、そのような「共同体の体系」が実現可能かどうかであった。

勢力均衡から国際共同体へ

イギリス国内で民主管理同盟を中心にリベラルな平和運動が広まり、また戦争に疲弊した連合国の側から和平を求める機運が高まるなか、ウッドロー・ウィルソンは自らの戦後構想を語るようになった。

一九一七年一月二十二日、ウィルソン大統領は上院議会で演説を行い、戦後に国際連盟を設立しアメリカがそこに加わる必要を説いた。そして、演説の冒頭で次のように語った。「勢力均衡《バランス・オブ・パワー》ではなく、国際共同体《コミュニティ・オブ・パワー》をつくらねばなりません。組織化された対立構造ではなく、組織化された共有される平和がなければならないのです[45]」。「国際共同体」という言葉は、ウィルソンの国際秩序観を簡潔に示すものであった。さらにウィルソンは、次のように述べる。

「私は、これ以降すべての諸国が、パワーを求めて争い合い、陰謀と利己的な対立の網の目の中に捕まって、そこから自らの問題について影響力を行使することを妨げられるような、そのような同盟に組み込まれるのを避けることを提案します。同じような意識と同じような目的をもって統一して行動したときに、われわれは共通の利益へ向けて行動し、共通の保護の下で自らの生命を守り、自由に生きることができるのです[46]」

ウィルソンは、「勢力均衡」の秩序原理を明確に拒絶して、さらに「同盟に巻き込まれるのを避けること」がアメリカにとっても世界にとっても重要であると主張した。ウィルソンが求めるのは、「統一した行動」であり、「共通の利益」であり、「共通の保護」であった。それまではあまり国際問題に関心を持たなかったウィルソンは、自らの政治理念を実現することによって、永久的な世界平和を確立することができるという揺るぎない信念を持つに至ったのだ。

一九一七年四月六日に、いよいよアメリカが第一次世界大戦に参戦した。専制的なドイツ帝国を打倒することが、その戦争目的に掲げられた。アメリカの戦争目的を考える上で重要な点として、ウィルソン大統領は次のように論じた。「世界は民主主義にとって安全な場所とならねばなりません」[47]。「国際共同体」という理念に加えて、「民主主義」という理念が、ウィルソンの平和構想を理解する上での鍵となる。民主主義に支えられた「国際共同体」こそが、ウィルソンが希求する新しい国際秩序の秩序原理であったのだ。

一九一八年一月には、ウィルソン大統領は議会へ向けた一般教書演説で、戦後の平和の条件を高らかに宣言した。いわゆる「一四ヵ条の宣言」である。これは、歴史的な演説となる。この演説の最後の項目として、次のように述べられていた。「大国と小国を問わず、政治的独立と領土的保全とを相互に保証することを目的とした明確な規約のもとに、諸国間での全般にわたる連合が樹立されねばならない」[48]。

「諸国間での全般にわたる連合」とは、この二年後に設立される「国際連盟」のことであった。また、「大国と小国を問わず」という言葉に示されているように、ウィルソンは国家のパワーの大きさに左右されないような「共同体」を創設することを意図していた。ただし、「一四ヵ条の宣言」はあくまでも、アメリカという一つの国家が一方的に宣言した文章に過ぎない。連合国間で、事前に十分に調整をされた理念ではなかった。

その意味で、一八一四年のナポレオン戦争の最中にカースルレイ外相が中心となってまとめた四ヵ国同盟条約とは異なる。カースルレイは、メッテルニヒらの同盟国の指導者たちと意見調整をしながら、基本的な価値を共有できるような戦後構想をつくりだしている。ウィーン体制は、戦争中からメッテルニヒやカースルレイが活発に外交活動を行うなかで、主要国の利害を調整して、共有できる価値を見いだすことによってつくられた。ところが、ウィルソン大統領が唱える「国際共同体」は、必ずしもイギリス政府やフランス政府などによって十分に了解をされたものではなかった。そこにウィルソンの平和構想の脆弱性があった。

それでは、イギリスは戦後秩序をどのように考えていたのだろうか。イギリス外務省は、アメリカが関与する新しいグローバルな勢力均衡を基礎として、その上に新しい「協調《コンサート》の体系」である「国際連盟」を設立することを考えていた。つまり「国際連盟」を、主要な大国間での協議の場となるような「新しいヨーロッパ協調」として位置づけていた。勢力均衡に基づいた大国間協調を確立しようとするイギリス政府の姿勢は、まさに一世紀前にカースルレイ外相が推し進めた政策でもあった。

他方で、ウィルソン大統領の場合は、「国際連盟」を「国際共同体《コミュニティ・オブ・パワー》」ととらえて、旧来の勢力均衡の秩序原理を放棄することを求めていた。アメリカ政府とイギリス政府の間には、勢力均衡をどのように位置づけるかについての本質的な意見の亀裂があったのだ。その亀裂を埋めない限りは、安定的な秩序をつくるのは難しい。英米両国間で、あるべき戦後の国際秩序について基本的な理解を共有できないとすれば、平和は不可能であった。パリ講和会議が始まっても、その亀裂は残ったままとなる。

平和の条件

イギリスでは、リベラル急進派の知識人や労働党の政治家の一部が、民主管理同盟などを通じてウィルソン大統領と共通した認識を持っていた一方で、外務省などではむしろ勢力均衡を回復させることを平和を構築する上での前提だと考えていた。勢力均衡が基礎になければ、国際連盟も機能しないであろう。国際連盟を成功させるためには、勢力均衡を否定するのではなく、むしろそれを安定した礎石として位置づけることが必要である。そのような思考は、ウィーン体制における経験からイギリス政府が学んだ価値ある教訓でもあった。

一九一八年にイギリス外務省内に新設された政治情報局では、戦後構想を考える際に参考にすべき報告書を作成した。その中心人物が、戦前にロンドン大学古代史教授であった歴史家のジェームズ・ヘッドラム＝モーリーであった。彼は、戦後の講和会議でイギリス政府が目指すべき方針をこの報告書のなかで明示した。それは、「勢力均衡」、「英仏海峡対岸の安全保障」、「領土の再分配」、そして「自由貿易の国際的保障措置」の四つの要素によって成り立っていた。

これらは、過去数世紀にわたってイギリスが追求してきた基本的な外交路線であり、ナポレオン戦争やウィーン会議ではピット首相やカースルレイ外相が目指していたことでもあった。ヘッドラム＝モーリーはこの報告書で、次のように結論づけている。「ヨーロッパにおける勢力均衡は崩壊した。それゆえに、世界規模での勢力均衡を、その代替としなければならない」[49]。イギリス政府にとっては、勢力均衡の回復こそが最も大きな外交目的となっていた。そこには、ウィルソン大統領が考える「共同体《コミュニティ》の体系」としての国際秩序構想とは、少なからぬ認識の違いが見られた。

このようにイギリス政府の戦後平和構想は、ウィーン会議の際のカースルレイ外相の構想と多くの共通点を持っていた。実はそれには理由があった。ロンドン大学教授で外交史を専門とするチャールズ・ウェブスターが、この時期に外務省歴史局で勤務しており、ウィーン会議を参考にして長期間にわたる平和の条件を調べるよう外務省から依頼されていたからだ。ウェブスターは、これを長文の報告書にまとめ、ウィーン会議の際のイギリス政府の戦略や基本姿勢をそのなかで詳細に描いた。一九一八年十二月には外務省からこの冊子が刊行されて、政府内で幅広く読まれることになった。翌年には一般向けの書籍として公刊され、さらに幅広い一般読者の手に届くようになった[50]。それでは、ウェブスターの著書を通じて、カースルレイ外交からどのような教訓を導き出すことができたのか。

ウェブスターによれば、カースルレイ外相のウィーン会議での基本姿勢は次のように要約できる。イギリスの政策は「主として純粋にイギリスの利益という観点のみから当然ながら規定されるべきであったが、同時に大陸の全般的な復興計画と関連づけられるべきであり、この二つは相互に補完関係にあった」[51]。イギリスの利益の追求が、ヨーロッパ全体の利益と相互補完関係にあれば、それは永続的なものとなるであろう。これは、「協調の体系《コンサート》」の思想である。国際関係をゼロサムとしてではなく、相互の利益になるように考える。もちろんその上で、イギリスの国益を犠牲にしないということが重要である。そのためにも、外交交渉による各国の利益の調整が大きな意味を持つ。これがイギリス政府の基本方針であった。

一九一九年一月にパリ講和会議が開幕すると、イギリス外務省の二人の歴史家、ヘッドラム＝モーリーとウェブスターの考えは、実際の外交交渉の舞台においてはきわめて限定的なかたちでしか実現しなかった。というのも、アメリカ大統領のウッドロー・ウィルソンが、勢力均衡という秩序原理そのものを嫌悪し、否定していたからである。ヘッドラム＝モーリーが述べるような「世界規模での勢力均衡」を実現するためには、アメリカがヨーロッパ大陸に関与することが必要であった。かつて、ウィーン会議後のヨーロッパでは、イギリスがバランサーとしてヨーロッパの安全保障問題に関与する姿勢を示し、それによって、勢力均衡を維持することが可能となった。一世紀を経たこの時代には、ドイツの強大化によってヨーロッパの旧来的な勢力均衡が崩れたがゆえに、ヨーロッパの安全保障を確保するためにはアメリカがそこに関与することが重要となっていた。アメリカが「世界規模での勢力均衡」に関与しなければ、戦後の平和と安定を確保するのが難しくなる。

しかしウィルソン大統領は、そもそも、勢力均衡などという考えは平和のためにむしろ有害だと考えていた。したがって国際連盟さえ設立できれば、そこで係争当時国どうしが理性的な討議を行うことによって自然と紛争が解決できると考えた。それは、ヨーロッパ大陸からの隔離を求め、また戦後の急速な動員解除を望むアメリカ国民の一般的な要求でもあった。

ところがアメリカは、勢力均衡という秩序原理を否定して、ヨーロッパ大陸への安全保障上の関与を拒否したのみならず、皮肉にも最も重要とみなしていた国際連盟という合意自体も反古《ほご》にしてしまった。アメリカの上院が、国際連盟規約の批准を拒否したのだ。アメリカ国民の多くは依然として、薄汚れた権力政治が渦巻く旧大陸の国際政治には関与したくないと考えていた。それを構想したアメリカ自体が加わらないとすれば、国際連盟はうまく機能しないであろう。

そうした不安が残るなかで、一九二〇年一月にはイギリスとフランスを中心として国際連盟が設立される。ヨーロッパで戦後の平和を確立できるか否かは、すでに戦争によって大きく力を衰退させていたイギリスとフランスの二つの国家の外交に依拠することになった。

すれ違う戦後構想

第一次世界大戦後に平和的な秩序を確立するための鍵は、いかにしてフランス人が抱く対独不信感を沈静化するかであった。フランス国民がドイツに恐怖を感じて、ドイツとの協力を拒否するのであれば、戦後のヨーロッパで「協調《コンサート》」や「共同体《コミュニティ》」をつくることは不可能だ。

他方で、アメリカが関与を拒絶すれば、フランスのみではドイツと「均衡《バランス》」をつくることができないのは明らかである。ウィーン体制の安定性の基礎は、「均衡」と「協調」を融合した、「均衡による協調」にあった。その前提となっていたのが、敗戦国のフランスに対して戦勝国が復讐心を自制したことであった。しかしながら、第一次世界大戦後にそのような自制をはたらかせることは、フランス国民にとっては難しかった。普仏戦争に続いて再びドイツ軍の侵略を受けて、怒濤《どとう》の攻撃にさらされたフランスの国内では、対独恐怖心と復讐心が渦巻いていたのだ。直接国土を攻撃されていないイギリスとアメリカにおける対独認識とは、大きく異なっていた。フランスが導いた結論は、自国の安全を確保するために、仏独国境線地帯にあるラインラントを武力占領することであった。そこにフランス兵を駐留させることで、ドイツからの侵略を物理的に不可能にしようと考えた。

このように、一九一九年のヴェルサイユ条約と国際連盟規約によって枠組みがつくられた戦後の平和は、ウィーン体制のそれとは実に対極的なものであった。ウィーン体制が勢力均衡に基づいた安定した秩序を確立したのに対して、ヴェルサイユ体制ではウィルソン大統領が勢力均衡の原理そのものを拒絶しようとした。しかし、それに代わる実効的な安全保障枠組みが確立したわけではなかった。ヴェルサイユ体制が示すように、「均衡」を基礎にしない「協調」や「共同体」は、相互の不安が増幅されることで、脆弱なものとなる。「均衡の体系」によって膨張主義的な行動を抑制させることで、相互の不信感や恐怖心が緩和され、

「ヨーロッパ協調」や国際連盟のような「協調の体系」が機能するのだ。

ウィーン体制の場合には、戦時中から大国間で「価値の共有」や「共通利益の絆」が見られていた。それに対してヴェルサイユ体制では、異なるイデオロギーや秩序観を掲げる大国のそれぞれがばらばらに、戦後秩序を構想していた。「価値の共有」が見られなかったのだ。一世紀前のウィーン体制では「ヨーロッパ協調」による五大国協調が紛争処理の重要な鍵となっていた。ところがヴェルサイユ体制では、そもそも大国が特権を持つことが拒絶され、可能な限り大国と小国が対等な地位を与えられるように構想された。そのような国際世論のなかで、大国と小国が入り交じる「公開外交」の現場においては相互を非難する過激な言葉ばかりが目立ち、実効的に紛争解決を目指すことが難しくなっていた。

第一次世界大戦後の平和を確立するための鍵となる組織は、あくまでも国際連盟であった。国際連盟で、国家の規模の大小にかかわらずあらゆる諸国が武力に頼らずに、理性的な討議で紛争を解決することが期待されていた。それが可能であれば、人類は道徳的な、そして永続的な平和を手にすることになる。しかし、それははたして本当に可能なのだろうか。国際連盟が機能しなかったときに、どのように平和を保障できるのだろうか。本当に各国の国民は、理性と自制によって問題解決のための妥協を受け入れるのだろうか。はたして、戦後のドイツが平和的で理性的となったと信用してよいのだろうか。いくつもの疑問と不安が渦巻くなかで、ヴェルサイユ体制の時代が始まった。

新しい「ヨーロッパ協調」へ

一九二〇年代のヨーロッパでは、戦争が再び訪れる不安や、国際摩擦が解消されない不安定さが色濃く残っていた。そこで優れた外交指導者たちの努力により、安定的な国際秩序の構築が目指されることになった。その帰結が、一九二五年のロカルノ会議である。

ロカルノ会議では、イギリスのオースティン・チェンバレン外相、フランスのアリスティード・ブリアン外相、そしてドイツのグスタフ・シュトレーゼマン外相という、三人の優れた資質を持った指導者が結集し、あるべき国際秩序について議論した。一九世紀初頭のメッテルニヒ外相とカースルレイ外相との深い信頼関係を再現するような、相互の信頼とあたたかい友情がそこには見られた。もちろんそれぞれの指導者たちは、自国の国益を確保するために行動していた。しかし同時に、一定程度自国の要求を自制して、理性に従って問題を解決し、ヨーロッパ全体の利益を確保しようとする明らかな政治的意志が見られたのだ。

そのような外交的合意の方程式をつくったのが、外務省歴史顧問のヘッドラム＝モーリーであった。不安定なヨーロッパの安全保障環境で、平和をもたらすために何をしたらよいのか。この時期にはイギリス、フランス、ベルギーの三国間の安全保障協定案が外務省内で議論されていた。そこでヘッドラム＝モーリーは、チェンバレン外相に向かって新しい外交構想を提示する。チェンバレン外相は次のように回顧している。

「われわれの会合でのヘッドラム＝モーリー氏の発言に、私は大きな感銘を受けた。すなわち、一八一五年以後のカースルレイが最初に想起した考えとはヨーロッパ協調の再興であり、さらに野心的なヴェルサイユ条約の作成者たちは、連盟規約を創案する際に、新しいヨーロッパ協調をそこに埋め込むことができるような余白を残していたのだ」[52]

ここでヘッドラム＝モーリー、そしてチェンバレンが「新しいヨーロッパ協調」という言葉を用いていることに注目したい。イギリス外務省は、一世紀前の「ヨーロッパ協調」を参考に、ヴェルサイユ体制のなかに「新しいヨーロッパ協調」の精神を埋め込むことで、この時代の安定した国際秩序を確立できると考えていた。それは、ウィルソンの考える「均衡《バランス》なき共同体《コミュニティ》」に、「協調の体系《コンサート》」を結びつけることを意味した。そして、一九二五年三月にチェンバレン外相はこのような考えを前提に、ヨーロッパに平和をもたらす決意を表明した。チェンバレン外相はそこで、「イギリスは現在においても、ヨーロッパに平和をもたらす力が備わっていると確信している」と述べている。その鍵となるのが、「新しいヨーロッパ協調」であった。

平和をもたらす条件として、チェンバレンは二つの要件を指摘している。第一には、「フランス人の恐怖心を除去するか、和《やわ》らげなければならない」。第二には、「ドイツをヨーロッパ協調のなかに連れ戻さなければならない」。続けて次のように書いている。「この二つの点は同等に重要となっている。片方のみでは十分ではなく、後者を実現するには前者が必要となる」[53]。

この場合の前者、すなわち「フランス人の恐怖心を除去する」ためには、なすべきことは明らかだ。ドイツに対する勢力均衡としての連合を組むことだ。それをフランス政府は強く求めている。アメリカ政府が、上院議会でヴェルサイユ条約の批准を拒否し、ヨーロッパ安全保障に関与することを拒絶している以上、ヨーロッパの安全を保障できるバランサーは、イギリスのみとなる。この時期にソ連は、各国の共産党と連絡をとり合いながら革命外交を進め、正式な外交ルートを用いた伝統的な外交を否定していた。もはやフランスは、かつてのようにロシアに協力を求めることはできない。したがって、イギリスがフランスの安全を保障することによって、フランス人の恐怖心を除去する必要があると、チェンバレン外相は考えていた。

だが、それだけでは十分ではない。そのような勢力均衡の回復のための努力をするのと同時に、「ドイツをヨーロッパ協調のなかに連れ戻さなければならない」のだ。いつまでも、ドイツを屈辱的な地位に追いやることは、平和に資することではない。ドイツにふさわしい国際的地位を提供し、ドイツの協力を引き出すことによってこそ、安定的な秩序が生まれるのだ。

さらに重要なのは、チェンバレンが「後者を実現するには前者が必要となる」と論じているところだ。すなわち、「ヨーロッパ協調」を実現するためには、「勢力均衡」がその基礎として必要となるのだ。これまで何度も論じてきたように、ウィーン体制の安定性の本質は、「均衡《バランス》による協調《コンサート》」であった。そのことを、歴史家として外務省のなかにいたヘッドラム＝モーリーやチャールズ・ウェブスターは、深く理解していたのである。そして、それを第一次世界大戦後にも再現することで、ヨーロッパに平和が可能だと考えていた。[54]

実際に、この方式によって半年後にロカルノ条約というかたちで合意に到達した。チェンバレン外相は、閣内での根強い反対がありながらも、イギリスがヨーロッパ大陸に関与することによって、イギリス、フランス、ベルギー、ドイツという四ヵ国の間での「四国協定」を提唱した。結局、十月のロカルノ会議で合意が可能となって、西ヨーロッパの国境線が画定して、相互の不信が大幅に解消された。これは大きな進歩であった。いよいよヨーロッパに平和が訪れようとしていたのだ。

「均衡なき共同体」の挫折

アメリカのウィルソン大統領が「国際共同体《コミュニティ・オブ・パワー》」によって永久平和を確立したいと考えていたのに対して、イギリス政府の場合はむしろ「新しいヨーロッパ協調」による平和を模索していた。イギリス政府は、「価値の共有」が不足している現状では、「国際共同体」を成立させることは困難であり、平和のためにはまず勢力均衡をその基礎に置くことが不可欠だと考えていた。イギリスとアメリカとの間では、戦後国際秩序の秩序原理をめぐって大きな見解の違いが見られたのだ。

もしもウィルソン大統領が期待したような「共同体《コミュニティ》の体系」による平和をつくるのであれば、一世紀前のウィーン体制下の「均衡《バランス》による協調《コンサート》」の時代よりも、さらに広範な「価値の共有」が必要となるであろう。というのも、「均衡」が基本的に「力の体系」である一方で、「共同体」とは何よりもまず「価値の体系」であるからだ。そこに加わる諸国が相互に憎しみ合い、不信感を抱き、戦争の可能性に恐怖を抱いていれば、そもそもそこで「共同体」に必要な紐帯が欠けてしまう。力の均衡によって平和と安定を求める「均衡の体系」と比較して、「共同体の体系」の場合、よりいっそうの相互理解や相互の信頼が不可欠となる。ところが、ウィーン体制の時代と比較した場合、すでに見てきたように、この時代において主要な大国の間には大きな溝が横たわっており、「共通利益の絆」や「価値の共有」を前提することは難しかったのだ。だからこそ、この時代においては「均衡の体系」をまず成立させねばならなかった。

ウィルソンが模索した平和構想の本質とは、いわば「均衡《バランス》なき共同体《コミュニティ》」であった。そこに「均衡」が欠けていることこそが、国際連盟の不安定性と脆弱性の源泉といえる。その弱点を最も簡潔な言葉で表したのが、一七世紀フランスの思想家のパスカルである。彼は、次のように述べている。「力のない正義は無力であり、正義のない力は圧制的である。／力のない正義は反対される。なぜなら、悪いやつがいつもいるからである。正義のない力は非難される。したがって、正義と力とをいっしょにおかなければならない。そのためには、正しいものが強いか、強いものが正しくなければならない」[55]。実際に、国際連盟は力による裏付けを欠いていたことで、「無力」となってしまった。それは、一九三〇年代に日本による中国大陸への侵攻や、イタリアによるエチオピア侵攻を止めることができなかったのだ。

国際政治においても、「悪いやつがいつもいる」とすれば、「力のない正義は反対される」結果となってしまう。国際連盟が各国の理性や国際世論を信頼して、それらにより紛争を解決しようとしても、すべての国がそれを遵守する保証はないし、すべての国にそれを強制することもできない。ただ単に力を放棄するだけでは、正義は生まれない。「力を放棄」した結果、そこに生まれるのは、正義ではなく「力の真空」である。

勢力均衡を否定することで、自動的に平和的な国際秩序が生まれるわけではないのだ。国際連盟は、勢力均衡によって補完されていなければならなかった。国際連盟の存在それ自体が、平和を確立するわけではない。国際連盟が機能するための安定的な勢力均衡という礎石、そして「共通利益の絆」が欠けていたことこそが、本質的な問題であったというべきであろう。勢力均衡を否定した上に設立された国際連盟とは「均衡なき共同体」であり、パスカルのいう無力な「力のない正義」となってしまった。そこには内在的に脆弱性が見られたのだ。

他方で、すでに見たように、チェンバレン外相の指導の下でイギリス外務省は、「均衡による協調」を実現しようと努力し、一九二五年十二月にはロカルノ条約の調印に導いた。イギリス政府の基本方針は、あくまでもヨーロッパ大陸に勢力均衡を回復させることであった。また、国際連盟が機能するためには、「ヨーロッパ協調」としての性質を有する必要があると考えていた。利害を持たない小国も含めたすべての加盟国間で協議をするのではなく、あくまでも戦争開始に責任を持つ主要な大国のみで合意に到達する重要性を、イギリス政府は深く認識していたのだ。

ところが、国際連盟による国際秩序が挫折することになる二つの転換点が一九三〇年代に訪れた。一九三一年の満州事変と、一九三三年のヒトラー政権の成立である。最初に平和の静寂を打ち壊したのは、満州事変とそれに続く日本の軍事侵攻であった。

一九二五年にロカルノ条約によって「新しいヨーロッパ協調」の精神が見られるようになった。そのような明るい潮流は、一九二八年に調印された、戦争を違法化するための不戦条約（ケロッグ＝ブリアン条約）によって確かなものとなっていった。一九三一年九月十日、満州事変勃発のわずか八日前に、イギリスの政治家であるセシル卿は、「現在ほど戦争が起こりそうにない時代は、世界史の中でも稀である」と語っていた。

そのような潮流を逆流させたのが、一九三一年の満州事変であった。当時の日本政府の指導者たちには、日本の軍事行動がグローバルな国際秩序全体を傷つけるほど大きな影響を及ぼすものだという認識が薄かった。国際秩序全体に向けた視座が欠けていたのだ。自らの内側の論理によって軍事行動を起こすことがあっても、それが勢力均衡にどのような影響を与えるかという認識はなかったのだ。

歴史家であり国際政治学者でもあるE・H・カーは、「日本の満州征服は第一次大戦後のもっとも重大な歴史的・劃期的事件の一つであった」と述べる。「太平洋では、それはワシントン会議によって暫《しばら》く休止していた争覇戦の再開を意味した。世界全般について見ると、それは第一次大戦の終結以後少くとも露骨な形では現われなかった『権力政治』への復帰を予告するものであった。平和体制の成立以来始めて、戦争が（警察的行動という擬装の下にではあったが）広大な範囲にわたって行われ、広大な領土が（独立国という擬装の下にではあったが）征服者によって併合された」[56]。

一九三一年の満州事変は結果として、意図せぬかたちでロカルノ条約に始まる「新しいヨーロッパ協調」を潰えさせてしまった。これを転機として、世界は「国際共同体」への夢を語る時代から、「権力政治」への回帰の時代へと移っていく。その扉を開いたのが日本の関東軍であって、そのような潮流を完結させたのがナチスのアドルフ・ヒトラーであった。両者とも、既存の国際秩序に大きな不満を抱いた点で共通していた。

二〇世紀半ばに国際政治の中心舞台に立ったのは、ドイツ、アメリカ、日本という、一九世紀後半に台頭した「新興国」と、現状維持国のイギリス、そして新しいイデオロギーを掲げて二〇世紀に誕生したソ連の五大国であった。一九世紀後半に台頭した三つの「新興国」のうちドイツと日本が、ヨーロッパと東アジアでそれぞれ軍事力を用いて「新秩序」を構築しようと試み、それがもう一つの「新興国」であるアメリカによる抵抗によって阻止されることになる。

一九三九年に第二次世界大戦が勃発すると、アメリカとイギリスが協力して新しい国際秩序の価値を提唱しようと努力する。この五つの大国の間で、どのように勢力均衡を生み出すのか、そしてどのようにして新しい「価値の共有」をもたらすのか。これらの問題が、二〇世紀後半の平和を構築する上での鍵となっていく。国際社会は、大きな難問に直面する。

3 リベラルな秩序の成立——大西洋の時代

ユートピアニズムの終焉

パリ講和会議からわずか二〇年ほどで、世界は再び戦争の闇の時代に入っていった。なぜ平和を確立できなかったのか。パリ講和会議でつくった国際秩序は、なぜそのように脆弱であったのか。

第一次世界大戦は、勢力均衡や「ヨーロッパ協調」という一九世紀の平和を支えていた秩序原理を、根本から崩してしまった。そのことが国際秩序を不安定化させていた。また、アメリカと日本という非ヨーロッパの二つの大国の力を借りることで、連合国はかろうじてドイツ帝国に勝利を収めることができた。一九世紀とは平和の条件が大きく変わってしまったがゆえに、それまでとは異なる思考で平和を確立せねばならなかった。しかし、具体的にどのようにして平和を確保できるのか、多くの人々は困惑するばかりであった。むしろ戦争が終わると、交戦国はむき出しのエゴイズムに基づいて、それぞれ自国の利益を追求するばかりであった。

戦後の秩序を構築する上でウィルソン大統領が考えていたのは、「国際共同体《コミュニティ・オブ・パワー》」として国際連盟を創設して、そこでの理性的な討議を通じて国際的な平和を確立することであった。ウィルソン大統領は、それまでの勢力均衡の秩序原理を嫌悪して、断固として拒絶した。それこそが戦争に至る悪の根源だと考えたからだ。悪の根源を絶つことで、平和を手に入れることができるはずであった。だとすれば、勢力均衡の秩序原理を排することにより、安定的な秩序が到来するであろう。

ところが一九三〇年代の国際社会では、日本やドイツ、イタリアといった国際連盟の理事国となっていた諸国が、自国の利益を求めて領土の拡張に乗り出した。そのような大国の侵攻に対して、国際連盟は無力であった。国際連盟には侵略を止めるための有効な手立てはなく、また勢力均衡の論理でそのような行動に対抗することも不可能であった。かつてドイツ宰相ビスマルクは、「世界のあらゆる国家がお互いを礼節をもって交わっている」というのは、虚構であると喝破した。そして、「現実には強国の政府が弱小国を圧迫している」と述べた。力がなければ、平和や安全を確保することはできない。力を否定することは、必ずしも人々を平和な世界に導いてはくれないのだ。それは、哲学者パスカルの言葉を借りれば「悪いやつがいつもいる」からであった。

戦間期の国際秩序は、原則として「力による平和」という考えを拒絶して、力の均衡の原理を否定することで成り立っていた。しかしながら、日本が行った中国大陸での勢力拡張や、イタリアが行ったエチオピアへの侵略などの軍事行動を止めるためには力が必要であった。道徳や国際世論は、それらの軍事行動を阻止することはできなかった。力によって戦争へ導くこともできるが、力によって平和へ導くこともできる。実際に、カースルレイやメッテルニヒは力の持つ意味を十分に理解し、力の均衡を回復することにより、ウィーン体制の平和をもたらした。またビスマルクも、ドイツの強大な力を背後にもちながら、一八七八年のベルリン会議では戦争を回避することに成功した。一八七一年からおよそ四〇年にわたって、ヨーロッパでは「力による平和」が、ある程度機能していた。

一九三九年九月にナチス・ドイツがポーランドへの侵攻を開始したときに、それを止めるためには力が必要であった。「均衡なき共同体」としての国際連盟は、すでに機能麻痺を露呈していた。そもそもそこには、アメリカの姿はなかった。連盟の理事国であったソ連はフィンランドを侵略したことによって除名されていた。連盟の理事国であった日本も、ドイツも、イタリアもすでに脱退していた。もはや大国で連盟に残っていたのは、イギリスとフランスのみとなっていた。このような現実を前に、「新しいヨーロッパ協調」の夢は潰えたのだ。この頃には、イギリス政府もフランス政府も自らの安全を守るために、国際連盟を活用する意思を失っていた。両政府は、イタリアやドイツの侵略的行為や国際法違反をむしろ容認することで、戦争を回避するための妥協を得ようとしていた。宥和政策である。なぜこのような結果となってしまったのか。

この一九三九年に、国際政治学の発展の基礎となるべき、最も重要な一冊の著書が刊行された。それは、E・H・カーの『危機の二十年』である。イギリスの元外交官で、この頃には大学で国際政治学を教えていたカーは、戦間期を支配していたユートピアニズムの思潮に強い違和感を抱いていた。そして、それは必ずや破綻するであろうと考えていた。カーは著書のなかで、「この時代の崩落は、時代を基礎づけていた基本原理の破産を必然的に伴うものであった」という。[57] そのような「時代を基礎づけていた基本原理」とは何か。それは、「利益の調和」を自明と考えて、理性に従って共同体を構築できるとするユートピアニズムである。このような思考をカーは嫌悪して、辛辣に批判した。

「利益の衝突は事実として存在するのであり、避けられないものである。こうして問題の本質はすべて、これをごまかそうとする試みによって歪められるのである」。それではどうすればよいか。「諸国家から成る共同体全体の利益と共同体構成国それぞれの利益とを同一とみる利益調和説を土台にして国際道義を打ち立てようとする試みについては、われわれはこれを不当かつ誤解を招くものとして否定しなければならない」[58]。このようにカーは、ユートピアニズムの思想によって平和が得られるという考えを、この著書のなかで明快に否定している。力によってこそ、平和が得られるのだ。そしてカーは、この時代における国際秩序の問題を次のように指摘した。

「道義と理性の統合は、ともかく無骨にも十九世紀自由主義によってなされたが、しかしこの統合はいまや支持されてはいない。現代国際危機の隠れた意味は、利益調和の概念に基づくユートピアニズムの全構造が崩壊したということである。今日の世代は、根本からこれを再構築しなければならない[59]」

これからの世界で必要なのは、力を理解して、力に基づいて平和をつくることである。「権力が政治の本質的要素であることを理解できなかったまさにそのことによって、国際統治の形をつくろうとする試みはこれまですべて挫折してきたし、この問題を議論しようとする試みもまたほとんどすべて混乱に陥った[60]」。一九三一年の満州事変は権力政治への回帰の契機となり、一九三九年の『危機の二十年』の刊行はその認識を広く普及させた。力に基づいて平和を得るためには、勢力均衡を回復させねばならない。それを現実の政治で実現したのが、カーを最も嫌悪して、彼への批判を繰り返していたウィンストン・チャーチルであった。

チャーチルの戦略

一九四〇年五月、その戦争指導が厳しく非難されていたネヴィル・チェンバレンが、とうとう首相の座を降りた。そして、新たにウィンストン・チャーチルがイギリスの首相となった。戦争の大きな転機が訪れた。世界大戦は、この年の五月にドイツ軍が西ヨーロッパへの侵攻を開始したことで、新しい局面に突入した。圧倒的な力を誇るドイツ軍を前に、六月にはフランスが降伏して、ヨーロッパ大陸の大半がヒトラーの支配下に入った。ヒトラーの巨大な帝国が完成しつつあった。

このときチャーチルは、徹底して戦争を続ける意図であった。それではチャーチルはいったいどのような見通しで、勝利を想定していたのか。チャーチルの戦争指導の前提となっていたのは、勢力均衡の思考であった。彼の国際政治観は、その生い立ちとも深く結びついていた。

ウィンストン・チャーチルは一八七四年に、オクスフォード郊外の華麗なブレナム宮殿で生まれた。イングランドで最も巨大な建造物の一つであるこの宮殿がつくられたのは、一七〇五年から一七二四年の間のことである。この時代に、ジョン・チャーチル、すなわち初代マールブラ公爵がスペイン王位継承戦争におけるブレンハイムの戦いで勝利を収めて、アン女王から贈り物として提供されたのがこのブレナム宮殿であった。

このスペイン王位継承戦争は、すでに見たように近代的な勢力均衡が成立する契機となった戦争であった。また、この戦争でルイ一四世の巨大な軍隊を打破して、フランスに対する勢力均衡を回復したのが、連合軍司令官の偉大なジョン・チャーチルであった。マールブラ公爵の勢力均衡への深い理解を、ウィンストン・チャーチルは受け継いでいた。一九三三年から三八年にかけて、チャーチルは多くの時間を費してこのマールブラ公爵の評伝を書き、全六巻の著書を刊行していた。その作業を通じて、ヨーロッパ大陸で巨大な帝国が誕生することを阻止するために、イギリスがバランサーとなって大同盟を組む必要を深く認識したのであろう。

一九三〇年代から四〇年代初頭にかけて、執筆活動と政治活動の双方を通じて、チャーチルの頭のなかではグローバルな勢力均衡を確立する必要性が認識されたのだろう。それはイギリスの安全を守るためでもあった。一九二〇年代には英米間で厳しい海軍建艦競争と軍縮条約をめぐる軋轢が生じており、チャーチルもまた勢力を膨張させるアメリカに対して、不信感と嫌悪感を募らせていた。しかしながら、アメリカの力を借りなければ、グローバルな勢力均衡は成立しえない。

一九三一年の満州事変、そして一九三六年のドイツによるラインラント進駐は、チャーチルに深刻な危機意識を植え付ける。イギリス単独では、ヨーロッパにおける巨大なナチス・ドイツの軍事力と、遠く離れたアジアにおける日本の巨大な軍事力に対抗することはできない。チャーチルは、イギリスの巨大な帝国とその国際的地位を維持するためには、アメリカの力に頼らざるをえないと考えるようになった。普遍的な帝国を阻止するために幅広い国際的な勢力を結集させることは、スペイン王位継承戦争のなかでウィリアム三世やジョン・チャーチルが実現したことであり、またウィンストン・チャーチルの尊敬するウィリアム・ピット首相がナポレオン戦争のさなかに目指したことであった。歴史への深い愛着と造詣を持つチャーチルは、イギリス史のなかの偉大な英雄たちに、自らを重ね合わせていたのであろう。アメリカとの協調なくしては、ナチス・ドイツに対する勝利は考えられない。それを前提に彼は、戦争の勝利を確信していたのだ。

「英語諸国民」の国際秩序

戦時中のチャーチルの戦争指導は、戦後の国際秩序の形成に、いくつかの重要な影響を及ぼすことになった。その意味で、チャーチルは戦後秩序の設計者でもあった。

第一に、チャーチルは、ナチス・ドイツの巨大な勢力に対して、アメリカやソ連とともに「大同盟（Grand Alliance）」を成立させることを目指していた。「大同盟」が、戦後の国際秩序でも中心的な地位を得る。巨大な普遍的帝国に対して勢力を結集することは、かつてのルイ一四世に対抗するための対仏大同盟や、ナポレオンに対する四ヵ国同盟の形成の場合と同様に、イギリス外交の伝統ともいえるものであった。これは、典型的なイギリス外交における勢力均衡を求める政策といえる。たとえそれが、異なるイデオロギーを掲げた国家とであっても、連携することで自国の独立や安全が守られるとすれば、イギリスはそのような選択肢を求める。

そうしたイギリスの伝統を指して、一七八七年の下院議会でウィリアム・ピット首相は次のように述べていた。「いかなる国であれ、ある国を将来不変の敵であるとみなすことは、弱々しく子どもじみたことである。諸国家の経験ではそのような根拠は見あたらず、また人類の歴史の中でもそうである」[61]。そのような伝統を念頭に、反共主義者として名高いチャーチルはソ連との同盟に向かった。そのような幅広い諸国家との連合が、一九四二年一月以降は「ユナイテッド・ネーションズ」という名称で呼ばれるようになる[62]。これがそのまま戦後の国際組織の名称となった。そして、英米ソの「三大国」に、後にフランスと中国を加えた「五大国」が、国連安保理での常任理事国となる。

第二にチャーチルは、国際社会が共有すべき価値として、民主主義や自由というような普遍的価値を擁護する重要性を繰り返し語った。この戦争を、これらの価値を守るための戦争と位置づけた。これらの価値が、戦後の国際秩序を形成する上での中核的な価値となる。それは、一九四一年八月の大西洋憲章や、一九四五年六月の国連憲章で明瞭に示されている。もともとは「アングロ＝サクソン主義」のイデオロギーを掲げていたチャーチルも、そこから人種主義的な要素を抜き取ることで、「英語諸国民（the English-Speaking People）」という言葉をその代わりに用いるようになる。チャーチルは、一九三八年にマールブラ公爵の評伝を無事に公刊すると、続いて『英語諸国民の歴史』と題するアングロ＝サクソン諸国の歴史についての書物を刊行する予定となっていた。それは、英米を一つの共同体とみなして、その壮大な歴史の発展を描く物語であった。チャーチル自ら次のように語っている。

「主として、そのテーマは、自由や法の発展であり、個人の権利であり、包摂的な共同体における基本的そして道徳的な観念への国家の従属である。これらの理念において、英語諸国民はその著者であり、受託者であり、そして現代においては武装したチャンピオンでなければならない。それゆえに私は、いかなる装いをとろうとも、そしていかなる場所から現れようとも、専制を非難する。これら全ては、もちろんのことであるが、現代にもあてはまることである」[63]

ヤルタ会談。左からチャーチル、ローズヴェルト、スターリン（読売新聞社）

チャーチルは、自由や民主主義を信奉する英米両国を中核とした「英語諸国民」と、ナチズムに代表される専制的国家とを対比させて、そのイデオロギー的な争いに勝利する決意を語った。民主主義は勝利しなければならない。それが、人類全体にとっての大きな物語だと考えていた。世界ははたして民主主義を選ぶのか。あるいは全体主義による専制政治を選ぶのか。最終的に『英語諸国民の歴史』の刊行が始まるのは、戦争が終わった後の一九五六年のことであった。チャーチルは、第二次世界大戦の戦争指導を通じて、巨大な叙事詩のような物語をつくりあげたのである。チャーチルはそれらの価値を基礎として、新しい時代をつくることができると考えた。それがチャーチルの戦後構想であった。

第三に指摘すべきこととして、チャーチルは英米両国、あるいは「英語諸国民」を中核として、新しい国際秩序をつくろうとしていた。「英語諸国民」の結集という考え方と、すでに述べた民主主義や自由の共有という考え方は、深く結びついている。民主主義や自由という価値を基盤として、巨大な勢力を結集することによって、ヒトラーとの戦争で勝利を得ることができるだろう。それによって、新しい安定的な国際秩序が到来するはずだ。そのためにも、戦時中の「ユナイテッド・ネーションズ」を機構化することで、その協調枠組みを維持していくことが重要となる。そのようなチャーチルの構想の中核に位置するのが、イギリス帝国とアメリカであり、さらには「英語諸国民」であった。

戦争が終わった後の一九四六年三月、チャーチルはミズーリ州フルトンでの演説で、次のように述べている。「戦争の確かなる防止も、世界機構の継続的な発展も、私が、英語諸国民の友愛の連合と呼ぶものなくしては、手に入れることは出来ないであろう。つまりそれは、英連邦および帝国と、アメリカの間の、特別な関係を意味する」[64]。

チャーチルの戦後構想は、勢力均衡を回復させた上で、民主主義や自由という価値を基礎にして、英米両国を中核とした新しい国際秩序をつくることにあった。この三つの要素は、すべてチャーチルの頭のなかでは不可分の一体として結びついていた。勢力均衡の論理に基づいて、英米ソの「三大国」を中心とした「大同盟」を維持して、ナチス・ドイツとの戦争に勝利しなければならない。そこでの中心的な勢力は、「英語諸国民」、すなわち英米同盟である。また、「英語諸国民」を中核とした巨大な勢力は、民主主義や自由主義、法の支配といった価値を世界に普及させ、確立しなければならない。そして、戦後には、多数の諸国が参加可能な世界機構を設立しなければならない。このような方程式が、チャーチルの考える戦後秩序であった。

チャーチルの考える戦後構想は、戦時中の戦争指導と首脳間の外交によって、実現の方向へと進んでいく。その構想を英米間で調整して、「ユナイテッド・ネーションズ」の政策として実現することが重要であった。ナポレオン戦争中のメッテルニヒ外相とカースルレイ外相との意思疎通のように、第二次世界大戦中にチャーチル首相はローズヴェルト大統領と頻繁に意見交換をして、緊密な友情と信頼関係を育むことができた。それがスターリン首相に支持されることによって、「ユナイテッド・ネーションズ」として巨大な勢力を結集させることに成功した。チャーチルが考案する戦後秩序を、ローズヴェルト大統領と直接会って調整する最初の機会となったのが、一九四一年の大西洋会談であった。

リベラルな秩序の起源

一九四一年八月、イギリス首相のチャーチルと、アメリカ大統領のローズヴェルトが、カナダのニューファンドランド沖の艦上で、初めて顔を合わせて英米首脳会談を行った。これは、第二次世界大戦において重要な転換点をもたらした。それに止まらず、二〇世紀の国際秩序全般を考える上でもきわめて大きな意味を持っていた。それは、英米両国間で戦争目的を共有して明確化すると同時に、戦後の国際秩序において基礎となるべき普遍的価値を世界へ向けて示す重要な機会となったのだ。

この首脳会談の後に発表された共同声明の冒頭には、次のように記されている。「世界のより良い未来に対する両者の願望の基礎として、各自の国の国政上のいくつかの共通原則を公にすることが適切であると考えた」[65]。国際秩序が安定的で永続的であるためには、その「共通原則」が国際社会で幅広く共有されていることが重要であった。この大西洋憲章の最も大きな意義は、戦後の国際秩序の基本的な価値を明らかにしたことであり、その意味で戦後のリベラルな秩序の起点となる文書でもあった。

この大西洋会談では、八つの項目に関する英米間での合意が表明された。そこには民主主義の価値や、民族自決、自由貿易、そして戦後に新しい普遍的な国際機構を設立する意向が示されている。とりわけ、第二項目では、「両国は、関係する人民の自由に表明された願望に合致しない、いかなる領土の変更も欲しない」と記されている。また第三項では、「両国は、すべての人民が、彼らがそのもとで生活する政体を選択する権利を尊重する」と書かれている。これは、ウィルソン大統領がかつて希求した民族自決の原則であり、またそこに住む人の意思に反する領土の不変更の原則である。アメリカにおける反植民地主義のイデオロギーが色濃く繁栄されると同時に、民主主義の原則が明確に示されている。さらに第四項では、「経済的繁栄に必要とされる世界の通商および原料の均等な開放を享受すべく努力する」と記されている。これは自由貿易に関する合意であり、イギリスの帝国特恵制度（ブロック経済）の解体を意図したものでもあった。アメリカの力に頼らざるをえないイギリスは、アメリカの要求に譲歩を示したのだ。

この大西洋憲章は、アメリカとイギリスが同じ価値観の下に行動していることを宣言するものであった。この理念は、翌年一月の「連合国共同宣言（the Declaration by United Nations）」として、二六ヵ国の共同声明として発表された。その時点ではすでに、前月の日本の真珠湾攻撃を契機として、アメリカは世界大戦に参戦していた。アメリカとソ連とともにナチスと戦うイギリスにとって、勢力均衡が自らに有利なかたちでつくりあげられていた。アメリカ、ソ連、イギリスという巨大な「三大国」が戦争に勝利をするのは、時間の問題であった。だとすれば、次に重要となるのは、いかにして新しい国際秩序をつくるかであり、そのなかでいかにして自国の安全と利益を確保するかであった。

重要なのは、チャーチルとローズヴェルトという二人の政治指導者が、勢力均衡を回復する必要性を十分に理解していたことであった。その基礎の上に、普遍的価値を広めていくことが重要だと両者は考えていた。そのような合意をつくり、価値を共有し、英米両国が提携する舞台となったのが、大西洋であった。一八世紀から一九世紀にかけて世界政治の中心は、ヨーロッパ大陸であった。それが、第一次世界大戦を経由して、大西洋へと移っていった。ヨーロッパ大陸はヒトラーの帝国の支配下に入り、占領と人権侵害が各地に広がっていた。他方で大西洋は、自由や希望で充たされていた。大西洋の両岸にあるアメリカとイギリスこそが連合国の中心的な勢力であり、大西洋の時代が始まろうとしていた。

イギリスとアメリカとソ連の「三大国」の首脳が、戦争目的と戦後構想を共同で宣言する最初の機会となったのが、一九四三年十一月に始まったテヘラン首脳会議であった。チャーチル首相、ローズヴェルト大統領、そしてスターリン首相の三人が会合して、戦争目的を次のように簡潔に唱えた。「われわれは、三国の一致が持続的平和を勝ち取ることを確信する。われわれは、諸国民の圧倒的多数の好意を博し、後世何代にもわたって戦争の悲惨と恐怖を放逐すべき平和を構築することが、われわれおよび連合国すべての肩にかかる崇高な責任であることを全面的に認識する」[66]。さらには、連合国が自由や民主主義といった価値観を守るために熾烈な戦いを続けていることを、三人は世界に示した。第二次世界大戦は、価値をめぐる戦いという位相を持つようになった。これが、戦後のリベラルな秩序の基礎をつくる価値であった。

一九四五年六月に合意された国連憲章では、より包括的かつ体系的に、戦後の世界が目指すべき価値観が記されていた。

まずその第一条では、国際連合の目的として、「国際の平和及び安全を維持すること」や「平和に対する脅威の防止及び除去と侵略行為その他の平和の破壊の鎮圧とのため有効な集団的措置をとること」などが冒頭に記されている。さらには「人民の同権及び自決の原則の尊重に基礎をおく諸国間の友好関係を発展させること」もまた、その第二項で明記されている。第一次世界大戦の反省から、連合国の「三大国」は戦時中から緊密に連絡をとり合って、戦後秩序の根幹となるような価値について、意見を交わしていた。ときには激しい主張の応酬や摩擦が見られ、意見の亀裂も多く残されていたものの、このような文書として「三大国」の合意事項が公表されたことは、大きな意義を持つ。

これはまた、ウィーン会議の歴史から世界が教訓を学んだことを意味する。戦時中から連合国間の協調体制が戦後にも引き継がれるように努め、持続可能な合意をつくることは重要だった。さらには、共有すべき価値を明記して、それを戦後の国際秩序の基本的な規範として認識しようとしていた。かつて、一八一四年のショーモン条約と一八一五年の「四ヵ国同盟」によって、フランスの戦争再開を抑止しうる勢力均衡がつくられた。同様に、ドイツの脅威の再来を防ぐための協力枠組みを維持するためには、大国間協調を存続させることが重要であった。英米ソの「三大国」にフランスと中国を加えた五大国が、国連の安全保障理事会の常任理事国となった。それは明らかに、ウィーン体制における会議体制としての五大国協調を参考にした枠組みであった。

ウェブスター教授の提言

第二次世界大戦後の国際秩序が、ウィーン体制を模範としたものであったのには理由があった。イギリス外務省の調査局の一員として、外交史家のチャールズ・ウェブスターが国連憲章を起草する作業に加わっていたのだ。[67] 一九四三年にウェブスターは、アンソニー・イーデン外相へ向けて、国連構想を具体化するためのいくつかの提案を行った。「国連機構に関する考察」と題するこのウェブスターの覚書では、彼の国際秩序に関する考えが描かれている。その冒頭では、「大西洋憲章は、おそらくシステム全体の基礎となるべきものであり、その目的は連合国が受け入れた諸原則を実行に移すことである」と書かれている。「連合国が受け入れた諸原則」とは、「価値の共有」の基礎となるものである。それを基礎として、ウェブスターはさらにいくつかの貴重な提言を行った。

ウェブスターはそのなかで、大国間協調の枠組みを確立する必要を強調している。第一次世界大戦後の秩序形成が挫折した一因は、「ヨーロッパ協調」が崩れた後にそれを回復しなかったことにあったと、ウェブスターは考えていた。ウェブスターは、「連盟の失敗の原因に関するメモランダム」と題するもう一つの覚書のなかで、次のように記している。「なんらかのかたちで大国が共同して行動することができないならば、連盟は成功することはできなかったと認識することが、その失敗を理解する上で基礎となるのだ」[68]。それを前提に、「国連機構に関する考察」の覚書のなかでウェブスターは次のように述べる。「明らかに大国間の会議は断続的に行われるべき」であった。彼は、ゆるやかで柔軟な枠組みとして、ウィーン体制下の「ヨーロッパ協調」の枠組みを理想としていた。それは『コンサート』体制への復帰」と呼べるものであった。それはまた、国際連盟において大国が責任ある役割を担わなかったことへの反省に由来していた。

さらに重要な点として、勢力均衡や大国間協調の論理ばかりでなく、小国が関与できるような枠組みが必要だとウェブスター教授は指摘している。というのも、「諸国間の総会は、世界の結束への宣伝として活用できると同時に、とりわけ虚栄心に満ちた人びとの抑圧された感情にとってのはけ口となる」からだ。すなわち、「世界の一体性へ向けてのわれわれの特別な利益ゆえに、それが存在することはおそらくイギリスにとっての利益となる」であろう。ウェブスターは、現実的な考慮からも、小国が国連においてある程度の役割を担うべきだと考えていた。

この「総会（a general assembly of nations）」は、かつてウィルソン大統領が言及した「人類の議会」に近い構想である。ウェブスターの構想により、国連の「総会」が生まれたことで、「国際共同体」をつくるための歩みが始まった。ウェブスター教授の提言を通じて、ウィーン会議の戦後処理と第二次世界大戦後の戦後処理は繋がっていた。歴史は繰り返さない。しかし歴史は常に、われわれが意識しない水面下で連綿と繋がっているのだ。ただ単に、われわれがそれを見ていないだけである。

このようにして、ウェブスター教授が考える国連は、安全保障理事会（安保理）に象徴される「協調の体系《コンサート》」の秩序原理と、国連総会に象徴される「共同体の体系《コミュニティ》」の論理が結びつくものであった。さらには、一九四五年二月に始まったヤルタ首脳会談や、七月に始まったポツダム首脳会談で合意されたように、強大なドイツを「分割占領」することで、その脅威を抑えこもうとする勢力均衡の論理も見られた。しかしそれはあくまでも、ドイツに対しての均衡を考えたものであった。まだこの時点では、間もなく浮上することになる冷戦の論理は、必ずしも明確なかたちとはなっていなかった。

戦争が終わるまでに世界は、二度にわたる原爆投下、そしてナチスによるホロコーストという、身の毛のよだつような惨劇をくぐり抜けなければならなかった。世界は二度の世界戦争の悲劇を経験し、さらには膨大な人命を失う結果を見なければならなかった。それらの悲惨な経験を経て、人々は今度こそ安定的な国際秩序を確立したいと願うようになった。

一九世紀末にドイツ、アメリカ、日本という巨大な工業力と軍事力を備える「新興国」が台頭して、旧来の勢力均衡が崩れた。その後、新しいグローバルな勢力均衡を構築するまで、半世紀以上の年月が経過した。ようやく世界は、一九世紀的なヨーロッパ諸国の同質的な紐帯に代わる、新しいグローバルな普遍的価値を見いだしつつあった。これらの価値こそが、安定した国際秩序の基礎となるべきものであった。大西洋憲章と国連憲章という二つの文書は、その重要な起点となった。それを前提に「国際共同体」を育むことが重要だ。戦後は、「一つの世界」に基づいた平和がつくられるであろう。しかし、そのような期待感も、第二次世界大戦が終わる時期には大幅に薄らいでいった。まだその言葉自体は用いられていなかったが、「冷戦」という新しいグローバルな対立の構造が出現したのだ。

ウィーン体制との比較

われわれが第二次世界大戦後の国際秩序を考える際には、通常は「冷戦」というグローバルなイデオロギー対立を前提にそれを理解する。たとえばアメリカの歴史家であるジョン・ルイス・ギャディスは、この冷戦時代の国際秩序を、相互核抑止や偵察衛星によって支えられた「長い平和《ロング・ピース》」と呼んでいる。[69] それではなぜ、冷戦の時代に長い平和が可能だったのか。そして、この時代の国際秩序には、どのような特徴が見られたのか。

アメリカの国際政治学者で、プリンストン大学教授のジョン・アイケンベリーは、「第二次世界大戦の戦後構築は、あらゆる戦後構築の中で、最も細部にわたって組み立てられたものであり、最も長期にわたってその生命力を保っている」と論じる。[70] これはおそらく、通常われわれが考えるイメージとは異なるかもしれない。実際に、アイケンベリーが述べるように、「この戦後構築は、それまでの主要戦後構築と異なり、包括的な単一講和条約の締結を行なわなかった」。ナポレオン戦争後の二つのパリ条約や、第一次世界大戦後のヴェルサイユ条約のような包括的な講和条約は、そこには存在しない。そうではなく、個別的な合意や妥協、そして国際協調の制度化など、無数の努力の結果としての「長い平和」がつくられたというべきであろう。

その重要な起点が、すでに見てきたように大西洋憲章であった。この大西洋憲章は、チャーチル首相がアメリカを参戦へ導こうとしたことがそもそもの契機であった。またナチス・ドイツを打倒するための戦争目的を明確化することが、重要な使命であった。実際には英米両国政府が中心となって、戦後秩序の中核となるべく普遍的価値を表明する結果となった。そのことを、アイケンベリーは次のように述べている。

「冷戦において画期的な出来事であった一九四七年のトルーマン・ドクトリンの公表や、一九四八年から一九四九年にかけての大西洋同盟の創設は、世界秩序形成の転換点ではなかった。世界秩序の転換点は第二次世界大戦が終結する前、一九四一年にローズヴェルトとチャーチルが戦後秩序の安定の道標となるリベラルな原則を掲げた大西洋憲章を公表したときにすでにはじまっていたのかもしれない[71]」

それはある意味では、ナポレオン戦争の場合と共通していた。一八〇五年にピット首相は、ロシアとの対仏同盟を組むことを主眼として、自らの戦争目的と戦後構想を語っていた。それが結果として、安定的な国際秩序をつくる重要な一つの方向性を指し示すこととなった。また、ナポレオンの巨大な軍隊に勝利するために、一八一四年三月に合意されたショーモン条約もまた、翌年の「四ヵ国同盟」の基礎として、安定的な勢力均衡を構築する土台を提供した。同じように第二次世界大戦中のチャーチルとローズヴェルトの協力関係が、大西洋憲章、そして一九四四年のブレトン・ウッズ協定や、一九四五年の国連憲章へと帰結したのだ。

　そして、アイケンベリーは戦後秩序の特質として、次の二つの点を指摘している。[72]第一は、「悪化する対ソ関係への対応であり、それは勢力均衡、核抑止、そして政治的およびイデオロギー的競争に基づく『封じ込め』秩序の形成を促した」のだ。これはいわば、「均衡《バランス》の体系」の秩序原理である。そして第二は、「リベラルで民主主義的な秩序」であり、「西側先進諸国間での経済的開放性、政治的互恵性、そしてアメリカ主導のリベラルな政治システムを多国間で管理するためのさまざまな国際機構や国際関係の重層的構築」を促すものであった。これはいわば、「協調《コンサート》の体系」である。意図せぬかたちで、英米両国は「均衡の体系」と「協調の体系」を融合させた国際秩序を、つくりあげていたのである。それはウィーン体制とは異なりながらも、本質的には「均衡《バランス》による協調《コンサート》」の秩序であった。

　これをアイケンベリーは、西側世界のリベラルな「立憲的秩序」と呼んでいる。そこには西側世界で遵守されるべき共通の価値や規範、制度が存在していた。この点をアイケンベリーは、次のように論じている。

「大規模な戦争の後に戦勝国が直面する最も重要なことは、正統性と持続性のある戦後秩序を構築することである。つまり、指導的な大国には、戦後自らに有利なパワーの地位を持続的な政治秩序へと転換し、その秩序のもとでほかの国々を従属させようとする誘因がある。正統性のある秩序を実現することは、政治秩序の基本となるルールや原則に関して関係国のあいだで合意を確保することを意味する。正統性のある政治秩序は、国家が自ら進んで参加し、システムの全体的な方向性に同意するものである。そのような国家はルールや原則を望ましいものとして受け入れ、自らのものとして取り入れるため、それらに従うのである」[73]

これはまさに、ウィーン体制の安定的な国際秩序の本質を見事に表現している。と同時に、第二次世界大戦後の、リベラルな秩序の性質を説明するものでもある。アイケンベリーは、戦勝国が自制して行動することを、「戦略的な抑制（strategic restraints）」と呼んでいる。本書では、ウィーン体制におけるメッテルニヒやカースルレイの行動を理性や自制という言葉でこれまで説明してきた。

他方で、ウィーン体制と、第二次世界大戦後のリベラルな秩序には、大きな違いがあるように見える。前者においては敗戦国のフランスを含めて、主要な五大国間で協調が成立したのに対して、後者においては戦勝国が西側世界と東側世界へと分裂し、両者の間でイデオロギー的な構造的対立が生じたからである。

しかし実際にはアメリカを中心とする自由主義諸国も、ソ連を中心とする共産主義諸国も、いずれも国連憲章の調印国であり、この二つの超大国は安全保障理事会の常任理事国でもあった。確かに、この両者の間では明らかに、イデオロギー的な分裂が見られた。しかし一世紀を遡ると、ウィーン体制においてもリベラリズムの価値観を擁護するイギリスやフランスと、それを嫌悪するロシア、プロイセン、オーストリアとの間のイデオロギー的な亀裂が見られ、それが「ヨーロッパ協調」の精神を浸食していった。したがって、勢力均衡による安定性と、価値を共有する諸国の間での国際協調体制、この二つを両立する必要が生じていた点で、ウィーン体制と第二次世界大戦後の世界は共通していたのである。

グローバルな勢力均衡の回復

一九四七年五月、アメリカの外交官であったジョージ・F・ケナンは、ジョージ・マーシャル国務長官からの直接の依頼を受けて、国務省に新設される政策企画室の初代室長に就任することになった。そこでのケナンの仕事は、いかにしてアメリカの長期的な外交戦略を打ち立てるかであり、またいかにしてアメリカの安全と世界の平和を確立するかであった。この時期は、ソ連がアメリカに対して強硬な態度を示すようになった時期と重なる。ケナンは、まずは世界におけるパワー・バランスがどのようなものになっているのかを分析し、アメリカにとって望ましい勢力均衡を組み立てる必要を論じた。

ケナンによれば、この時代において「国家安全保障という視点に立てば、自国にとって重要となるような世界における軍事的パワーとして、五つの拠点のみが存在していた」[74]。それは、アメリカ、イギリス、ドイツ、ソ連、日本である。この五大国間の勢力均衡の行方によって、アメリカの安全は大きく変わるであろう。それでは、どのようにすれば、アメリカにとって有利な秩序を形成できるのだろうか。

ケナンは回顧録のなかで、この時代について触れながら次のように記している。すなわち、「この時点における、われわれにとっての最も大きな脅威と、最も大きな責任は、西ドイツと日本における占領地区をどのようにするかにあった」[75]。すなわち、「世界における軍事的パワー」の五つのうちの二つである西ドイツと日本が、アメリカの側につくのか、あるいはソ連の側につくのかによって、グローバルな勢力均衡は大きく異なるであろう。ケナンは述べる。「この二ヵ国はそれぞれ、東洋と西洋における最も巨大な二つの工業国となっている」。このようにケナンは、グローバルな勢力均衡を視野に入れて、アメリカの進むべき道を考えていた。「勢力均衡」という古くさい秩序原理を嫌悪する知識人が圧倒的に多いアメリカで、このような戦略的な思考を有する人物は限られていた。

一九四七年の時点で、西ドイツと日本はいずれも連合国の占領下にあり、これからどのような運命となるか不透明であった。もしも西ドイツと日本が、アメリカの同盟国となるならば、ソ連一国が孤立した状況で、アメリカはイギリス、西ドイツ、日本という三つの工業大国と連合することができる。だとすればそれは、勢力均衡の視座からすれば、「四対一」としてアメリカにきわめて有利となるだろう。他方で、もしも西ドイツと日本が共産化して、ソ連の衛星国となるならば、勢力均衡の分布は「二対三」となり、ソ連に有利となるだろう。アメリカは、世界レベルで自らに有利な勢力均衡を形成するべきだ。そのような思考は、政策企画室の政策文書、PPS13で明確に記されている。すなわち、「われわれの政策は、ヨーロッパとアジアにおける、勢力均衡の回復へと向かわなければならない」[76]。

第一次世界大戦後にウィルソン大統領によって葬り去られた勢力均衡の秩序原理は、このようにして、チャーチル首相やローズヴェルト大統領、さらにはハリー・トルーマン大統領に理解され、冷戦初期の時代にケナンの手によってよみがえった。勢力均衡の回復が、世界平和やアメリカの安全に資すると考えられるようになり、そのような思考がアメリカ政府でも受け入れられたのだ。ソ連の膨張主義を座視すべきではない。それを「封じ込める」ためにも、グローバルな勢力均衡を回復する必要があるのだ。

世界が「五つの大国」によって動かされていると考えて、そのなかでアメリカが「多数」の側にあることを求めるというジョージ・ケナンの思考様式は、ビスマルクの教えの忠実な再現であるように思える。ビスマルクはかつて、「世界が五大国の不安定な均衡によって統御されている以上、三国のうちの一つになること」が重要だと述べた。ケナンの発想がビスマルクのそれにきわめて近いものであったのは、理由がある。実のところケナンはビスマルクの勢力均衡政策から多くを学んでいた。ケナンは後に、自らの手によって、『ビスマルクのヨーロッパ秩序の衰退』という著書を書いている。[77] 歴史は連綿と受け継がれているのだ。

この後にケナンは政策企画室長として、西ドイツを含めたヨーロッパの経済復興を目指すマーシャル・プランと、対日占領政策の転換という二つの重要な政策を促進する。その政策の延長線として、一九四九年には西ドイツ連邦政府が誕生し、一九五二年にはサンフランシスコ講和条約の発効により日本の独立が達成される。そして、ケナンが希望したとおり、西ドイツと日本はアメリカの同盟国として、緊密な協力関係を構築する。世界の「五大国」のうちで、アメリカはイギリス、西ドイツ、日本の協力を得て有利な勢力均衡を形成することができたのだ。ウィーン体制は、フランスの脅威に対する四ヵ国同盟によって勢力均衡を維持していた。ビスマルクは、フランスの復讐心を抑制するために、ロシアおよびオーストリアとの三帝同盟によって、それを封じ込めることに成功した。冷戦期のアメリカは、イギリス、西ドイツ、日本との同盟関係のなかで、ソ連の膨張主義を封じ込めることが可能となったのだ。

「長い平和」の時代へ

一九四九年四月の北大西洋条約調印による大西洋同盟、そして一九五一年の日米安保条約に基づく日米同盟と、冷戦時代の西側同盟を支える二つの重要な同盟関係が成立した。これは本来ジョージ・ケナンが求めていたものとは異なるが、この二つの同盟は冷戦時代の勢力均衡を維持していく礎石となる。高坂正堯がかつて、「勢力均衡は近代ヨーロッパに国際社会が成立して以来、国際関係を規定してきた第一の原則であったし、勢力均衡の存在しないところに平和はなかった」と述べたのは、そのような現実を直視してのことであった。

同時に、これらの諸国の間で、基本的な価値を共有していたということも重要な要素であった。たとえば北大西洋条約においては、その前文で、「締約国は、民主主義の諸原則、個人の自由および法の支配のもとに築かれたその国民の自由、共同の遺産および文明を擁護する決意を有する」と記されている。また、一九六〇年一月に調印された、日米相互協力及び安全保障条約、すなわち新安保条約では、その前文で同様の価値が示されている。すなわち、「日本国及びアメリカ合衆国は、両国の間に伝統的に存在する平和及び友好の関係を強化し、並びに民主主義の諸原則、個人の自由及び法の支配を擁護することを希望」する。

すでに見てきたように、安定した国際秩序を構築する上では、勢力均衡を基礎とすることと、「価値の共有」を推し進めることが重要であった。冷戦時代に「長い平和」が実現したのは、二つの条件が満たされていたからでもある。

西側諸国間では、同盟条約の条文で普遍的価値の共有が明記されており、さらには西側同盟と東側同盟の間でも、連合国共同宣言や国連憲章などを通じて、すでに一定程度の「価値の共有」が見られている。それは明らかに、勢力均衡のみに依存したビスマルク体制とも、あるいは「協調《コンサート》の体系」も「均衡《バランス》の体系」も失われていたヴェルサイユ体制とも、異なる性質の国際秩序であった。そして、すでに見てきたように、このような頑強な基礎の上に立つ国際秩序は、これまでの歴史上の多くの国際秩序と比べてもはるかに安定したものであったのだ。冷戦のイデオロギー対立のみを見ていては、そのような国際秩序の本質を見失うであろう。

一九八九年にベルリンの壁が崩壊し東欧諸国の民主化が進み、一九九〇年には東西に分断していたドイツが再統一した。また、一九九一年にはそれまで異なるイデオロギーを掲げ、世界に普及させようとしていたソ連が崩壊した。これら一連の変動は、国際秩序の性質にも大きな影響を及ぼす。アイケンベリーが述べるように、冷戦期の国際秩序が「『封じ込め』秩序」と「リベラルで民主主義的な秩序」という二つの要素で支えられていたとすれば、冷戦後の世界とは前者が消失し、後者がグローバルに広がることを意味する。それが冷戦終結の際に、多くの人々が感じた予感であった。

註

1　トクヴィル『アメリカのデモクラシー　第一巻（下）』松本礼二訳（岩波書店、二〇〇五年）四一八～一九頁。
2　同。
3　細谷雄一『大英帝国の外交官』（筑摩書房、二〇〇五年）五二頁。
4　細谷雄一「黄昏のパクス・ブリタニカ——後期ヴィクトリア時代の外交と海軍」田所昌幸編『ロ

イヤル・ネイヴィーとパクス・ブリタニカ』（有斐閣、二〇〇六年）一五五〜一五八頁。

5　Lawrence Sondhaus, *Naval Warfare, 1815-1914*（London: Routledge, 2001）p.117.

6　君塚直隆『ヴィクトリア女王――大英帝国の〝戦う女王〟』（中央公論新社、二〇〇七年）第Ⅵ章を参照。

7　飯田洋介『ビスマルクと大英帝国――伝統的外交手法の可能性と限界』（勁草書房、二〇一〇年）を参照。

8　アルフレッド・T・マハン『海上権力史論』北村謙一訳（原書房、一九八二年）及び麻田貞雄編訳『マハン海上権力論集』（講談社、二〇一〇年）を参照。

9　Paul M. Kennedy, "The Tradition of Appeasement in British Foreign Policy, 1865-1939", in his *Strategy and Diplomacy 1870-1945: Eight Studies*（London: Fontana, 1984）p.19.

10　Paul M. Kennedy, *The Rise of the Anglo-German Antagonism 1860-1914*（London: George Allen & Unwin, 1980）pp.251-288 を参照。

11　Ian H. Nish, *The Anglo-Japanese Alliance: The Diplomacy of Two Islands Empires 1894-1907*（London: Athlon, 1966）pp.104-7.

12　外務省百年史編纂委員会編『外務省の百年（上）』（原書房、一九六九年）四一五頁。

13　Nish, *The Anglo-Japanese Alliance*, pp.120-1.

14　C. J. Bartlett, *Defence and Diplomacy: Britain and the Great Powers 1815-1914*（Manchester: Manchester University Press, 1993）p.99.

15　Cited in Zara S. Steiner and Keith Neilson, *Britain and the Origins of the First World War*, 2nd edition（Basingstoke: Palgrave, 2003）p.44.

16　Muriel E. Chamberlain, *Pax Britannica ?: British Foreign Policy 1789-1914*（London: Longman, 1988）p.167.

17　Ibid., p.168.
18　Bartlett, *Defence and Diplomacy*, p.132.
19　George C. Herring, *From Colony to Superpower: U.S. Foreign Relations since 1776* (Oxford: Oxford University Press, 2008) p.83 and pp.95-6.
20　Bartlett, *Defence and Diplomacy*, p.96.
21　C. J. Bartlett, *The Global Conflict: The International Rivalry of the Great Powers, 1880-1990*, 2nd edition (London: Longman, 1994) p.42.
22　細谷雄一「パートナーとしてのアメリカ―イギリス外交の中で―」押村高編『帝国アメリカのイメージ――国際社会との広がるギャップ』（早稲田大学出版部、二〇〇四年）六八〜七一頁、及び同「チャーチルのアメリカ」『アステイオン69』、二〇〇八年、五九〜七五頁を参照。
23　イアン・ニッシュ「岩倉使節団の軌跡」イアン・ニッシュ編『欧米から見た岩倉使節団』麻田貞雄他訳（ミネルヴァ書房、二〇〇二年）一頁。
24　ウルリヒ・ヴァッテンベルク「ドイツ　二つの新興国の出会い」ニッシュ編『欧米から見た岩倉使節団』一六四頁。
25　ニッシュ「岩倉使節団の軌跡」一二頁。
26　デイヴィッド・スティーズ「相互の便宜による帝国主義国の結婚――一九〇二―一九二二年の日英関係」木畑洋一／イアン・ニッシュ／細谷千博／田中孝彦編『日英交流史1600-2000　1　政治・外交Ⅰ』（東京大学出版会、二〇〇〇年）一八七頁。
27　橋本順光「帝国主義の文化から文化の帝国主義へ」木村和男編『世紀転換期のイギリス帝国』（ミネルヴァ書房、二〇〇四年）三六三〜三六七頁を参照。
28　スティーズ「相互の便宜による帝国主義国の結婚」一八三頁。

29　F. H. Hinsley, *Power and the Pursuit of Peace: Theory and Practice in the History of Relations between States* (Cambridge: Cambridge University Press, 1963) p.257.

30　Ibid., p.270.

31　細谷『大英帝国の外交官』五二頁。

32　君塚直隆『近代ヨーロッパ国際政治史』（有斐閣、二〇一〇年）三一四頁。

33　Sally Marks, *The Illusion of Peace: International Relations in Europe, 1918-1933*, 2nd edition (Basingstoke: Palgrave, 2003) p.1.

34　Richard Langhorne, *The Collapse of the Concert of Europe: International Politics 1890-1914* (London: Macmillan, 1981) pp.4-5.

35　Thomas J. Knock, *To End All Wars: Woodrow Wilson and the Quest for a New World Order* (New York: Oxford University Press, 1992) pp.36-7.

36　A・J・P・テイラー『トラブルメーカーズ――イギリスの外交政策に反対した人々（1792-1939）』（法政大学出版局、二〇〇二年）一五六～一五八頁。

37　Michael Howard, *War and the Liberal Conscience* (New York: Columbia University Press, 2008) p.65.

38　Ibid., p.66.

39　Knock, *To End All Wars*, p.37.

40　Harold Nicolson, *Peacemaking 1919*, revised edition (London: Constable, 1943) p.191.

41　Knock, *To End All Wars*, p.9.

42　Arthur S. Link, *Wilson the Diplomatist: A Look at his Major Foreign Policies* (New York: New View Point, 1957) p.5.

43　Ibid., p.13-4.

44 Ibid., p.14.
45 Ibid., p.96.
46 Michael H. Hunt, *Crises in U.S. Foreign Policy: An International History Reader* (New Haven: Yale University Press, 1987) p.47.
47 歴史学研究会編『世界史史料10　二〇世紀の世界I——ふたつの世界大戦』（岩波書店、二〇〇六年）二九～三〇頁。
48 斉藤孝編『ヨーロッパ外交史教材——英文資料選』（東京大学出版会、一九七一年）三六頁。
49 Erik Goldstein, *Winning the Peace: British Diplomatic Strategy, Peace Planning, and the Paris Peace Conference, 1916-1920* (Oxford: Oxford University Press, 1991) p.125.
50 C.K. Webster, *The Congress of Vienna 1814-1815* (London: Foreign Office, 1919).
51 細谷雄一「『新しいヨーロッパ協調』からシューマン・プランへ　一九一九—五〇年——世界戦争の時代のイギリスとヨーロッパ」細谷雄一編『イギリスとヨーロッパ——孤立と統合の二百年』（勁草書房、二〇〇九年）五八頁。
52 Richard S. Grayson, *Austen Chamberlain and the Commitment to Europe: British Foreign Policy, 1924-29* (London: Frank Cass, 1997) pp.38-9.
53 Ibid., p.45.
54 細谷「『新しいヨーロッパ協調』からシューマン・プランへ」六三～六五頁。
55 パスカル『パンセ』前田陽一／由木康訳（中央公論社、一九七三年）二〇〇頁。
56 E・H・カー『両大戦間における国際関係史』衛藤瀋吉・斉藤孝訳（清水弘文堂書房、一九六八年）一七六～一七七頁。
57 E・H・カー『危機の二十年——理想と現実』原彬久訳（岩波書店、二〇一一年）九三頁。

58　同、一二九頁。
59　同、一三二〜一三三頁。
60　同、二一二頁。
61　細谷雄一「歴史としてのイギリス外交――国際体制の視座から」佐々木雄太・木畑洋一編『イギリス外交史』(有斐閣、二〇〇五年)一一二頁。
62　細谷雄一「ユナイテッド・ネーションズへの道(一・二)―イギリス外交と『大同盟』の成立、一九四一―四二年」『法学研究』第八三巻、四号、五号(二〇一〇年)参照。
63　細谷「チャーチルのアメリカ」六八頁。
64　Martin Gilbert, *Churchill and America* (London: Free Press, 2005) pp.296-308.
65　邦訳は、「大西洋憲章(一九四一年八月)」歴史学研究会編『世界史史料10』三五二〜三五三頁。
66　邦訳は、「テヘラン宣言(一九四三年一二月一日)」同、三九四頁。
67　細谷雄一「国際連合創設への設計図――チャールズ・ウェブスターと世界秩序の構想、一九四二年―四三年」『法学研究』第八四巻、第一号(二〇一一年)一〇四〜一〇六頁。
68　同、一〇一頁。
69　ジョン・L・ギャディス『ロング・ピース――冷戦史の証言「核・緊張・平和」』五味俊樹、坪内淳、阪田恭代、太田宏、宮坂直史訳(芦書房、二〇〇二年)。
70　G・ジョン・アイケンベリー『アフター・ヴィクトリー――戦後構築の論理と行動』鈴木康雄訳(NTT出版、二〇〇四年)一七九頁。
71　G・ジョン・アイケンベリー『リベラルな秩序か帝国か――アメリカと世界政治の行方(下)』細谷雄一監訳(勁草書房、二〇一二年)六二頁。
72　同、六四頁。

73　G・ジョン・アイケンベリー『リベラルな秩序か帝国か——アメリカと世界政治の行方（上）』細谷雄一監訳（勁草書房、二〇一二年）二一一頁。

74　Yuichi Hosoya, "The Atlantic Community and the Restoration of the Global Balance of Power: The Western Alliance, Japan, and the Cold War, 1947-1951", in Marco Mariano（ed.）, *Defining the Atlantic Community: Culture, Intellectuals, and Policies in the Mid-Twentieth Century*（New York: Routledge, 2010）p.174.

75　George F. Kennan, *Memoirs 1925-1950*（Boston: Little, Brown, 1967）p.368.

76　PPS13, "Resume of World Situation", 6 November 1947, Records of the Policy Planning Staff, Box 1, Record Group 59, NARA（National Archives and Records Administration）, College Park MD.

77　George F. Kennan, *The Decline of Bismarck's European Order: Franco-Russian Relations, 1875-1890*（Princeton: Princeton University Press, 1979）.

第4章　未来への展望──グローバル化時代の国際秩序

1　恐怖から希望へ──冷戦期の国際秩序

逆説的な平和

一九四五年に第二次世界大戦が終わってから、一九九〇年にドイツが統一されるまでの四五年間に、主要な大国間で全面戦争が行われることはなかった。そして、そのような平和な状態は現在まで続いている。歴史家のジョン・ルイス・ギャディスがいうところの、「長い平和《ロング・ピース》」の時代となったのだ。

これは実に奇妙なことであった。人々はこの時代を、「冷戦の時代」として記憶している。

それは膨大な数の核兵器の備蓄に支えられた平和であり、人々はハルマゲドン（世界終末戦争）の影に怯えながら日々の暮らしを営んでいた。それは、恐怖が支配する時代であった。なぜ恐怖の時代に、大国間で戦争が起こらない「長い平和」が可能となったのか。はたしてそれを「平和」と呼んでよいのだろうか。

ギャディスは、このような疑問に向き合った。「第二次世界大戦後の国際システムが、これほど長持ちするとは考えられなかった。（中略）それは近現代で、もっとも辛辣で戦争一歩手前の敵意が抱かれ、それでいてはるかに注意深くつくられた第一次世界大戦後のシステムよりも、いまや二倍も長く存続している。その寿命たるや、メッテルニヒやビスマルクの一九世紀の巧みな国際システムとほぼ同じであり、これらと違うのは四〇年たっても崩壊の兆しがみえないことである」[1]。

一九世紀ヨーロッパで、メッテルニヒやビスマルクは安定的な国際秩序を構築した。彼らの巧みな外交指導によって、全ての主要な大国を巻き込むような戦争は起こらない時代が続いた。ギャディスによれば、冷戦期の国際秩序はそれらよりもはるかに安定した、平和的な秩序であったことになる。

とはいえ、歴史上で、人類がこれほどまでに戦争の恐怖を感じたことはないし、地球滅亡の危機を感じたこともない。そして、核戦争の恐怖の影に怯えながら、イデオロギー対立と恐怖の均衡に基づいた国際秩序を多くの人が嫌悪し、そのような恐怖から解放されることを切望した。絶望のなかに希望を求めていた。「長い平和」は、恐怖の感情に支えられていたのだ。

人々が戦争の恐怖から解放されたいと願うことは、いつの時代にも見られたことである。第一次世界大戦後に、ウィルソン大統領や、イギリスの民主管理同盟に参加した知識人は、軍事力そのものが戦争の原因になると攻撃し、軍縮の必要を説いた。また力の均衡に支えられた秩序を嫌悪し、それを拒絶した。勢力均衡を否定して、軍縮を進めることによって、確かな平和が得られると考えたのだ。しかしながらそのような思考は、必ずしもその後の平和へと導いてはくれなかった。それはすでに見てきたとおりである。

冷戦時代も同じように、人々は核抑止に支えられた均衡を嫌悪し、それを否定して軍事力のない世界を夢見た。それまでの時代と冷戦期が異なるのは、核兵器が登場したことによって、戦争への恐怖の感情が、よりいっそう高いレベルに達したことである。皮肉なのは、永久的な平和を求めて道徳と正義に基づいた国際秩序を確立しようとした時代に世界戦争が訪れて、対照的に、核戦争の恐怖に支配された時代に平和が訪れたことである。悲しむべきことだが、恐怖の感情は人間が行動する上での大きな原動力となってきた。それは、ホッブズが想定する政治秩序でもあった。

政治におけるこのような逆説的な現実は、以前からたびたび指摘されていたことである。かつて社会学者のマックス・ヴェーバーは、その逆説を次のように論じていた。「この世がデーモンに支配されていること。そして政治にタッチする人間、すなわち手段としての権力と暴力性とに関係をもった者は悪魔の力と契約を結ぶものであること。さらに善からは善のみが、悪からは悪のみが生まれるというのは、人間の行為にとって決して真実ではなく、しばしばその逆が真実であること。（中略）これが見抜けないような人間は、政治のイロハもわきまえない未熟児である」[2]。

このような逆説は、冷戦時代の「長い平和」にも見られた。すなわち、核兵器という「悪」から、「長い平和」という「善」がもたらされたのだ。ギャディスの言葉を借りれば、「その期間は、世界史上もっとも武器が蓄積された時期であり、長期間の破滅的な地域紛争があり、革命、民族、宗教、市民の暴力が溢れかえり、人類史上もっとも根深く扱いにくいイデオロギー的競争もあった」のだ[3]。なぜこのような悲惨な状況のなかで、「長い平和」がもたらされたのだろうか。

本書でわれわれが見てきたのは、人類の幸福の歴史ではない。友情の歴史でもない。平和を求める歴史でもない。そうではなく、国際秩序の歴史を見てきたのだ。そして、国際秩序がどのようなものであるのか、どのように変わってきたのか、さらにはどうしたら国際秩序が安定するのかを考えてきた。

国際秩序の安定性の基礎として、「均衡《バランス》の体系」が成立していることが必要であると、繰り返し指摘した。「均衡の体系」の基礎がない状態で、その上に国際協調や平和を求めても、多くの場合にはうまくいかなかった。「力による平和」が安定した秩序をもたらし、他方で力に基づかない平和は蜃気楼のように消えていく。メッテルニヒがつくった平和も、ビスマルクがつくった平和も、それは緻密な力の計算に支えられたものであった。そして、力に基づいた秩序であることから、永遠平和を求める人々から批判を受けてきた。それが「均衡の体系」として、「力の平和」としての基礎を有していたからである。それでは冷戦期には、そもそも「均衡の体系」は成り立っていたのだろうか。

冷戦期の「均衡の体系」

戦後初期の時代にソ連は自らの勢力圏を拡張して、東欧諸国を自らの統制下に収めた。ヨーロッパ大陸では、共産主義勢力が地上兵力の規模で優位に立っていた。一九四〇年代末にはまだアメリカはヨーロッパ大陸に大規模な兵力を派遣しておらず、また英仏両国は植民地での治安維持に多くの兵力を割かねばならず、西ドイツも非武装化されたままであった。まさに西ヨーロッパは「力の真空」状態であり、ソ連軍が大西洋に到達するために必要なのはブーツだけだ、とまでいわれていた。[4]

勢力均衡を回復するためには、西側同盟がより大きな軍事力を備える必要があった。さもなければ、ソ連の影響力はさらに膨張するであろう。ソ連の指導者たちは、常に自分たちが安全ではないと考えていたからだ。歴史家のヴォイチェフ・マストニーは次のように述べる。

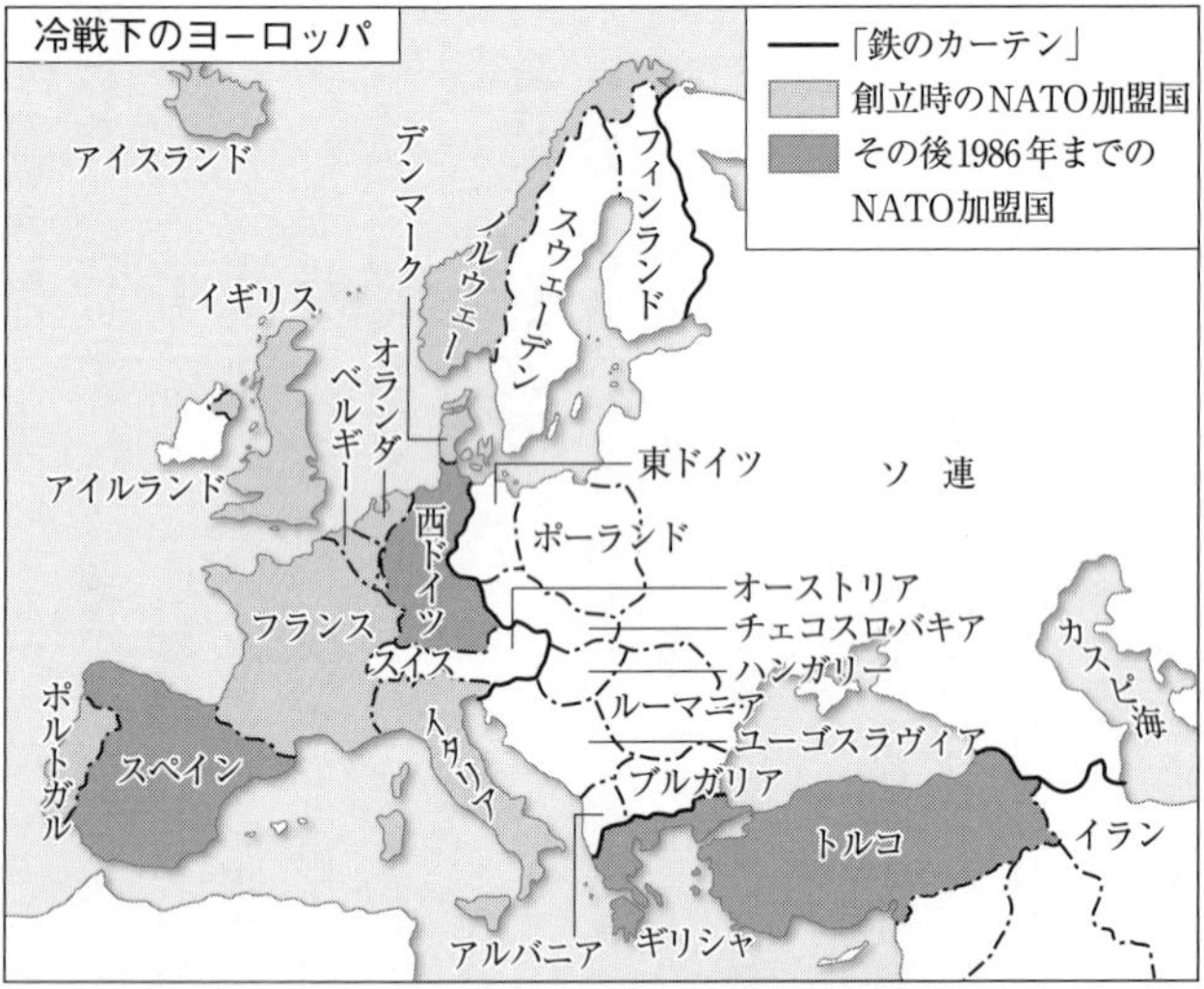

John W. Young, *Cold War and Detente 1941-91,* (London:Longman,1993) より作成

「彼らは自分たちの外の世界は敵意に満ちたものであると主張しつづけた。妥当するかどうかは別としてこの強迫的な脅威認識により、ソ連の指導者は安全保障が十分に確保されているとは感じられなかった」[5]。それが、ソ連の膨張主義をもたらしたのだ。

西側同盟は不安定な国際情勢のなかで、次第に軍備増強を進める必要を強く認識するようになった。そして実際に一九五〇年以降、西側同盟は軍備を増強していった。しかしそのためには、それまで非武装化されていた西ドイツと日本を再軍備しなければならない。それゆえ一九五一年には日米安保条約を成立させるとともに一九五四年には自衛隊を創設し、また一九五五年には西ドイツを北大西洋条約機構（NATO）に加盟させた。ソ連軍の圧倒的な規模の地上兵力に対して、アメリカが優越的な核戦力を保持しその同盟国が地上兵力を提供することで、東西間で均衡がゆるやかに回復していった。それが一九五五年頃の戦略バランスであった。そして、均衡が回復したことで、一九五五年にはジュネーヴ首脳会談の開催が可能となり、東西首脳が一〇年ぶりに外交協議を行う環境が整ったのだ。アメリカもソ連も、戦争を回避して平和を維持することが利益になると、理性的に判断した。

戦後初期にアメリカ外交官のジョージ・ケナンが指摘したように、世界において軍事的なパワーとして「五つの拠点」があるとすれば、一九五〇年代以降にはアメリカ、イギリス、西ドイツ、日本の四ヵ国によって西側同盟が構成されていた。西側勢力はこのように、自らに有利な戦略バランスを成立させることができた。ソ連はこの四大国に「封じ込め」られて、ベルリン封鎖やキューバ危機で自らの目的を達成できなかった。

朝鮮戦争の休戦が成立した一九五三年以降は、ヨーロッパや東アジアで共産主義勢力が膨張することは困難となった。その結果、東南アジアや中東、アフリカなどが新たな冷戦対立の劇場となっていった。冷戦がグローバル化したのである。[6]「鉄のカーテン」を挟んで東西間の均衡が成り立つ一方で、そこから離れた世界の各地では激しい戦闘や深刻な軍事的緊張が見られた。主要な大国間での一定の均衡と、それ以外の途上国を巻き込む激しい戦闘という、この二重性が「長い平和」の本質であった。恐怖と不安のなかでの安定性が、冷戦時代の「長い平和」の基礎となっていたのだ。そして、何よりも重要なことは、このような「長い平和」が成り立っていた基礎として核兵器が存在したということだ。

戦争のない世界

一九四五年八月、広島と長崎に「新兵器」、すなわち原子爆弾が落とされ、世界に巨大な衝撃を与えた。その破壊の規模が、それまでの兵器とは比較できぬほど甚大であったことが明らかとなったからだ。

翌年の一九四六年、アメリカでは戦略研究家のバーナード・ブロディが、一冊の本を刊行した。『絶対兵器（*The Absolute Weapons*）』である。[7] そこでブロディは次のように述べている。「今日まで、われわれの軍事機構の主要な目的は戦争に勝つことであった。今後その主要な目的は戦争を避けることでなくてはならない。それ以外に有用な目的はほとんどない」。[8]

冷戦時代には、核兵器という「絶対兵器」の登場によって、軍事力についての人々の認識が大きく変わっていった。これほどまでに破滅的な兵器が現れた以上、もはや戦争は勝利のための手段として成り立ちえないだろう。そのような認識は日本にも広がっていく。それを象徴するのが、平和問題談話会が『世界』の一九五〇年十二月号に掲載した、「三たび平和について」という論文である。この第一章は、東京大学法学部で教授に昇進して間もない丸山眞男が分担執筆している。そのなかで、「戦争は本来手段でありながら、もはや手段としての意味を失った」と論じた。そして続けて、次のように書かれている。

「戦争の破壊性が恐るべく巨大なものとなり、どんなに崇高な目的も、どのような重大な理由も、戦争による犠牲を正当化できなくなったという厳粛な事実に否応なく世界の人々を直面させたのは、いうまでもなく第一には、原子爆弾、水素爆弾などのいわゆる超兵器（superweapons）の出現であった[9]」

さらに、この論文は次のように明言する。「従って敢て逆説的な言い方をするならば、戦争を最大の悪とし、平和を最大の価値とする理想主義的立場は、戦争が原子力戦争の段階に到達したことによって、同時に高度の現実主義的な意味を帯びるに至ったといえよう[10]」。いかにも丸山的な華麗なレトリックを用いた表現である。ここにおいて丸山は、「戦争を最大の悪とし、平和を最大の価値とする理想主義的立場」を、核時代における「現実主義」と逆説的に呼んで、力強く擁護した。

戦争がもはや不可能となったという主張は、歴史のなかで繰り返し見られた。第一次世界大戦が始まる前の一九〇九年に、イギリスの平和運動家であるノーマン・エンジェルが、『大いなる幻想（*The Great Illusion*）』と題する著書を刊行して、大きな反響を呼んだ。二〇〇万部以上売れて、国際関係に関する本のなかで最もよく売れた本ともいわれている[11]。そのなかでエンジェルは、利益を獲得するための戦争はもはや無益で、戦勝国が利益を得ることは

「大いなる幻想」だと論じた。人間は、合理性により戦争を回避して、平和を樹立できるはずだ。エンジェルは、次のように論じる。

「軍事力は社会的にも経済的にも無用の長物であり、それを行使する国民の繁栄をもたらすことはない。ある国が他の国の富あるいは通商を武力で獲得することなどできない。すなわち、他国を征服したり、あるいは他国に武力で自己の意志を押し付けたりすることによって、自国を富ませることはもはや不可能である。要するに、もはや戦争は、勝利を収めた場合でも、国民が戦争によって追求した目的を達成できないのである」[12]。

この著書が刊行された五年後に、世界史上最も凄惨《せいさん》な、そして非合理性に満ちた戦争が始まった。エンジェルは戦争勃発後に、民主管理同盟に参加している。そしてその「四項目の宣言」では、よりいっそう強く、道徳や正義に基づいた平和が主張された。

第一次世界大戦の地獄のような戦場を経験したイギリス人の多くは、もはや戦争によって政治目的を達成できるとは考えられなくなっていた。したがって、「イギリスの対外政策は、勢力均衡を維持することを目的としたり、同盟をつくるようなものであったりしてはならない」のである[13]。すなわち、平和を確立するために必要なことは、「力による平和」という考えを拒絶して、勢力均衡や同盟という考え方を放棄することなのだ。

そのような主張は、第二次世界大戦後の日本において、丸山眞男さらには坂本義和が、日米安保条約によって東アジアで勢力均衡を回復しようとする日米両国政府の方針を批判したのと、大きな共通点を持っていた。核兵器の登場によって戦争が不可能となったという認識は、世界で広く見られていた。戦争のない世界が、かつて見られなかったほどに強く求められたのだ。

核時代の力と外交

核兵器の登場によって戦争や軍事力が持つ意味がなくなったという、ブロディに代表されるような立場に対して厳しい批判を加えたのが、ハーバード大学の若き国際政治学者、ヘンリー・キッシンジャーであった。彼は、一九五四年に『フォーリン・アフェアーズ』誌に発表した「核時代における力と外交」と題する論文のなかで、ブロディに見られるような、「戦争はもはや政策遂行の手段とは見なされえず、したがって、国際紛争の解決は外交的手段によるしかありえない」という思考を、「政策的不随の状態」と厳しく批判した。[14] キッシンジャーにしてみれば、核兵器という新しい兵器の登場によって、軍事力に関する戦略的思考を放棄してしまうことは、知的な怠惰に過ぎなかった。

「外交的手段」によって「国際紛争の解決」を目指すにしても、力の要素を無視することは出来ない。なぜならば、より大きな力があるほうが、外交も成功しやすいからだ。核時代においても、依然として力に基づいた外交は必要だし、軍事力の行使は重要な意味を持っている。平和を確立するためには、勢力均衡的な思考も依然として必要だ。キッシンジャーは、核兵器の登場による国際政治の質的な変化を理解しつつも、歴史家として第一次世界大戦後の国際秩序の考察をもとに、力の論理を考慮に入れて国際政治を考える必要を力説した。「もともと力と切り離された外交はありえない。逆に、現実の交渉においては、力の行使の可能性こそ、真の意味で相手に対する圧力となりうるのがつねであった」。それなのに、総力戦となった第一次世界大戦後に人々は全面戦争の恐怖に怯えるあまり、本来軍事力が持つ意味を次第に考えなくなってしまった。「政治と軍事上の考え方をいかに調和せしめるか、換言すれば、アメリカの有する力というものがその政策を無力化するのではなく、むしろいかにしてその推進力たりうるかという基本問題は、依然として未解決のまま残されている」のだ。[15]

キッシンジャーは語る。「現代の危機が力を行使するだけでは解決されえないことは自明の理である。しかしながら、これをもって、現在の国際関係において、力がなんらの役割も果たさないと考えてはならない」[16]。このようにして、キッシンジャーは核兵器もまた、国際政治を考える上での力の一要素であるとみなし、全面戦争とは異なる限定戦争の有効性や、抑止力を背景とした外交政策の意義を論じた。核兵器が登場したからといって、国際政治を考える際に力の要素を無視してよいわけではないのだ。自らが軍事力を放棄したところで、相手が同じように軍事力を放棄するとは限らないからだ。

高坂正堯も、キッシンジャーと同様に国際政治の継続性に注目した。確かに、核戦争の登場によって「全軍事力を用いての決戦は不可能となった」。とはいえ、「核兵器の出現は国際政治を大きく変えはしたが、戦争そのものをなくしはしなかった。これまでと異なった形においてではあったが、戦争がしばしば戦われ、国際政治を動かしたことは、その不愉快な事実を人々に認識させた」[17]。

キッシンジャーや高坂は、核兵器の登場にもかかわらず、依然として軍事力を重視する勢力均衡や同盟が意義を失っていないと考えた。また、外交政策を考える上で力の要素に目を向ける必要を力説した。第一次世界大戦の破滅的な戦争の愚かさから人々が軍事力に深い嫌悪感を抱いたことに加え、核兵器という「絶対兵器」とその破壊力の大きさを知ったことで、人々はよりいっそう強く、軍事力への嫌悪感を抱いた。核戦争への恐怖と、力の論理の理解という、この二つをどのように結びつけるかということが大きな問題となっていた。

恐怖の均衡

一九五五年六月二十四日、サンフランシスコで開かれた国連創設一〇周年を記念する国連総会では、カナダ外相のレスター・ピアソンが記念の演説を行った。この場所はその一〇年前に、国連憲章が調印された場所である。そしてピアソン外相は、国連が最初の一〇年を生き延びたことを祝った。とはいえ、現状の平和はとてもその名に値するものではなかった。原爆が大量に製造され、さらには水素爆弾まで地球上に生まれてしまった。

ピアソンは語る。「水素爆弾のことなど、国連憲章には書かれていませんでした。それは、平和のために創られたものではありません」。そして、次のように続けた。「勢力均衡《バランス・オブ・パワー》は、恐怖の均衡《バランス・オブ・テラー》によって取って代わられました。そしてそれは安全の基礎として心地の良いものでも、強靭なものでも、また永続的なものでもありません」[18]。

ここでピアソンは、「恐怖の均衡」という言葉を使っている。それはきわめて否定的な意味合いをもったものであった。他方でピアソン外相は、現実の世界でそのような均衡が成り立っていることもまた認識していた。それがどれだけ脆弱なものであっても、実際に均衡は存在していたのだ。重要なのは、それがいかに脆弱でどれほど崩れやすいものであるかを、深く理解することであった。

一八世紀の勢力均衡は、ヨーロッパ諸国の理性と自制にしたがって成り立っていた。均衡を維持するために、ときには限定戦争が戦われ、それにより国際秩序全体の安定が確保された。ところが、第一次世界大戦を転機として戦争は総力戦となり、全面戦争となった。国民が総動員されて、数百万人の死者がでるような、想像を絶する殺戮が戦場を埋め尽くしていった。ナショナリズムの熱情と、近代科学技術に支えられた総力戦には、もはや自制は見られなくなっていた。さらに総力戦と核兵器が結びついた時代において、従来と同様の勢力均衡を成立させるのは困難であった。理性や自制ではなく、人々の計り知れないほどの恐怖心の総和を均衡させることで、かろうじて戦争を回避することが出来たのだ。それは、ピアソン外相の述べるように、「恐怖の均衡」であった。

戦略理論家のアルバート・ウォールステッターは、このピアソン外相の演説の三年後の一九五八年に、「こわれやすい恐怖の均衡」と題する画期的な論文をランド研究所から発表した。ウォールステッターは、「お互いの恐怖のうえに平和が確立され、お互いの恐怖が対称的な核能力のうえに築かれている」というチャーチルの言葉を引用して、そのような「憂鬱な逆説」が「安心できる逆説」だと述べた[19]。だが、彼は「抑止の必要が差し迫ったものであることを強調したい」という。彼は、核兵器によって「戦争生起の公算が少なくなったことをいやというほど聞かされている」が、実はそのような「恐怖の均衡」がいかに脆弱であるかを指摘している。

ウォールステッターは核戦争の時代にも抑止が成り立つことを前提にしながらも、「抑止は、自動的ではない」と述べる。そして、「一九六〇年代において抑止を達成することは可能であるけれども、一般に信ぜられているよりも、はるかに困難である」と警告した[20]。「恐怖の均衡」は、安定的な平和を保障してはくれない。

人々は、より確かな平和の基礎を求めるべきだ。それは、核兵器の登場で戦争が考えられなくなったという思考を拒絶すると同時に、核抑止それ自体が平和を保障するという思考をも拒絶するものであった。より慎重で、より賢明な、理性的な政策が求められている。しかし、あらゆる国が理性的に行動するとは限らない。キッシンジャー同様に、ウォースルテッターは核抑止にあまりにも依存した思考を批判すると同時に、「安定した均衡状態をつくり出すためには、多くの創意とリアリズムが必要とされる」と述べる。[21]「バランスはけっして自動的なものではない」からだ。

キッシンジャーもウォールステッターも、冷戦時代の思考があまりにも軍事力に偏重し、政策や理性をはたらかせる重要性の認識が欠如している点を危惧している。「恐怖の均衡」の時代においては、従来よりもよりいっそう「多くの創意とリアリズム」がなければ、平和は維持できないのだ。すなわち、核戦争の時代に「均衡の体系」を維持するためには、それ以外の要素をよりいっそう重視する必要がある。賢明な政策や、慎重な交渉を続けることではじめて、「安定した均衡状態」が成立するのだ。

冷戦期の大国間協調

冷戦期の国際秩序の安定性を支えていたのは、必ずしも「恐怖の均衡」だけではなかった。それ以外にも、この時代の国際秩序において安定性の基礎をいくつも見いだすことができる。冷戦の時代においても、主要な大国の間に一定の協調枠組みが存在していたことを見逃してはいけない。

アメリカもソ連も、そのいずれもが国連安保理の常任理事国である。そもそも国連という制度は、アメリカとソ連、そしてイギリスの「三大国」が中心となって戦時中に考案され、で拒否権を保持することになった。これらの「三大国」は、フランスや中国とともに、安保理のなかで拒否権を保持することになった。特権的な地位を手に入れたことで、それらの諸国にとって国際秩序を根本から革新するインセンティブが小さくなった。

確かに、米ソ間には激しいイデオロギー対立が存在していた。しかしイデオロギー対立は、ウィーン体制においてもある程度は見られたものであった。価値観が十分に共有されず、イデオロギー対立が見られたとしても、大国間で一定程度の協調を維持することは可能であった。そこに外交が介在する余地があった。また、その基盤として、ウィーン会議で構築された会議体制や、「ヨーロッパ協調」の精神があった。その協調枠組みのなかで自国の利益を実現することは、十分に可能だったのだ。

そのような大国間の枠組みは、第二次世界大戦後の冷戦の時代でも、ある程度は持続していた。アメリカもソ連も、そしてイギリスも、一九四一年の大西洋憲章、一九四二年の連合国共同宣言、そして一九四五年の国連憲章という、戦後秩序の基礎となる重要な規範を受け入れていた。冷戦期の国際秩序がこれらの規範に基づくものであるかぎり、それらの大国の間で一定の価値の共有は存続していたと見るべきであろう。

一九五〇年代半ばには、米ソ間でおおよその力の均衡が実現しつつあり、そのような安定性を基礎として東西間の対話がはじまる。「協調《コンサート》」は不可能ではなかった。一九五四年五月に始まるジュネーヴ会議では、イギリスのアンソニー・イーデン外相と、ソ連のヴィアチェスラフ・モロトフ外相が共同議長となり、インドシナ戦争の和平についての合意が見られた。ジュネーヴ協定である。

また、翌五五年七月のジュネーヴ首脳会談では、一〇年ぶりに英米仏ソの「四大国」の首脳が集結し、ヨーロッパ安全保障や「ドイツ問題」について協議することになった。一九五四年には西側同盟の内側で西ドイツ再軍備について合意に到達し、またそれによりアメリカのヨーロッパ軍事関与が継続されることが確定していた。「均衡《バランス》」に基づいた東西間での外交が復権したのだ。イーデンは次のように語る。「東西間の和解は、あくまでも段階的に進んでいかねばならない。(中略)それは第一段階としては東西間に一定の均衡を構築することにあって、言い換えれば力にもとづいた交渉(negotiation from strength)であったといえる」[22]。西側同盟の軍備増強によって、均衡が回復し、ようやく外交が可能となった。「われわれは今年になって、考えられる将来にそうであるのと同様に、ソヴィエトの指導者たちと同等の立場で対話することができる立場に近づいた」のである。これは、いわば、「均衡の体系」を基礎において、「協調の体系」を実現しようとする試みであった。ソ連が軍事的に圧倒的に有利であれば、そもそも西側諸国に対して外交的に譲歩をする必要性を感じないであろう。力を用いて、自らの意思を実現することが可能だからだ。そのような試みは、一九四八年のベルリン封鎖への対応にも見られる。

一九五〇年代半ばに、東西間での安定性が回復したことを受けて、歴史家の石井修はそれを戦後日本の自民党と社会党による安定した政治になぞらえて「冷戦の『五五年体制』」と位置づけている。石井によれば、それは、「分断による安定」であり「力による安定」であった。その背景として、相互の「勢力圏の尊重」が見られたこと、そして「現状維持の是認」が受け入れられたことが重要であった。[23] これはいわば、冷戦期の大国間協調と呼べるものであった。

キッシンジャーの勢力均衡

一九七二年一月三日号の『タイム』誌のインタビューで、アメリカのリチャード・ニクソン大統領は次のように語っていた。

「世界史の中で長期にわたる平和が存在したのは、バランス・オブ・パワーが存在した時代だけであることを、我々は記憶しておかなければならない。戦争の危険が生ずるのは、一つの国家が潜在的な競争者と比較して際限なく強力になる時である。私は、アメリカが大きな力を持っているような世界が良いと信じている。強くて健全なアメリカと、ヨーロッパ、ソ連邦、中国、日本がそれぞれ互いに対立しあうのでなく、バランスを保っていれば、世界はより安全で良いものになるだろうと私は考えている」[24]

ニクソンは、アメリカ外交において、多極的な勢力均衡の論理を復権しようと考えていた。それは国際政治学者であり、彼の国家安全保障担当補佐官であるヘンリー・キッシンジャーの考えでもあった。キッシンジャーもまた、ニクソン同様に、勢力均衡こそが平和の前提であると考えていた。それまで多くの場合に、アメリカ世論から忌み嫌われていた勢力均衡の論理を持ち込むことで、ベトナム戦争を終結させて、アメリカの安全を強化できると考えていた。

ニクソンやキッシンジャーの考えるグローバルな勢力均衡は、かつて戦後初期にアメリカ外交官のジョージ・ケナンが考案したものと似ていた。しかし違いもあった。ケナンと違って、ニクソンやキッシンジャーの時代には中国が台頭していた。核兵器を保有して、世界政治での影響力を強める北京の中国政府の意向を無視しては、グローバルな勢力均衡を維持できない。また、ヨーロッパ統合の進展によって、西ドイツやイギリス、フランスといった大国ではなく、むしろ「ヨーロッパ」を一つのアクターとしてとらえているところも、新しい考えであった。

このような五つのパワーによるグローバルな勢力均衡が展開するなかで、アメリカ政府は日本との間に日米同盟を維持し、ヨーロッパとの間には大西洋同盟を保つことで、自らに有利な秩序を可能としていた。それに加えて、中国との関係を好転させることができれば、アメリカとソ連とのパワー・バランスは五つのパワーを前提にすれば、「四対一」となる。一九六九年に、中国とソ連との間で国境紛争が起こった。アメリカが中国に接近して、ソ連に対する共同戦線をつくることは、それほど難しいことではなかった。一九七一年七月にはキッシンジャー補佐官が中国を極秘に訪問し、米中接近を鮮やかに実現した。グローバルな勢力均衡を考えた際に、中国が崩壊しないことこそがアメリカの利益であった。

歴史家のウィリアム・バーは、次のようにキッシンジャーの勢力均衡についての考えを説明する。「中国が崩壊すればソ連がユーラシアにおける覇権国になり、勢力均衡がそのように激しく変化すると、西ヨーロッパはソ連との和解を目指してアメリカとの同盟関係を放棄するだろう、とキッシンジャーは推測した。ヨーロッパが中立化または『フィンランド化』すれば、アメリカは非友好的な世界のなかで孤立することになるというのが、彼の考えだった[25]」。

キッシンジャーは、ソ連との戦争に勝利することを考えていたのではない。そうではなく、グローバルな勢力均衡を形成することによって、国際秩序の安定性を回復しようとしていたのだ。ニクソンが述べるように、「長期にわたる平和が存在したのは、バランス・オブ・パワーが存在した時代だけ」だとすれば、勢力均衡の本質を理解して、それを維持しなければならない。そのために、米中和解を実現することが不可欠であると考えたのだ。

このように、一九七〇年代にグローバルなレベルで「均衡《バランス》の体系」が実現したことは、画期的なことであった。第二次世界大戦中には、アメリカが参戦することで「大同盟」が成立して、ナチス・ドイツなどの枢軸国に対して、勢力均衡が成り立った。それが連合国を勝利に導いた。戦争が終わった後に、ドイツと日本という二つの巨大な帝国が崩壊したことで

「力の真空」が生じ、国際秩序が不安定化した。それが、三〇年の年月をかけて、ようやく勢力均衡の回復へと帰結したのだ。その前提が、ヨーロッパと日本が経済復興を遂げて、パワーを増大したことであった。さらには、中国ファクターも考慮に入れて、それをグローバルな勢力均衡のなかに埋め込む必要があった。キッシンジャーは国際政治学者として、ウィーン体制の時代のメッテルニヒ外交や、ビスマルク体制の時代の外交を深く理解していた。キッシンジャーにとって、冷戦期の勢力均衡の秩序原理を理解することは、難しいことではなかった。彼の歴史理解が、この時代の国際秩序の安定化に大きく貢献したといえるだろう。

冷たい平和と熱い戦争

以上見てきたように、核戦争の恐怖とイデオロギー対立の相互不信に彩られる冷戦期の国際秩序も、われわれが通常意識する以上に安定的な基盤を有していたのだ。ウィーン体制とは異なるかたちで「均衡《バランス》の体系」と「協調《コンサート》の体系」が結びついており、それが独特な安定性の基礎となっていたのだ。歴史上最も危険な核時代の国際秩序は、歴史上最も「長い平和」をもたらした。[26] しかしながら同時に、主要な大国間での一定の協調枠組みが存在する一方で、アジアやアフリカなどで繰り返し激しい戦闘が行われていた事実にも目を向けないといけない。

主要な大国間での戦争が抑制されて、その代わりに小国が戦争の犠牲になるという冷戦の時代の構図は、一八世紀や一九世紀の国際政治と大きな違いはなかった。第二次世界大戦後には、第一次インドシナ戦争（一九四六～五四年）、朝鮮戦争（一九五〇～五三年）、四度の中東戦争（一九四八～七三年）、ベトナム戦争（一九六〇～七五年）、第三次インドシナ戦争（一九七八～七九年）、アフガニスタン戦争（一九七九～八九年）といった比較的規模の大きな戦争以外にも、より規模の小さな紛争が世界各地で頻繁に繰り返されてきた。[27]さらには、一九六九年にソ連と中国という二つの大国の間で、国境線上の領土をめぐる小規模な軍事衝突が起きている（珍宝島事件）。「長い平和」の時代にも、世界は悲惨な戦争で充ち溢れていたのだ。このように、秩序全体を危機にさらすような軍事衝突が慎重に回避される一方で、秩序の内側では紛争が絶えることがなかった。

他方、ヨーロッパ大陸に目を向けると、大きく異なる状況が広がっていた。ヨーロッパ大陸では、東西間での地上兵力や核戦力でのおおよそのパリティ、すなわち均衡が成り立っており、「均衡の体系」が安定性を保障していた。また、一九四五年から四九年までは外相理事会（Council of Foreign Ministers）と称する、アメリカ、イギリス、フランス、ソ連の戦勝四大国による外交交渉によって多くの問題が議論されていた。その間、一九四七年二月には、イタリア、フィンランド、ハンガリー、ルーマニア、ブルガリアの五ヵ国に関する講和条約が調印されて、外交会議による戦後処理が実現した。[28]それは、ナポレオン戦争後の会議体制《コングレス・システム》にも似ていた。さらには、一九七五年にはフィンランドのヘルシンキで、欧州安全保障協力会議（CSCE）が開催されて、国境線の画定などの多くの問題が処理された。これらは、冷戦期の「協調の体系」と呼びうる、戦後ヨーロッパにおける大国間協調の枠組みであった。大国間での一定の協調枠組みと、途上国などでの繰り返される戦争や内乱などが同時に存在しているところに、冷戦時代の国際政治の本質があったのだ。

共同体による秩序

冷戦としてのイデオロギー対立、そして大量の核兵器配備による「恐怖の均衡」は、戦後の国際秩序の一つの側面でしかない。ほかにも、戦後秩序を象徴するようないくつかの重要な趨勢が見られた。その一つが、すでに見た西側世界におけるリベラルな秩序であり、もう一つは超国家的なヨーロッパ統合である。

一九一四年から一九四五年までの、およそ三〇年間にわたる「ヨーロッパ内戦」を経て、ようやくヨーロッパ諸国が、「共通利益の絆」や「文化的な紐帯」を回復する必要性を深く理解するようになった。その間に、アメリカとソ連という二つの超大国が世界政治を動かす地位に上昇し、ヨーロッパの大国は衰退の危機に瀕していた。戦後ヨーロッパの平和と繁栄を目指す上で、中核となる価値を真剣に考慮する必要が生じていた。

一九四九年五月に設立された欧州審議会（Council of Europe）は、新しいヨーロッパの「価値の共有」を育む上で重要な組織となる。欧州審議会を設立するための欧州審議会規約では、

「正義と国際協調に基づく平和の追求」こそが、目指すべき道だと記されている。そして、「個人の自由、政治的自由、法の支配といったあらゆる真正の民主主義の基礎を成す原理の真の源泉である精神的・道義的価値への恭順」こそが加盟国の「共通の遺産」である、と位置づけられている。さらに、この規約の第一条では、欧州審議会の目的として、「共通の遺産である理想と原則の遵守および実現と、経済的社会的進歩の促進のために、加盟国間のより強力な統一を達成する」と書かれている。[29]

ヨーロッパの主要国が明文化されたかたちで、共有すべき価値についてこのように合意した意義は大きい。価値の共有は、国際秩序の安定化に資するであろう。ヨーロッパの指導者たちは個人の自由、政治的自由、法の支配、民主主義といった価値を共有することでヨーロッパの一体性を回復しようとした。安定的な秩序の基礎として、基本的な価値を共有しているることが不可欠である。この欧州審議会には、一九四九年五月の設立規約に則り、イギリス、フランスをはじめとする一〇ヵ国が参加した。

さらに重要なこととして、一九五〇年五月九日のシューマン・プランを重要な契機として、ヨーロッパ大陸では六ヵ国（フランス、西ドイツ、イタリア、オランダ、ベルギー、ルクセンブルク）が参加する超国家的な統合が始動した。一九五二年には欧州石炭鉄鋼共同体が発足し、一九五八年には欧州経済共同体と欧州原子力共同体が誕生する。これは、従来の主権国家体系や勢力均衡に基づいた秩序原理を根本から変革しようとする、画期的な挑戦であった。

このように、三つのヨーロッパの共同体の設立によって、より制度化され、より安定した秩序がヨーロッパにもたらされた。[30] これは、ヨーロッパの国際秩序を考える上で、本質的な変化であった。いわば、「共同体《コミュニティ》の体系」の秩序原理が第二次世界大戦後のヨーロッパにもたらされたのだ。そのような変化をもたらしたのは、「ヨーロッパ統合の父」と呼ばれる、フランス人のジャン・モネであった。

ヨーロッパ統合の父

ジャン・モネは一八八八年にフランスのコニャックに生まれた。ヴィルヘルム二世が皇帝に即位した年である。その後、父親の跡を継いでコニャック商の仕事をしながら世界を渡り歩いた。

第一次世界大戦中は、英仏間の戦時物資共同調達に関与をして、そのような政府への関与から戦後は国際連盟事務次長を務めた。ナショナリズムや憎悪の感情が渦巻く時代に、彼はむしろ国境を越えた人と人の繋がりに大きな希望を抱いたのである。

国際政治学者の遠藤乾《えんどうけん》は、ジャン・モネの思想と行動を「グローバル・ガバナンスの歴史的源流」と位置づけている。すなわち、「一貫して国と国をまたぐモノやカネの調達や流通に携わり、いくつかの局面でグローバル・ガバナンスの制度形成に寄与してきた。共同調達に一つの起源を持つ普遍的国際組織であれ、ヨーロッパ内の統合の制度的な表現であれ、越境する問題への対処にかかわる現行の制度にも、こうした彼の手法は少なからず刻印されているといえよう」[31]。モネの思想は、一八世紀スコットランドに見られた「商業的社交性」の精神や一九世紀のリベラル急進派の思想を継承したものともいえる。

ジャン・モネは、第二次世界大戦後に自らのイニシアティブによって「ヨーロッパ」をつくろうとした。戦後フランス政府で計画庁長官を務めたモネは、一九五〇年五月四日に、シューマン・プランの原型となる重要なメモランダムを、ジョルジュ・ビドー首相とロベール・シューマン外相に送っていた。そのなかで、ヨーロッパの平和のためには新しい発想が必要だと訴え、「事態が進展する道筋を変えてしまわねばならない」と論じた。それゆえ、「安定をもたらし創造的な思考を継続する自由で平和的な人々の間での新しい共同体のなかで最初の機構を遅延なく構築することが不可欠なのだ」[32]。

モネのイニシアティブを受け入れたシューマン外相は、モネが起草作業の中心となったシューマン・プランの重要な演説を、五月九日に行った。そこでは、「世界平和は、平和をおびやかす危険に応じた創造的な努力なくして守ることはできないでしょう」と語られている。「独仏の石炭および鉄鋼の生産の全てを共通の高等機関（Haute Autorité commune）の下におき、ヨーロッパのその他の国々が参加する開放的組織とすることを提案」した。そして、「このようにしてとり結ばれる生産の連帯によって、仏独間のいかなる戦争も想像すらできなくなるだけでなく、実質的に不可能となることが明らかとなるでしょう」という。

このようにモネは、仏独間の戦争が不可能となるような「新しい共同体」を構築しようと試みた。そして、「経済的共同体の確立に不可欠な利益の融合が単純かつ早急に実現し、長きにわたって血で血を洗う対立により敵対してきた国々の間に、深化拡大する共同体への機運」がもたらされるという。[33] モネは、ヨーロッパに新しい秩序原理をもたらしたのだ。

ここで、「深化拡大する共同体」という言葉が使われていることに注目したい。モネは、主権国家によりつくられる国家間関係を、人と人の繋がりに支えられた「新しい共同体」へと進化させようと試みた。モネは、それを試みただけではない。これまでカントやウィルソンなど、多くの知識人や政治家が夢見てきた「共同体《コミュニティ》の体系」としての国際秩序を、モネは実現したのだ。それは、国際秩序を考える際の一つの革命であった。従来の「均衡《バランス》の体系」や「協調《コンサート》の体系」に加えて、「共同体の体系」として、より安定した、そしてより平和的な国際秩序をつくることが可能であることを示した。

すでに触れた欧州審議会では、ヨーロッパが共有すべき価値が明示されていた。そして加盟諸国は実際に、それらの価値を深く吸収していた。かつてバークは「ヨーロッパというコモンウェルス」を語り、ピットは「ヨーロッパの公法」に言及した。そのような抽象的な秩序理念が、モネを通じて、「ヨーロッパ共同体」(EC)という現実の国際組織や国際条約として実現したのだ。「ヨーロッパ共同体」はもはや目指すべき抽象的な理念ではなく、現存する国際組織となったのだ。

かつてカントは、「勢力均衡とは、旧体制の時代遅れの原則」だと述べて、それとは異なるかたちで「国際社会に一つの代替原則を提示」する必要を述べた。そして、「世界市民主義」の精神に基づいて、「平和状態は、創設されなければならない」と論じた。モネは意図せぬかたちで、カントが求めた「平和連合」を実際に創設してしまった。それはまさしく、カントが述べるような、勢力均衡とは異なる「新しい共同体」としての秩序原理であった。

このように、第二次世界大戦後のヨーロッパは、ウィーン体制の時代や、ヴェルサイユ体制の時代とは大きく異なる秩序原理によって、新しい国際秩序を生み出したのだ。それは、「共同体の体系」としての秩序であった。アジアやアフリカに目を向ければ民族独立運動や激しい内戦が繰り広げられているなかで、ヨーロッパ大陸では新しい秩序原理に基づいた平和が確立しようとしていた。

帝国が崩壊するとき

このように「ヨーロッパ共同体」の基礎の上に、ヨーロッパでは「長い平和」を享受することができた。

戦後のヨーロッパに巨大な地殻変動が生じたのは、四〇年を超える「長い平和」を享受した後の、一九八九年のベルリンの壁崩壊に始まる一連の政治変動によってである。それらの情勢の推移は、旧来の国際秩序を大きく変容させ、新しい時代の到来を告げようとしていた。

はたして世界はより平和となるのか。あるいはそれまでの平和が崩れるだけなのか。人々は不安や懸念を抱えていた。先を見通すのがとても難しい時代に入った。新しい時代を理解するためには、それまでの時代がどのような時代であったのかを正確に理解することが必要であろう。冷戦終結に伴う変化の本質とは、それまで東ドイツや東ヨーロッパを支配下に収めてきた、ソ連という帝国の崩壊であった。ロシア史研究者のドミニク・リーベンは、次のようにソ連を帝国と位置づけている。「ソ連は帝国であり、権威主義と反民主主義の原則に基づき、ロシア人か非ロシア人かを問わず、その臣民を抑圧し、搾取したのであった」[34]。ソ連という帝国の崩壊は、必然的に国際秩序に大きな影響を及ぼした。

帝国が崩壊したあとに、いかにして安定した秩序を形成するかが、国際秩序を考える際の大きな課題であった。歴史を振り返ると、力の均衡が崩れるときに国際秩序に巨大な変動が生じて、平和が崩れることが多い。「力の真空」を、その近隣の大国が埋めようと膨張的な行動をとるからである。二〇世紀もまた、帝国の崩壊と国際秩序の不安定化が繰り返し見られてきた。すでに見たように、「新興国」が急速に台頭するときには、それまでの勢力均衡が大きく揺れ動いて、国際秩序が変容していく。同様に、巨大な領域を支配する帝国が衰退し、崩壊することによっても、紛争が生じたり国際秩序が動揺したりする。均衡が安定や平和をもたらす一方で、その均衡を壊すようなパワー・バランスの変化が、不安定や混乱、さらには戦争をもたらすのだ。

二〇世紀における帝国の崩壊を、少しばかり回顧してみよう。第一次世界大戦では、ドイツ帝国、ロシア帝国、オーストリア＝ハンガリー帝国というヨーロッパの東方の三帝国が崩壊した。それだけではない。長い歴史をもつオスマン帝国もまた、崩壊したのだ。それによって、中欧から中東にかけての広大な土地で、国境線が新しく引き直されて、新しい国家が誕生し、そして新しい領土紛争が生み出された。結局これらの領土紛争が、第二次世界大戦を招き寄せる大きな要因となった。さらにこの地域で、巨大な帝国が崩壊したことによる「力の真空」が生まれ、それを埋めようと軍事行動を起こしたのがアドルフ・ヒトラー率いるナチス・ドイツであった。

第二次世界大戦が終わると、ヨーロッパにおけるナチスの「第三帝国」と、東アジアにおける大日本帝国が崩壊した。これにより、ヨーロッパと東アジアの中心に、巨大な「力の真空」が生まれる。それを埋めることができる勢力は、二つの超大国、すなわちアメリカとソ連であった。ドイツの土地にはアメリカとソ連、そしてイギリスとフランスという四ヵ国の軍隊が駐留し、分割占領される結果となる。一九四九年にはそれぞれ、アメリカとソ連の影響下で、西ドイツと東ドイツの二つの国家が成立した。また、東欧諸国の多くはソ連の衛星国となり、西欧諸国の多くはアメリカの同盟国となった。ヨーロッパにおける「力の真空」は、アメリカとソ連が影響力を浸透させることで、埋められた。その結果、東西二つの勢力が、二つのドイツ国家を前哨《ぜんしょう》として対峙することになった。

他方で東アジアにおいては、大きく異なる運命が待っていた。大日本帝国が滅びた後に、中国、朝鮮半島、ベトナムという三つの地域で内戦が勃発したのである。いずれも、ソ連の影響下にあるか、あるいは民族の独立を求める共産主義勢力が、国土の統一を目指すなかで起こった戦争である。中国においては、台湾を除いて、大陸部を共産党政権が支配する結果となった。朝鮮半島では一九五〇年六月に、共産党指導者の金日成《キムイルソン》が国家統一を目指して戦争を始めた。強大なアメリカの兵力に率いられた国連軍の抵抗により、北緯三八度線を軍事境界線として休戦協定が結ばれた。そして、北朝鮮と韓国という二つの国家が併存することになる。さらにベトナムでは、共産党のホー・チ・ミンがフランスからの独立を求めて戦争を始めると、フランスは南ベトナムをたててそれに対抗し、フランス撤退後はアメリカが南ベトナムを支援することによって激しい国際的内戦へと発展した。大日本帝国の崩壊による「力の真空」が、戦後の東アジアの不安定と戦争を引き起こしたのだ。

一九八〇年代にソ連の経済力が衰退し、一九九一年にソ連が解体することで、ユーラシアに広がる巨大な帝国が崩壊した。このこともまた不可避的に、国際秩序の不安定化へと結びつく。冷戦後の多くの地域紛争は、ソ連という巨大な帝国の影響力が後退したことに起因している。それはアフガニスタンでのタリバン政権の成立や、北朝鮮の核開発とも無関係ではない。

ソ連の勢力圏に収められていた東ドイツや東欧の共産主義諸国が、その桎梏《しっこく》から解放されたことによって、この地域に新しい秩序が生まれる。東ドイツ、すなわちドイツ民主共和国は、「鉄のカーテン」の向こう側にあった西ドイツ、すなわちドイツ連邦共和国に吸収されるかたちで、ドイツ再統一が実現した。これによって、ヨーロッパ大陸の中心に巨大な統一国家が誕生した。ドイツ統一は、第二次世界大戦後のヨーロッパで、もっとも大きな国境線の変更となる。

はたしてこの統一ドイツは、ヨーロッパの平和と安定を保障することになるのだろうか。あるいは、一二〇年前にそうであったように、統一ドイツは圧倒的な経済力と軍事力を備えて、ヨーロッパの勢力均衡を崩壊させて、混乱と戦争の時代を招くことになるのだろうか。そのような不安が、この時代のヨーロッパでも渦巻いていた。

ドイツ統一に反対したサッチャー

一九八九年十一月のベルリンの壁崩壊が、古くかつ新しい難問をもたらした。それは、はたしてドイツは統一されるべきか否かであり、もしも統一されるべきならばどのようなスピードで、どのような方法で統一されるべきかであった。一八七一年のビスマルクによるドイツ統一以降、ヨーロッパ諸国は強大なドイツをどのように位置づけるかという「ドイツ問題」に頭を抱えてきた。はたして、ドイツの統一とヨーロッパの平和という二つの要素は、両立させることが可能なのだろうか。

イギリス首相のマーガレット・サッチャーは、ドイツの統一後にヨーロッパの平和と安定を維持する上で、二つのアプローチがあることを指摘している。[35] 一つは、伝統的な勢力均衡に依拠したアプローチであり、統一ドイツの膨張を防ぐためには、バランサーであるアメリカのヨーロッパへの関与と、イギリスとフランスの緊密な関係の二つが不可欠であった。もう一つのアプローチは、連邦化されたヨーロッパに統一ドイツを埋め込み、かつ仏独枢軸を強化することでドイツを鎖で繋ぐという方法である。

サッチャーが好んだのは、前者のアプローチである。「なぜなら、統一ドイツは、ヨーロッパのなかの単なる一つの国というには、あまりにも強大だからだ」。それでは、どのように対抗すべきか。それは、「アメリカが政治的、軍事的にヨーロッパに関与すること、ヨーロッパにおけるあと二つのもっとも強力な主権国家、すなわちイギリスとフランスとが緊密な関係を維持すること――ドイツの力との釣り合いをとるのに十分なのはこれだけである。そして、超国家的ヨーロッパの内部では、このようなことは不可能であろう[36]」。

このようにサッチャー首相は、きわめて伝統的な勢力均衡の発想で、ヨーロッパのあるべき平和の条件を考えていた。そこには、ドイツに対する拭いがたい嫌悪感と不信感が見られる。ナチス・ドイツの侵略と攻撃の記憶を持つ世代のイギリス人には、広く見られる傾向であったのかもしれない。

サッチャー首相は一九九〇年一月二十日に、フランソワ・ミッテラン大統領と英仏首脳会談を行い、ドイツ統一問題を協議した。というのも、サッチャーによれば「ドイツ再統一への動きにストップをかけるか遅らせる望みがあるとすれば、それはイギリスとフランスがいっしょに機先を制することによってのみ可能だった」からだ。サッチャー首相は、ミッテラン大統領に対して、「少なくとも、再統一を遅らせるためにできることは何でもやるべきだと主張した」[37]。

しかしながら、ミッテラン大統領はサッチャーの主張に必ずしも同意しなかった。というのも、ミッテランにしてみれば、そのような時代錯誤な勢力均衡的な発想は、とてもフランスやドイツの国民に受け入れられないし、実効的でもないからだ。繰り返し「ドイツの横柄さ」を批判するサッチャーに対して、ミッテランは次のように述べた。「私は再統一に『ノー』を言うつもりなどありません。そのようにすることは愚かで、非現実的なことです」[38]。ミッテランにすれば、「反対を述べて、条約を撤回して、しかし何の効果もないことほど、最悪なことはない」。

むしろミッテランの場合は、ヨーロッパ統合を深化させることによって、より強大な統合ヨーロッパが統一ドイツを包み込むことは可能だと考えた。ミッテラン大統領は、一九八九年十一月二日の、ベルリンの壁崩壊の直前の独仏定期協議の席で、次のように述べていた。「ヨーロッパの建設が、ドイツが再統一することを助けることになろう。もしドイツがヨーロッパの胸の中に深く抱かれるようになれば、ソ連もそれに反対できなくなろう。ドイツ問題はヨーロッパの磁力によって解決されることになろう」[39]。すでに西ドイツとフランスの間では、ヨーロッパ統合を深化させることでドイツ再統一が可能になるとみなされていたのだ。

このように、一八七一年のドイツ統一と、一九九〇年のドイツ統一では、それを取り囲む国際環境に大きな違いが見られた。一九九〇年の時点でドイツは統合されたヨーロッパのなかに包み込まれており、主権がそれにより大幅に制限されていた。シェンゲン協定によって国境も自由に往来できるようになり、ドイツが周辺国にとっての脅威となる可能性はきわめて低かった。また、西ドイツはNATOの加盟国であって、世界最大の軍事大国であるアメリカがドイツの領土に兵力を駐留させていることが、ヨーロッパ諸国にとって懸念を払拭《ふっしょく》する大きな安心材料となっていた。

一九世紀のヨーロッパで、ビスマルクは勢力均衡によってヨーロッパの平和を維持しようと試みた。他方で二〇世紀が終わろうとする冷戦終結期のヨーロッパでは、勢力均衡のみに依拠せずとも、大国間協調やヨーロッパ共同体の秩序原理を用いて平和と安定を維持することが可能であった。実際に、ドイツ統一をめぐる交渉は、東西両ドイツと、アメリカ、イギリス、フランス、ソ連の四大国を加えた「2＋4」の枠組みで議論されることになった。これは伝統的な大国間協調、すなわち「協調の体系」の秩序原理を用いた交渉であった。

さらに、ミッテラン大統領や西ドイツのヘルムート・コール首相、そしてEC欧州委員会委員長のジャック・ドロールは、「共同体の体系」の秩序原理によって、「ドイツ問題」の解決が可能だと考えていた。ドロールは一九八九年秋に、ベルギーのブリュージュで演説を行い、「歴史は加速する。われわれも加速しなければならない」と述べた。[40] ドイツ統一を支持し、ヨーロッパ統合を加速させる意図であった。そのようなヨーロッパ国際秩序の秩序原理の本質的な変化を、マーガレット・サッチャーは十分に理解できなかったのだ。

「新しいヨーロッパ」の誕生

一九八九年十一月二十八日、西ドイツのコール首相は連邦議会で、ドイツ統一へ向けた、いわゆる「一〇項目計画」を発表した。[41] それは西ドイツ政府としての、あるべき統一ドイツ、そしてあるべきヨーロッパの未来像を描いたものであった。その第七項目で、次のように書かれている。

「ヨーロッパ共同体の魅力と影響力は、全ヨーロッパ的発展の決定的な不変的要素であるし、そうあり続ける。われわれはそれをさらに強化することを望むし、強化しなければならない。ヨーロッパ共同体は今、開放性と柔軟性をもって、改革を目指す中欧・東欧・南東欧の諸国に歩み寄ることを要求されている」[42]

コール首相にとって重要なのは、統一ドイツがヨーロッパの平和を保障するものでなければならない、ということだ。したがって一〇項目に関する演説の最後で、コール首相は次のように述べている。「全ての成功した改革への歩みは、ヨーロッパ全体にとって、安定性の増加と、自由と安全保障の獲得を意味する」。そのようなコール首相の意向はミッテラン大統領にも共有された。そして、一九九〇年四月十九日の仏独共同書簡により、ヨーロッパ諸国にも幅広く伝えられた。それまでミッテラン大統領は、統一へ向かって怒濤《どとう》のように突進し、周辺国の懸念を十分に配慮しないコール首相の統一へ向けた進め方に違和感を抱いていた。それが払拭されたのが、この共同書簡である。この書簡では次のように記されている。「甚大な影響をもたらすヨーロッパの変動に照らして、また単一市場の完成と経済通貨同盟の実現とに鑑みて、われわれは、欧州共同体12カ国の政治的な建設を加速することが必要だと考える。単一議定書にあるように、『加盟国間関係全体を欧州連合へと転換する』時がやってきたと信ずる」[43]

このようにして、ヨーロッパ統合を深化させて、政治統合と通貨統合を進めることによって、政治的にも経済的にも統一ドイツをヨーロッパに埋め込むことが可能だと考えられた。一九九三年のヨーロッパ連合（EU）誕生は、そもそも、ドイツ統一がその大きな動機となっていた。強固な統合ヨーロッパがなければ、周辺国はドイツ統一を受け入れることは困難であったからだ。ドイツ統一をめぐり周辺国の安心を得るための代償として、西ドイツ政府は不本意ながらもドイツ通貨マルクを放棄することに合意した。

ドイツ連邦銀行理事で、それまで大蔵次官を務めていたハンス・ティートマイヤーは、このころの状況を次のように回顧している。「両ドイツ間の、また東西関係の展開は、当然のことながら欧州統合のその後の議論にかかわる環境と展望を大きく変えた。メディアだけでなく、いくつかの西側諸国の政治の世界でも、しばらくして全体主義体制の排除を支持することと並んで、可能性としてはありうるドイツの統一に対して、留保する態度が明確になった。明らかに、大きすぎるドイツは将来、戦後に発展した西欧の均衡に支障を来し、ただでさえ強いドイツ・マルクによってしばしば支配されていると感じられたECにおけるドイツの立場をより強化する可能性がある、という懸念が生まれた[44]。

ベルリンの壁が崩壊。中央はブラント元西ドイツ首相（BOUVET-MERILLON/GAMMA/アフロ）

二〇世紀末のヨーロッパにおいても、人々は、平和を考える際に「均衡の体系」の発想を保持していたことがわかる。あまりにも強大な統一ドイツに対して懸念が抱かれていたのである。そのような懸念を解消するための鍵となるのが、政治統合と通貨統合を含めたかたちでのEUの設立と、もう一つがアメリカ軍のヨーロッパ関与の継続であった。したがって、一九九〇年七月のロンドンNATO首脳会議では、この問題が加盟国間で協議された。この首脳会議の共同宣言では、「北大西洋同盟は歴史上最も成功した防衛同盟であった」とその成功を称賛し、同時にこれを冷戦後も保持していく決意を明らかにした。さらには、次のように述べて、冷戦後にはNATOに統一ドイツを参加させる方針を示した。

「ドイツ統一はヨーロッパの分裂が克服されたことも意味する。自由民主主義の北大西洋同盟下にあり、そして政治的経済的統合の進むECの一部分をなす統一ドイツは、安定にとって必要不可欠の要因となるだろう。そして、その安定は、ヨーロッパの中心部において必要なものである。安全保障の領域におけるヨーロッパのアイデンティティの発展を含む、政治連合に向けたEC内の動きは、大西洋の結束と全欧州にまたがる公正で長続きする平和秩序の確立にも貢献するだろう[45]」

このNATOのロンドン共同宣言によって、ドイツ統一後のヨーロッパ安全保障がNATOによって担保されること、さらにはそこにアメリカが関与し続けることが明らかとなった。それにより、「分断なき自由なヨーロッパ（Europe Whole and Free）」が誕生することになる。これは、第二次世界大戦後のヨーロッパにおける、新しい秩序原理であった。アメリカが関与するNATOを、冷戦後も引き続きヨーロッパ安全保障の中核として位置づけて、「ドイツ問題」解決の基礎を提供する。それが、ドイツ統一を実現する上で、フランス人やイギリス人などにとっての安心材料となったのだ。

一九九〇年十月三日にはドイツ統一が実現され、さらには十一月十九日から二十一日に開かれたパリでの欧州安全保障協力会議（CSCE、一九九五年以降は欧州安全保障協力機構〔O

SCE）では、パリ憲章を発表して新しいヨーロッパの秩序原理が示されることになった。いよいよ「新しいヨーロッパ」の時代が到来したのだ。それは、「恐怖の均衡」によって脆弱な平和を守っていた時代とは異なる。このパリ憲章では、次のように宣言されていた。「人権および基本的自由の上に打ち立てられた民主主義への揺らぐことのない誓約、経済的自由と社会正義を通じた繁栄、そしてわれわれの全ての国々の平等な安全保障を果たす時が来た[46]」

これは、「新しいヨーロッパ」において共有された価値を宣言するものであった。かつてこのような価値観は、大西洋同盟諸国によって共有されていたものであった。しかし今や、ソ連や旧共産圏の東欧諸国にも共有された。幅広く共有された価値観、そして統一ヨーロッパによる安定的な秩序が、「新しいヨーロッパ」を支えることになる。フランス革命から二〇〇年を経て、ようやくヨーロッパは安定した秩序原理を確立することができたのだ。それは祝福すべきことであった。

2　「新世界秩序」の夢と挫折

ブッシュと湾岸戦争

一九九〇年九月十一日、ジョージ・ブッシュ大統領はアメリカの上下両院合同議会で、流動的な湾岸情勢を視野に入れて、次のような演説を行った。これは、後に繰り返し参照される歴史的な演説となる。

「われわれは今日、特別な、そして途方もない瞬間に立っています。湾岸危機は、きわめて深刻な状況ではありますが、協調を実現する歴史的な時代へ向かって前に進むための、貴重な好機をもたらしています。このような困難な時代において（中略）新世界秩序が浮上することが可能となるのです。（中略）今日では、新しい世界が生まれ出ようともがいており、それはわれわれが知っている過去の世界とは大きく異なるものなのです。その新しい世界では、法の支配がジャングルの掟に取って代わるのです。またそこでは、自由や正義へ向けた責任を分かち合うことを理解しているのです。そしてそこでは、強者が弱者の権利を尊重するのです[47]」

一年前に、東欧の共産圏諸国が民主化への第一歩を踏み出し、次々と革命が広がっていた。また、ベルリンの壁崩壊は、多くの人々に新しい世界が到来しつつある予感を与えた。そして世界はまもなく、ドイツ統一を見ようとしていた。そのような明るい希望を踏みにじるかのように、独裁者サダム・フセインのイラクが、国際社会に背を向けて侵略行為を行った。

一九九〇年八月二日に、イラクは国連憲章に明白に違反して、隣接する主権国家のクウェートを侵略し占領した。明白な侵略に対して、国際社会が結束して対処しなければならない。危機のときに、国際社会が結束する。それこそが、ブッシュ政権が考える「新世界秩序」の本質であった。超大国アメリカの大統領ジョージ・ブッシュは、アメリカ国民、そして世界の人々に向けて、この「新世界秩序」の輪郭を描いて見せた。それこそが、このブッシュ演説の歴史的意義であった。

一九九〇年十一月二十九日に国連安保理決議六七八が採択されて、常任理事国の五大国が協調してこのイラク危機に対処することになった。翌年一月十五日までにイラク軍がクウェートから撤退しなければ、「あらゆる必要な手段」の行使を認めるという内容であった。これは画期的なことであった。国際社会の協調や調和が実現され、主要な大国が足並みをそろえて、行動をする決意を示したのだ。一八一五年の第二次パリ条約では、主要な大国が結束して国際的危機に対処する意思を示した。それが「ヨーロッパ協調」としてのウィーン体制を確立した。一九四五年六月のサンフランシスコ会議では、連合国が国連憲章という文書に合意して、調印した。冷戦という恐怖が支配する暗闇を通り抜けて、ようやく国連が本来の意図に即して、結束して国際的な平和と安全を確立することが可能となったのだ。

ソ連政府内では、保守派からの批判を巧みに退けて、ミハイル・ゴルバチョフ大統領がアメリカと共同行動をとる決断を行った。フランス政府も当初は調停者の役割を担おうとしたが、最終的にはアメリカの同盟国として軍事力を共に行使することとなった。イギリスは一貫して、アメリカの同盟国として国際的な連携を拡大するために貢献した。ドイツ統一へ向けた、四大国の協調外交は、イラク危機においても同様に見られることになる。大国間協調がここで実現する。それが、十一月の安保理決議採択へと繋がったのだ。

このような、幅広い国際的なコアリション（連合）を形成することが、ブッシュ大統領の考える「新世界秩序」の理念の根柢にあった。[48]長い時間を隔てて、冷戦終結とともに「協調の体系」が成立することが可能となった。ナポレオン戦争の際にウィリアム・ピットやカースルレイ、あるいはメッテルニヒが果たした役割を、湾岸戦争の際にはアメリカのブッシュ大統領や、ジェームズ・ベイカー国務長官が担った。彼らは、水面下で忍耐強い交渉を繰り広げるなかで、幅広い国際的結束を実現することに最大限の努力を払った。その成果が国連安保理決議の採択であり、また戦争開始にあたっての幅広い多国籍軍の結集であった。

一九九一年一月十六日、国連安保理決議六七八に基づいて、米軍を主力とする五〇万人の巨大な多国籍軍が「砂漠の嵐」作戦を開始した。そのなかで、ブッシュ大統領は再び「新世界秩序」に触れた。それは、侵略の阻止、大国間協調、国連の枠組み重視という三つの原則に基づいた秩序であった。[49]湾岸戦争が始まり半月ほどが経過した一月二十九日に、ブッシュ大統領はアメリカ議会での一般教書演説で次のように自らの考えを語った。

「今ここで争点となっているのは、一つの小さな国についてではありません。それは、大きなアイデアについてです。それは、新世界秩序です。そこではさまざまな国々が、人類の普遍的な大志を実現するために、共通の目標へ向かって立ち上がるのです。それは、平和であり、自由であり、法の支配です[50]」

このようにして、湾岸戦争は冷戦後の国際秩序を展望する上での、重要なテストケースとなった。はたして、国際社会は価値を共有し、共通の行動をとることができるのだろうか。ブッシュ大統領はこの湾岸戦争で偉大な勝利を収め、そして多国籍軍は冷戦時代には考えられないような見事な結束を誇ることになった。それはブッシュ大統領の偉大な功績であった。しかしながら、第二次世界大戦の英雄チャーチルが対独戦の終戦直後の総選挙で敗北をして下野したように、ブッシュ大統領も翌年の大統領選挙で、アーカンソー州出身の外交経験のない若い民主党大統領候補に敗北した。ビル・クリントンである。

クリントンの「民主主義の共同体」

一九九二年の大統領選挙で、ジョージ・ブッシュを破って大統領に選ばれたのは、戦後生まれで四十六歳の、民主党のビル・クリントンであった。彼は、外交ばかりに専念して国内経済をおろそかにしたと、ブッシュ大統領を厳しく批判した。そして、自らが大統領に就任すれば、経済政策に力を注ぎ、疲弊したアメリカ国内経済を立て直すことを約束した。しかしながら、八〇年前のウッドロー・ウィルソン大統領がそうであったように、あるいは第二次世界大戦後のハリー・トルーマン大統領がそうであったように、次から次へと生じる国際的危機のなかで、クリントンは経験の浅い外交に多大な時間を費やさざるをえなくなる。

一九九三年一月に成立したビル・クリントン民主党政権において、冷戦期の「封じ込め」

戦略に代わる新しい包括的な国家安全保障戦略を提示する必要があった。ヘンリー・キッシンジャーやジーン・カークパトリックといった共和党の大御所の外交専門家は、クリントン政権の外交が一貫した外交理念を持たずに、また長期的戦略を持たずに応急処置ばかりをしていると批判し、それを「バンドエイド外交」と呼んだ。[51] クリントン政権も、やはり何らかのかたちでの長期的外交戦略や、国際秩序のビジョンを世界に示す必要があった。

一九九三年九月二十一日に、国家安全保障問題担当大統領補佐官アンソニー・レイクは、「封じ込めから拡大へ（From Containment to Enlargement）」と題する演説を、ジョンズ・ホプキンス大学で行った。ビル・クリントンが大統領に就任してから八ヵ月が過ぎていた。レイクによれば、「民主主義と市場経済という、アメリカの中核的な理念は、今まで以上により広く受け入れられている」。それゆえ、それをさらに拡大する必要がある。「封じ込めのドクトリンの後継は、拡大戦略でなければならない。市場経済に基づく世界的な民主主義の自由な共同体の拡大である」。[52]

レイク大統領補佐官の演説を通じて、クリントン政権の考える国際秩序構想が明らかとなった。ブッシュ政権においては、「同盟国および友好国との結束の維持」が重要であり、また国連安保理における大国間協調を優先的に考慮していたのに対して、クリントン政権期には「民主主義と市場経済」という理念に基づく「自由な共同体の拡大」に重点が置かれるようになった。レイクによれば、「自由の理念は普遍的な魅力を持っている」のであるから、

「自由な共同体」を可能な限り拡大するべきなのだ。[53]

レイクは、カント的な民主的平和論を強く信奉していた。すなわち、民主主義国どうしは戦わないのだから、世界に民主主義を拡大していけばそれによって世界に平和が確立して、アメリカ国民も安全でいられるという仮説である。[54] だとすれば、クリントン政権の国家安全保障戦略もまた、世界において「民主主義と市場経済」を普及させていくものでなければならない。レイクは、きわめてリベラルな国際秩序観を有していた。それが、クリントン大統領を通じてこの時代のアメリカ外交に浸透していった。

普遍主義的な「共同体《コミュニティ》」構築の可能性を信じて、民主主義勢力を拡大するというウッドロー・ウィルソン以来のアメリカ外交の使命がここで再確認されて、国家戦略の中核に位置づけられるようになる。これはウィルソン主義への回帰であり、カントの復権でもあった。第一次世界大戦後には挫折したウィルソンの「民主的平和」の夢が、冷戦後の世界で実現しようとしていた。もはや、民主主義の対抗勢力であるファシズムの脅威も、コミュニズムの脅威も、歴史の深い闇のなかへと消えていった。いよいよ世界は、「民主主義と市場経済」という普遍的価値を共有する、グローバルなコミュニティを構築する段階へと到達したのだ。そのような希望が、レイク補佐官、そしてクリントン大統領の外交理念には色濃く見られた。

一九九四年七月にクリントン大統領は、ポーランド議会で次のように論じた。ポーランドを含む東欧諸国は、一九八九年の東欧革命で共産主義体制を脱して民主化を実現した。その流れをもたらした偉大な「連帯運動」が始まったのが、このポーランドであった。クリントンは述べる。「自由市場と民主主義は、繁栄と平和へ向けての唯一の確かなる道なのだ」[55]。すなわち、「民主主義の共同体」を拡大することにより、世界平和を確立できて、アメリカの安全保障を確保することができる。そのような考えが、クリントン政権において次第に強まっていく。

「関与と拡大」戦略

このような思考は、一九九五年に公表されるアメリカの新しい国防戦略、『関与と拡大の国家安全保障戦略』において、明瞭に示された。すなわち、アメリカの対外政策には、「安全保障」、「経済」、そして「民主主義」という三つの柱があるのだ。ここで重要となるのは、第三の「民主主義」の柱である。「アメリカの利益を世界規模で促進する最良の方法は、民主主義の共同体と自由市場を世界中に拡大することである」[56]。この三つの柱は、相互に補完的である。アメリカの国家安全保障、そして世界平和を確立するためにも、「民主主義の共同体」を拡大することが不可欠となる。

ここで明確に、「民主主義の平和」の世界秩序構想と、「共同体の拡大」という拡大戦略が示されることになった。この構想は最終的に、一九九六年二月の戦略報告書として、結論づけられることになった[57]。その後、アメリカ国内ではクリントン政権の「民主主義の拡大」戦略の妥当性をめぐる議論が展開される。[58] ともあれ冷戦後の世界へのアメリカの軍事的関与をめぐって、この「関与と拡大」戦略は、アメリカが「孤立主義」的な伝統へ回帰することを明確に拒否して、「民主主義の共同体」を拡大するために積極的な関与を広げていく方針を明らかにした。

この「関与と拡大」戦略に関連して、東アジア戦略については別個の報告書が用意されることになった。一九九五年二月に公表された『東アジア太平洋地域におけるアメリカの安全保障政策』、すなわちEASRは、クリントン政権の東アジア戦略の基本方針を明瞭に示すものであった。[59]

日本の側からも、一九九五年に決定された「防衛計画の大綱」などに示されるような防衛力整備計画が検討され、日米安保体制の強化をめぐる土台が整えられつつあった。[60] それを前提として、アメリカ政府はEASRによって、アメリカが冷戦後においても東アジアに大規模な軍事力を展開し続けること、アメリカが東アジア問題に「関与」を続けること、そして日米安保体制が東アジアの安全保障に果たす積極的な意義を確認することなどを示した。

東アジア担当国防次官補であったジョセフ・ナイのイニシアティブによるこのアメリカの東アジア政策の展開は、冷戦後の東アジアにおいてアメリカが軍事関与を継続することを明らかにした。また、「日米防衛協力のための指針（新ガイドライン）」による日米同盟の強化は、アメリカの東アジア関与とあわせて、この地域の国際秩序の輪郭を示すものとなった。[61]

それは、冷戦後の東アジアで「力の真空」をつくることのないように、勢力均衡を維持する試みである。東アジアでは、ヨーロッパとは異なり、地域統合が進展していない上に、価値や利益の共有が限られている。したがって、「均衡の体系《バランス》」に依拠して安定を得ることが重要となる。そのような思考からも、アメリカ政府は責任をもってこの地域への関与を続けることを明らかにした。それはその後の平和に資するものとなった。

NATOの拡大

ソ連という巨大な帝国の崩壊後に、東ヨーロッパで「力の真空」が生まれないように、西側同盟がそれらの地域に積極的に関与し、支援することによって安定が確保された。大西洋同盟がこの地域で拡大する上で、アメリカ政府はより確固とした意志と明確な構想を持って政策を立案していた。クリントン大統領は一九九四年にワルシャワで次のように論じた。NATOの拡大は、「地域全体の安全保障と安定を促進するための手段」であり、もはや問題は「拡大するべきか否かではなく、いつどのように拡大するかということである」[62]。アメリカ政府は東アジアでもヨーロッパでも、勢力均衡が崩れないように関与を維持しながら、同時に新しい平和のための協調体制を構築しようと努力を続けた。

すでにNATOは一九九一年十一月に、旧共産圏諸国との政治対話を行うにあたって、北大西洋協力理事会（NACC）を設立していた。旧ソ連邦の共和国全てがこの、NACCに参加することになった。さらに、一九九四年一月のブリュッセル北大西洋理事会首脳会談では、「平和のためのパートナーシップ（PfP）」という重要な安全保障枠組みが成立した。これは、一九九三年十月にレス・アスピン米国防長官のイニシアティブにより構想されたものであった。NATOという「均衡の体系」に基づいた基礎の上に、旧共産圏諸国と対話をする枠組みを構築した。勢力均衡を基礎として、旧敵国との対話を進める方針は、歴史において何度か見られてきた。すなわち、一九世紀初頭に、フランスに対抗するための四ヵ国同盟を基礎として、会議体制において五大国による協議を実現したウィーン体制においても、同様の国際秩序が見られたのだ。

NATOは、従来の「同盟国」に加えて、「パートナー」という地位を創設し、かつての敵国との協調を模索した。大西洋同盟の影響力はヨーロッパ大陸ほぼ全域を包み込むことになった。もしもNATOを解体したとすれば、東ヨーロッパに「力の真空」が生まれるだけではなく、西ヨーロッパにも「力の真空」が生まれる。それだけではなく、アメリカがヨーロッパ大陸から撤退することで、巨大なロシアの地上兵力を前に再び勢力均衡が崩れることになる。むしろ、NATOを存続させて、それを基礎としてロシアとの協調枠組みを育むことで、「均衡《バランス》による協調《コンサート》」が可能となるのだ。冷戦後の旧ソ連邦諸国がこのような協調体制から排除されないように、柔軟に新しい制度的枠組みがつくられていった。

NATOとは別に、欧州安全保障協力会議（CSCE、一九九五年以降はOSCE）という西側諸国と東側諸国を包摂する、全ヨーロッパ的な対話の枠組みも存在していた。とはいえ、NATO自体がPfPとして旧共産圏諸国との対話をスタートさせていたので、CSCE／OSCEが冷戦後のヨーロッパ安全保障で中核的な役割を担うことはなかった。結局大西洋同盟がその機能を加えることにより、新たな解決が見いだされたのである。

冷戦後のヨーロッパにおいて、NATOは解体されることなく、むしろ旧共産圏諸国との対話を続ける上での中核的な枠組みとなった。多くの人が、冷戦が終わりもはやNATOは不必要で時代錯誤の存在になったと考えた。しかし実際には、NATOによるロシアに対する「均衡の体系」という基礎があることで、CSCE／OSCEにおける対話や交渉の枠組みが可能となったのだ。相互信頼と対話の基礎には、一定の均衡が必要である。片方が圧倒的に強大であれば、譲歩や妥協をせずとも、パワーを用いて自らの意志を強制できるからだ。

NATOがこれらの東ヨーロッパ地域の安定を強く望んだ背景には、アメリカ政府の「関与と拡大」戦略が存在していた。ヨーロッパにおける「関与と拡大」戦略の適用については、『ヨーロッパとNATOに関するアメリカの安全保障戦略』と題するアメリカの政府文書で示されている。[63]

その報告書によれば、「ヨーロッパの新しい安全保障体制を構築することは、安定した民主主義、市場経済、そして最終的には安定した公正な平和を大陸中に提供することを意味している」という。クリントン大統領は、「統合された民主主義的なヨーロッパ」の構築へ向けて、アメリカが支援することを約束した。[64] アメリカは、単に脅威認識や利益の計算のみからNATOの東方拡大を進めたのではない。クリントンやレイクの演説に示されるように、「民主主義の共同体」を拡大することを自らの使命と受け止めて、その価値の拡大のためにリーダーシップを発揮したのだ。それが、クリントン政権が考える冷戦後の「新世界秩序」であった。

一九九六年一〇月のデトロイト演説のなかでクリントン大統領は、NATO結成五〇周年式典を予定している一九九九年に、NATOの東方拡大を先行的に実現する見通しを語った。その後実際に、一九九七年十二月のマドリッドNATO首脳会談では、一九九九年までに拡大を実現する方向で合意を得た。クリントン政権のアメリカは、ソ連帝国が崩壊した後の東ヨーロッパで、民主主義や自由市場を拡大する強い意向を示した。

一九九九年四月のワシントンNATO首脳会談に合わせて、チェコ、ポーランド、ハンガリーの三ヵ国のNATO加盟が実現した。これは、アメリカの「関与と拡大」戦略の一つの成果でもあった。東欧革命から一〇年を経過してヨーロッパの新しい国際秩序の輪郭が明らかになりつつあった。それは、冷戦期に構築された大西洋同盟を軸にして、その「民主主義の共同体」を東方に拡大することであった。一九九三年のクリントン政権成立以降追求してきたアメリカの「関与と拡大」戦略は、大西洋同盟の拡大を実現し、一つの分水嶺を迎えることになったのである。

このように、東アジアでは日米同盟の再定義がなされてアメリカの関与の継続が約束され、ヨーロッパではアメリカのイニシアティブの下で東欧諸国がNATOに加盟した。このようにして、アメリカ政府が掲げる自由や民主主義、そして市場経済というイデオロギーが、着実に世界全体に広がりつつあった。

ハンチントンの予言

はたして、民主主義や市場経済、法の支配といった基本的価値は、どこまで広がっていくのか。そのような価値が、地球全体を包み込むことになるのか。冷戦後の、普遍的な価値に支えられた「新世界秩序」の構想に異議申し立てをしたのが、ハーバード大学教授の国際政治学者、サミュエル・ハンチントンであった。

一九九三年の『フォーリン・アフェアーズ』誌において、ハンチントンは、ブッシュ大統領の「新世界秩序」構想とは大きく異なる世界秩序観を提示した。「文明の衝突」である。ハンチントンは、この論文の冒頭で、「世界政治は新たな局面を迎えつつあり、知識人たちはそれがどのようなものになるかをめぐり活発な議論をしている」と論じた。そして、「こうした見解のすべては、時代の一面はとらえているものの、今後の世界政治の中核を規定する重要な側面を見落としている」という。[65] そして、次のように続けている。

「私は、新時代における紛争はこれまでのようにイデオロギーや経済上の対立によって引き起こされることはないと見ている。むしろ私は、人類を隔て、紛争をもっぱら引き起こすことになるのは文化的な要素ではないか、と考えている。国民国家は世界政治における最も力強いアクターとして存続するだろうが、むしろ異なる文明下にある国家や集団によって引き起こされる文明の衝突が、今後の世界政治をめぐる紛争の主な要因になっていくだろう。文明の衝突がグローバル政治の支配的形態となり、文明上の断層ラインが今後の紛争ラインになると考えられる[66]」

このように、ハンチントンは文明という要素が、冷戦後の国際政治においてよりいっそう重要になると考えた。だからこそ、「強く認識しておくべきは、西欧文明諸国が民主主義・リベラリズムを普遍的価値として促進し、軍事プレゼンスを維持し、自らの経済利益の促進を図ろうとすれば、逆に他の文明諸国の反発を招く危険があることだ[67]」。ハンチントンの「文明の衝突」の議論は、冷戦後の世界で必然的に、リベラル・デモクラシーの価値が世界規模で広がっていくことを期待していた人々の夢を破壊した。ハンチントンによれば、冷戦後の世界に広がっているのは七つから八つの文明の間の衝突であって、普遍的価値に支えられた「新世界秩序」ではないのだ。それでも、リベラル・デモクラシーの価値を世界に拡大するべきか。あるいは、それは宗教原理主義の反発を招く危険な行動なのだろうか。

この論文は、ブッシュ政権の楽観的な「新世界秩序」構想への痛烈な攻撃であると同時に、一九八九年に刊行されたフランシス・フクヤマの論文「歴史の終わり」への反論でもあった。

フクヤマは、ヘーゲル的な弁証法的歴史観を前提に、もはやリベラル・デモクラシーに挑戦するイデオロギーが生まれることはないだろうと予測し、それによって「歴史の終わり」が訪れたと論じた。[68] あとは、リベラル・デモクラシーがゆっくりと世界に普及していくのみであり、かつてのようなファシズムやコミュニズムとの世界規模での闘争は行われないであろう。そのような普遍主義的な世界秩序観に対して、ハンチントンのそれははるかに多元主義的な思想であった。

ソリダリズムとプルラリズム

フクヤマが論じた「歴史の終わり」に見るリベラル・デモクラシーの普及という考え方は、いわば、ソリダリズムの考え方に則したものであった。ソリダリズムとは何であろうか。ケンブリッジ大学の国際政治学者ジェームズ・メイヨールは、連帯主義としてのソリダリズムについて、次のように説明する。すなわち、「ソリダリズムという言葉でわたしが意味するのは、人類は一つであり、外交の仕事とは利益や価値の潜在的で内在的な一致を、現実のものへ変換することだという見解である」。[69] ソリダリスト、すなわち国際的な連帯主義者たちは、「国際的な構造が変革し、単一のものへと収束する可能性を信じている」。それはかつてのカントや、ノーマン・エンジェル、ウッドロー・ウィルソン、そしてアンソニー・レイクやフランシス・フクヤマ、入江昭などが含まれるだろう。

湾岸戦争をめぐり、国連安保理が統一した行動を示すことができたことが、人々に大きな希望を抱かせた。ソリダリズムが大きな流れとなっていた。一九九二年六月には、ブトロス・ブトロス＝ガリ国連事務総長が、このような希望を受けて、『平和への課題』と題する報告書を発表した。それは、これから国連が「予防外交」、「平和創出」、「平和維持」、「平和構築」の四つの分野で活動を強化することが記されていた。[70]そのなかでもとりわけ、「平和執行部隊」を新設して、より積極的に国連が平和と安全を創出するための努力をすることが掲げられていた。国際政治学者の納家政嗣《なやまさつぐ》によれば、「そうした国連のにわかな活性化への期待は、湾岸戦争における多国籍軍の勝利の後、『湾岸ユーフォリア』とでもいえるほど飛躍的に高まった」。[71]このような空気のなかで、ブトロス＝ガリ事務総長は、国連の活性化へ向けた一歩を踏み出そうとした。

国連平和維持活動の強化は、実際の数字にも表れている。一九九一年から〇二年までの、ほぼ一〇年間の平和活動の実施件数は三〇件を超えた。それは、一九四八年から八八年までの四〇年間に行われた一三件という数字を、大きく上回っている。[72]ソリダリズムの思想が大きな潮流になるなかで、その受け皿として国連が国際社会の連帯を象徴する機構として、大きな期待を集めていた。

しかしながらこのような楽観論も、すぐさま限界を露呈する。国連事務次長を経験し、国連平和維持活動（ＰＫＯ）の実務にも長年携わってきた明石康《あかしやすし》は、次のように述べる。「こうした新しい任務を遂行するのに必要な、予算や兵力を承認するのに、安保理事会は消極的な態度を示し、事務総長の要請した兵力の四分の一くらいしか承認しなかった」。ソマリアでのPKOの失敗は痛い教訓となった。明石は回顧する。「ソマリアにおけるUNOSOMⅡの不幸な経験は、寄せあつめの伝統的な国連PKOが本格的な武力行使を行うのに全く適さないことを示していた。ブトロス・ガリ事務総長は、『平和への課題―追補』（一九九五年）において、国連は現状ではこうしたかたちのPKOを意図すべきではないと、軌道を修正するに至った[73]」。

ブトロス＝ガリの夢は破れた。財政難が、国連の平和維持活動を拘束した。そして、放漫財政で負担が膨れあがり、その効果も限定的な平和維持活動に対して、次第にアメリカ議会は敵対的となっていった。また、自ら進んで大幅に分担金を増額し、そのような新しい任務を支える意思のある国はほとんど見られなかった。この問題を、メイヨールは鋭く指摘する。すなわち、ソリダリストとプルラリストとの間の「この論争的なやりとりのなかには、深刻な問題が内在していた。それは責任を巡る問題、つまりだれに何をする責任があるのかということである[74]」。というのも、「伝統的な国際社会は自助原理に頼っていた」。その原理が大きく変わることがないのに、国際社会がより深い関与をしようとすれば、誰がそれを財政的に負担するのかという切実な問題が生まれるのだ。

メイヨールは、したがって、「新たなソリダリズムのビジョンは魅力的だが、それには危険も多い」と述べる。[75] というのも、「政治的レトリックや進歩主義的な願望と、現実の動きや利益の世界が乖離してしまい、その結果世界政治で危険な断絶が生じている」からだ。[76]

国際社会が「自助原理」を前提としており、他者の問題に一定程度以上の財政負担を負うことを避けようとする国家が集まっているかぎり、どれだけソリダリズムの「政治的レトリック」を繰り返しても実践には困難が伴う。それを理解しなければ、かつてウッドロー・ウィルソンが失望したように、理想と現実の乖離《かいり》に苦しむことになる。だとすれば、われわれは国際社会が多元的であることを前提に、国際秩序を考えるべきであろう。その思考が、メイヨールのいうプルラリズムである。

プルラリズム、すなわち多元主義とは、「国家は個人同様さまざまな利害や価値をもちうるし、また実際に大体はそうなので、国際社会とは諸国がどちらかといえば調和して共存できるようにするための枠組みの構築に限定される」という考え方である。[77] それは、ヒュームや高坂正堯が描いた「多様性への愛」に基づいた国際秩序観である。そのような秩序原理に基づけば、強引に国際社会の統一性を深めようとしても、挫折するか、あるいはより深刻な混乱へと導かれることになる。メイヨールは、そのような思考から、九〇年代におけるソリダリズムが強化される動きに警戒感を抱いていた。

ブレアの「国際共同体」

現実の政治の世界でソリダリズムの思想を推し進めたのは、一九九七年にイギリスの首相となったトニー・ブレアであった。

一九九九年四月二十二日、ブレア首相はアメリカのシカゴで演説を行うことになった。それは、コソヴォ戦争を遂行しているさなかのことである。イギリスはアメリカとともに、リベラル介入主義の理念を掲げて、ユーゴスラヴィアのコソヴォ自治州における、連邦政府によるアルバニア系住民の虐殺を止めさせるために、軍事攻撃を開始した。それは、ロシア政府や中国政府の抵抗によって、国連安保理決議を欠いたかたちでの軍事介入となった。自らの正しさを訴えるため、そして米英両国軍による軍事攻撃の正当性を擁護するために、ブレアは「国際共同体のドクトリン」と題する演説のなかで、自らの政治理念を次のように語った。

「今日では、相互依存へ向かう勢いが、限りなく大きくなっています。われわれは、国際共同体の新しいドクトリンのはじまりを目撃しているのです。これによって私は、われわれがかつてないほど相互に依存し合っていること、国益とはかなりの程度国際協力によって実現されているということ、そして国際的な努力のそれぞれの領域でこのドクトリンがどのような方向へ向かっているのかを明らかにし、一貫性を持つ必要があるということが、明白になっているということを言いたいのです[78]」

ブレアはこの四年前の一九九五年の時点ですでに、この「国際共同体」という概念を提示している。すなわち、「世界におけるイギリスの地位を、孤立した状態としてではなく、諸国間のコミュニティの中のリーダーとして位置づける」ことが必要だ。[79] これはいわば、「共同体《コミュニティ》の体系」として国際秩序を描いているといえる。国際的な相互依存や、ますます深まる価値の共有を前提に、ブレアは「国際共同体」を構築していく必要を説いた。クウェートを侵略したサダム・フセインや、アルバニア系住民を虐殺するスロボダン・ミロシェヴィッチは、そのような「国際共同体」の敵であった。それらの指導者には、断固として対峙しなければならない。

ブレアの国際秩序観は、カントやウィルソンのそれとは大きな違いがあった。国際社会における「共同体」の構築に大きな期待を抱くという共通点がありながらも、軍事力行使については認識に違いが見られたのである。ブレアの場合には、そのような「国際共同体」を構築する上で、軍事力行使が場合によっては必要であることを理解し、また積極的に軍事力を行使した。一九九八年のイラクに対する米英の共同空爆作戦、九九年のコソヴォ戦争、二〇〇〇年のシエラレオネへの軍事介入、二〇〇一年のアフガニスタン戦争、そして二〇〇三年のイラク戦争と、九七年に自らが首相に就任してから、毎年のように慌ただしく軍事介入を続けてきた。九〇年代半ばのソリダリズムの思想が、九〇年代末以降には軍事介入の論理と結びつくことで、「リベラル介入主義」という潮流が生まれつつあった。[80] それは、新しいかたちの、脆弱な「共同体の体系」であった。

勢力均衡への回帰

二〇〇一年一月、ジョージ・W・ブッシュ政権が成立した。彼は、トニー・ブレアとは大きく異なる外交理念を掲げていた。ブレアが求めていたのは、幅広い国際的連携に基づいた「国際共同体」の構築であった。ところが、ブッシュ政権はそのような「国際共同体」に共鳴することなく、アメリカの国益と安全を最優先し、そのために必要な同盟国との関係を国家戦略の中核に位置づけた。

ブッシュ政権で国家安全保障担当大統領補佐官となるコンドリーザ・ライスは、その前年に『フォーリン・アフェアーズ』誌に寄せた論文のなかで、「多国間協定や国際機関の支援そのものを目的としてはならない」と書いている。[81] ライスは、クリントン政権の外交政策が、あまりにも多国間主義に依存して、根拠のない理想主義に基づいていたと批判した。そして、アメリカ外交において、勢力均衡の論理と、パワーに基づいた外交、そして国益の追求という外交路線を復権させる必要を説いた。そこで重要となるのは、「ロシアと中国に対する政策のバランスをいかにうまくとるかだ」。とりわけ中国が問題だ。「要するに中国は、『現状維持』に甘んじることなく、中国に有利になるようにアジアの勢力均衡を変革しようと狙っているパワーなのだ」。[82]

ブッシュ政権は、冷戦終結直後に父ブッシュ政権が掲げていたような大国間協調に基づいた「新世界秩序」の秩序原理や、クリントン政権でレイク補佐官が模索していたような「共同体《コミュニティ》の体系」の秩序原理に基づいていた「民主主義の拡大」の戦略に代わって、「均衡《バランス》の体系」を復権させようとしていた。その上で重要となるのは、アメリカと価値を共有する同盟国であった。ライスは、前述の論文で次のように語る。「アメリカの価値を共有し、平和、繁栄および自由を育むための責任を分担できる同盟国と、強固で緊密な関係を新たに構築すること」こそが、目標となるべきなのだ[83]。

このような認識の変化は、それまでの過去一〇年間の国際情勢の推移を前提にしたものでもあった。父ブッシュ大統領が語ったような「新世界秩序」や、クリントン大統領が語ったような「民主主義の拡大」は、思うように進展することはなかった。一九九八年末に、国連安保理決議に違反して大量破壊兵器を開発しようとしていたサダム・フセインのイラクに対して空爆を実行しようとした際にも、また九九年にコソヴォでのアルバニア系住民の虐殺を阻止しようと人道的介入を実行しようとした際にも、国連安保理は結束した姿を見せることはなく、また幅広い多国籍軍が結集することもなかった。常任理事国である「五大国」は、軍事攻撃に積極的な米英二ヵ国と、それに消極的な中露の二ヵ国とに分裂し、フランスがその中間に立つかあるいは米英の側に立つかで揺れ動いている状況であった。湾岸戦争の場合とは異なり、この九八年と九九年の軍事行動は、基本的に米英二ヵ国で行うことになった。

大国間協調には亀裂が生じていた。

また、国連を中心に平和維持活動を発展させることや、リベラル・デモクラシーを拡大することも、思うようには進まなかった。国連は深刻な財政難や主要な加盟国の非協力に苦しみ、またリベラル・デモクラシーも、ハンチントンが予言したように、むしろ「他の文明諸国の反発」に悩むことになる。その理由は、メイヨールが述べたように、「進歩主義的な願望」と「現実の動きや利益の世界」との間に乖離が生まれていたからだ。誰が、人道的惨状に責任を負うべきか。誰がそこに自国の軍事力を派遣するべきか。誰がそのための財政負担を負うべきか。どのような場合に介入すべきで、どのような場合には介入すべきではないのか。「自助原理」や「自決権」を前提とする現在の国際社会で、それらの問いに対して最適な答えを見いだすことは難しかった。

これからの国際秩序はどうなるのか。「国際共同体」を発展させることは可能か。あるいはホッブズ的な無政府状態の、力と恐怖に基づいた勢力均衡の世界に回帰すべきか。新たに誕生したジョージ・W・ブッシュ政権は、後者を選択することになる。

九・一一テロ

二〇〇一年九月十一日に、二機の旅客機がニューヨークの世界貿易センタービルに突入した。これによって世界秩序は大きく動揺する。九・一一テロの勃発である。

アメリカのブッシュ大統領、そしてイギリスのブレア首相は、これを善悪二元論的な価値観でとらえることになった。その日の夕方、ブレア首相は次のように語った。

「この野蛮主義は、永遠に自らの恥辱を抱き続けるでしょう。すでに述べたとおり、この巨大なテロリズムはわれわれの世界における新しい悪です。これを犯した人々は、人間の尊厳や命の価値がどのようなものかを全く省みることがありませんでした。われわれ、世界の民主主義諸国は、それをたたきのめし根絶するために結集しなければなりません」[84]

そのような「新しい悪」に対して、ブレア首相が求めていた道筋と、ブッシュ大統領が求めていた道筋は異なっていた。ブレア首相は、かつての国王ウィリアム三世や、ピット首相、あるいはチャーチル首相のように、この「新しい悪」に対して幅広い国際的連携を構築し、さらにはそれによって正義に基づいた「国際共同体」を確立したいと考えていた。他方でブッシュ大統領は、むしろ、アメリカの国家安全保障を最優先に考え、アメリカの圧倒的なパワーを用いてそのような「新しい悪」を壊滅させ、さらにアメリカの価値観を世界に広めることが不可欠だと考えていた。ブッシュ大統領とブレア首相とのあいだの深い信頼関係と友情に隠された、米英間の国際秩序に関する考え方の違いが、その後の両者の関係を苦しめることになり、またイラク戦争の挫折にも関連していく。

それだけではなく、アルカーイダの攻撃による九・一一テロは、国際政治に新しい重要な変化をもたらした。イギリスの国際政治学者のケン・ブースとティム・ダンによれば、「9・

11に関する一つの驚くべき側面は、いわゆるウェストファリア体制で確立していた国際規範の多くがぐらついたことだ[85]」。すなわち、非国家主体が国家主体を攻撃できるようになったことや、技術進歩によって国境を越えて遠隔地からテロを起こすことが可能となったこと、旅客機のような非軍事的な機械の、巨大な破壊目的への転用を可能としたことなどが指摘できる。「9・11は、国境を跨《また》ぐネットワーク組織が国家権力を引き出す過程、およびそれと並行して、国家が国際関係における重要性を再び主張する過程を示している」のだ。

それらの変化を前提に、ブースとダンは次のように述べる。「米国をはじめとする西洋列強が直面している選択の問題は、単に短期的か長期的かではなく、テロの時代かコミュニティーの世界の建設かだ[86]」。ブレア首相が後者を求めていたのに対して、ブッシュ大統領は前者を予測していた。ブースとダンの言葉を借りれば、「コミュニティーの力」を求めていたブレアに対して、ブッシュ大統領は「力のコミュニティー」に依拠していたのである。

ブッシュ大統領の時代には、パワーを前提として国際秩序をとらえ、「国際共同体」に依拠することなく、価値を共有する同盟国の連合を強化しようとする動きが顕著であった。ネオコンの理論的支柱であったロバート・ケーガンがその著書『ネオコンの論理』(原題は『楽園とパワー』)で書いているように、アメリカ人は「戦いの神、火星からきた」のであり、「ホッブズ的な世界」に住んでいるのである。ベルリンの壁が崩壊した一九八九年の「一一・九」から、ツインタワーが崩壊した二〇〇一年の「九・一一」までの一二年間で、世界は大きく変わった。正義や道徳が支配する「新世界秩序」から、パワーが支配する「対テロ戦争」の時代へと変貌したのだ。

しかしアメリカ国民もそして世界の多くの人々も、終わることのないこの「対テロ戦争」に疲弊していった。それに代わる、新しい国際秩序を求めるようになる。実のところ、ブッシュ政権が「対テロ戦争」を進めていた、任期中の八年間において、世界政治のパワー・バランスも大きくシフトしていた。世界政治の中心が大西洋から太平洋へと、シフトしつつあったのだ。その背後に見られたのが、中国のパワーの急激な増大である。そのような時代の変化を敏感に感じていたのが、二〇〇九年一月にアメリカ大統領に就任した、バラク・オバマであった。

3　「太平洋の世紀」へ

オバマ――最初の太平洋大統領

二〇〇九年十一月十四日、アメリカから訪日していたバラク・オバマ大統領は、東京のサントリーホールで行われた演説のなかで次のように述べた。「アメリカ合衆国は大西洋岸のいくつかの港湾と都市から始まったかもしれませんが、何世代にもわたって太平洋国家でもあり続けてきました。アジアと米国はこの大洋により隔てられているのではなく、結び付け

東京で演説するバラク・オバマ（読売新聞社）

られています」。そして「私自身の人生はその物語の一部です」。というのも、「私はハワイで生まれ、インドネシアで少年時代を過ごしたアメリカの大統領です」。「ですから、環太平洋地域が私の世界観形成を助けました」。そして、オバマ大統領は、次のように述べてこの東京演説を締めくくっている。「疑いの余地もなく、アメリカの最初の太平洋地域の大統領として、私は、この太平洋国家がこの世界の非常に重要な地域においてリーダーシップを強化し持続させることを約束します[87]」。

オバマ大統領は、自らを「アメリカの最初の太平洋地域の大統領（the first Pacific President）」と位置づけた。前任者であるジョージ・W・ブッシュ大統領との生い立ちの違いを考えれば、それは明瞭である。ジョージ・Wは、名門のブッシュ家の長男として大西洋岸のコネチカット州ニューヘイヴンに生まれたアングロ＝サクソン系の大統領である。高校はマサチューセッツ州、そして大学はニューヘイヴンのイエール、さらにMBAを取るためにハーバード・ビジネス・スクールに通った。それらの都市はいずれも、大西洋岸に面している。彼は、メキシコ湾に面したテキサス州と大西洋岸の東部の州を往来し、あくまでも東部のエリートの世界で育っている。そして、民主主義や自由という西側世界の価値観を広げることに力を注ぎ、大西洋を挟むイギリスのトニー・ブレア首相と緊密な信頼関係を築いた。その意味でも、「大西洋大統領」と呼ぶべきであろう。「太平洋大統領」のオバマとは、世界観が大きく異なる。

オバマの場合はハワイ、インドネシア、カリフォルニアと環太平洋世界で育ち、その後にコロンビア大学のあるニューヨークやハーバード大学のあるケンブリッジに移った。ハワイで出会った日本人を含めたアジアの人々や、インドネシアで出会ったムスリムの人々は、幼少期のオバマの友人たちであった。キリスト教的な価値観を重視して、西側世界の理念を守るために、「対テロ戦争」を遂行したブッシュ大統領とは、対照的な世界観を有していた。そのようなオバマが大統領になったことで、自然とアメリカの対外政策の関心も太平洋へとシフトしていく。

二〇一一年十一月十七日にキャンベラのオーストラリア議会で、オバマ大統領は太平洋地域の重要性を次のように述べた。「アメリカはこれまでもずっと、これからもずっと太平洋国家である」[88]。さらには、同じ頃にアメリカの『フォーリン・ポリシー』誌に国務長官ヒラリー・クリントンは、「アメリカの太平洋の世紀」と題する論文を掲載して、この地域とのアメリカの深い結びつきを強調した[89]。オバマ大統領もクリントン国務長官も、アメリカ外交の基軸として太平洋地域を位置づけたのである[90]。世界最大の大国と、世界で最もダイナミックな経済成長を続けるアジア太平洋地域が結びつくことで、まさにクリントン国務長官が述べるように、二一世紀は「太平洋の世紀」になろうとしている。

日米中トライアングル

国際政治の中心が、大西洋から太平洋へと移りつつあるなかで、これからどのような変化が見られるのであろうか。中国が急速に軍事力を増強し、東シナ海および南シナ海への進出を活発化するなかで、アメリカと日本の両国はどのような対応をすべきであろうか。中国の経済動向は世界経済に直接巨大な影響を及ぼす。また、米中関係はいまや世界でも最も重要な二国間関係となっている。他方で、鳩山由紀夫《はとやまゆきお》政権下で日米同盟が大きく動揺したときに、ソウルやシンガポール、ハノイなどでも不安の声が聞こえた。アメリカ、中国、日本の三国間関係や、それぞれの二国間関係は、いまやそのまま世界秩序の行方にも直結するのである。[91]

まさに、この三ヵ国がつくるトライアングルが、「太平洋の世紀」の国際秩序の中核となっていった。それは、イギリスやフランス、ドイツなどのヨーロッパの大国が国際政治の運命を握っていた、一世紀前の国際秩序とは大きく異なる。国際秩序が過去一世紀でグローバル化しただけではない。その中心が、大西洋から太平洋へとシフトしつつあるのだ。

それでは、これから日米中の三国の関係は、どうなっていくのであろうか。それはどのように国際秩序に影響を及ぼすのか。日米中関係を考える際に、ここで二つの枠組みを念頭に置きたい。第一は、日米中の三大国での協力関係を強化することであり、第二は台頭する中国に対抗して、日米同盟を強化することである。前者はアジア太平洋における「協調《コンサート》の体系」であり、後者は「均衡《バランス》の体系」といえるだろう。世界政治の中核が太平洋へとシフトしつつあるなかで、アメリカと中国がどのような関係を構築するかによって、グローバルなパワー・バランスも大きく変容する。二〇〇九年一月に成立したオバマ民主党政権がどのように対中関係を進めていくのか、注目が集まった。

オバマ政権は発足当初の二〇〇九年には、中国との二国間のパートナーシップを強化することによって、地域的安定を確保し、またリーマン・ショック以降のアメリカ経済を立て直そうとしていた。世界経済の立て直しも、気候変動問題をめぐる新しい合意の形成も、核不拡散をめぐる国際体制の強化も、米中協調なしに実現は困難であった。[92]そのような傾向は、二〇〇五年にブッシュ政権のロバート・ゼーリック国務副長官が中国を指して「責任あるステークホルダー（利害共有者）」と称してから、一貫して見られたものであった。

すなわち、中国を単なる「戦略的競争相手」として勢力均衡の観点から捉えるのみではなく、国際社会において責任ある大国として行動するよう促すという方針である。[93]オバマ政権においては国務副長官のジェームズ・スタインバーグが二〇〇九年九月二十四日の講演において、「戦略的再保証」という言葉を用いて、中国の発展の方向性にアメリカが影響を及ぼす必要を指摘した。[94]いわば、「協調の体系」の秩序原理が、アジアにおいても可能だと考えられたのである。

二〇〇九年二月、国務長官に就任した翌月にヒラリー・クリントンは訪中して、新政権の対中重視路線を印象づけた。さらには、同年十一月のオバマ大統領の訪中は、オバマ政権が考える米中関係重視の姿勢の頂点となった。オバマ政権では、それ以前のブッシュ政権の米中関係重視路線を踏襲しながらも、新たに中国との間で「米中戦略・経済対話（S&ED）」を開始して、包括的な協議をよりいっそう発展させていった。[95] 二〇〇九年から二〇一〇年にかけて、日本で新たに誕生した鳩山民主党政権の下で日米関係は大きく動揺する一方で、米中関係はよりいっそう緊密性と重要性を増していった。

米中協調から均衡の論理へ

アメリカ国内では、世界の諸問題をアメリカと中国の二ヵ国で共同管理するべく「G2」論を唱える専門家もいるが、そのような米中協調論は二〇〇九年から二〇一〇年にかけて次第に後退していった。二〇〇九年には、エリザベス・エコノミーとアダム・シーガルの二人が『フォーリン・アフェアーズ』に「G2の神話」という論文を寄せて、米中協調に過度に依存するオバマ政権の対外政策を厳しく批判した。[96]

米中協調への楽観論が後退したことには、いくつかの理由がある。とりわけ、中国外交がこの頃から路線変更して、「核心的利益」をめぐり、より強硬な姿勢を示すようになったことは、オバマ政権にとっても想定外のことであった。人民解放軍は海軍力を急速に増強し、南シナ海や東シナ海の領土問題を次第に「核心的利益」の一部に含めるようになる。二〇〇九年三月には、海南島付近で活動していたアメリカ海軍の海洋調査船二隻に対して、中国海軍の艦船五隻がそれを取り囲んで一〇メートルほどにまで異常接近した。自らの勢力圏を確立するためにも、中国の近海からアメリカ海軍の影響力を排除しようとする姿勢が見られた。[97]

また、二〇一〇年二月に発表された米国防総省によるQDR（四年ごとの国防計画の見直し）報告書では、アメリカ軍が西太平洋において特定の地域に接近することを、中国が拒否する能力すなわち「アクセス拒否（A2／AD）」能力を持ちつつあることへの警戒感を示した。[98] アメリカにとって中国との関係が重要であることには変わりがないが、しかしながら次第に勢力均衡の論理から、中国の海洋進出に対応する必要性がより強く認識されるようになった。アメリカは、「協調」の思考から後退し、「均衡」の論理へと回帰した。

二〇一〇年以降、アメリカ政府は次第に米中協調の限界を強く認識するようになり、中国の海洋進出により強い姿勢を示すようになっていく。まず二〇一〇年七月には、ASEAN地域フォーラム（ARF）外相会議に出席していたクリントン国務長官が、南シナ海における領土問題での中国の威圧的な姿勢を厳しく批判した。[99] 一方、新たに首相となった菅直人《かんなおと》は、普天間問題をめぐる日米関係の動揺に終止符を打つべく、従来の辺野古《へのこ》移設案を政府の方針とするとともに、日米関係強化へ向けた取り組みを始める。また、同年十二月に閣議決定した新しい防衛大綱では、「動的防衛力」という概念を導入すると同時に、南西方面の哨戒監視活動を強化することで、自衛隊がより積極的な役割を担う方針を示している。[100] 同年九月に外相となった前原誠司《まえはらせいじ》はクリントン国務長官と外相会談を繰り返すことで信頼関係を構築し、鳩山政権下で傷ついた日米同盟を修復した。二〇一一年三月十一日に生じた東日本大震災後の「トモダチ作戦」は、日米両国間の円滑な運用能力を世界に示すことになった。

過去五年間ほどの間に、日米中関係には大きなシフトが見られた。当初オバマ政権は、中国の急速な軍事力増強に対して「戦略的再保証」という論理に基づき協力関係を模索していた。また鳩山政権は、勢力均衡の発想を拒絶して日米同盟を弱体化させた上で、「東アジア共同体」という「共同体の体系」の秩序原理に基づいて協調的な関係の発展を期待した。しかしながら、中国の強硬な海洋進出や、チベットでの弾圧やノーベル平和賞受賞問題をめぐり対中関係が悪化するなかで、アメリカは次第に勢力均衡の論理へと回帰していった。

不安定な秩序

二一世紀にはいって、大西洋から太平洋へと国際政治の中心がシフトしつつあるなか、太平洋においては依然として数多くの深刻な安全保障上の懸念が残っている。それらの多くは、中国の急速な台頭によってもたらされたものである。一世紀前にもそうであったように、「新興国」の急激な台頭はパワー・バランスに変化をもたらし、国際秩序の不安定化を招く。

それだけではない。この地域で基本的価値が共有されていないことが、国際秩序の本質的な不安定性とも結びついている。環大西洋地域においては、アメリカやカナダとヨーロッパ諸国との間で、民主主義や自由、人権というような価値が共有されており、それを基礎とした北大西洋条約による同盟関係が構築されている。基本的価値の共有や、安全保障共同体、そして多層的な経済的結びつきによって、環大西洋地域には安定的な秩序が成り立っているのだ。

他方で、環太平洋地域においては、日米同盟や米韓同盟といった二国間の同盟が個別的に存在するのみであり、中国などの主要国を含めた多国間の安全保障機構は存在しない。二〇一〇年にはＡＳＥＡＮ加盟国に日本や中国、アメリカなどの域外国を加えたＡＤＭＭプラス（拡大ＡＳＥＡＮ国防相会議）が始まったが、制度化されて安定的な秩序をもたらすには至っていない。また、中国や北朝鮮といった共産主義体制が存在するこの地域では、基本的な価値を共有することも容易ではなく、しばしば人権や民主化をめぐる摩擦が深刻な国家間対立へと発展している。さらに、航行の自由という基本的な前提さえもが、東シナ海や南シナ海などに存在する領土紛争によって阻まれている。

つまり、二〇世紀後半の国際秩序が、環大西洋の国際制度と価値の共有によって安定的に維持されていたのに対して、二一世紀初頭における環太平洋の国際秩序は、不安定な勢力均衡や、多国間安全保障機構の不在、基本的な価値観をめぐる対立や、海洋権益をめぐる対立や領土紛争などによって彩られている。「太平洋の世紀」において「太平洋」が「平和の海」

になるかどうかは、日米中三大国の政治と外交に大きく依存している。またそれは、これらの三国を中心にこの地域でどのような国際秩序が構築されるかにかかっているが、あまりにも流動的で、あまりにも不透明な要素が多い。

アジア太平洋の秩序形成

民主党政権の前原誠司外相は、二〇一一年一月六日に訪問先のワシントンDCの戦略国際問題研究所(CSIS)での演説のなかで、日米両国が協力してアジア太平洋に安定的な秩序を構築する必要性を次のように論じた。

「今後、変革期の真っ只中にあるアジア太平洋において、私たち日米両国に課せられた最優先の事項(タスク)は、地域における新しい秩序形成に全面的かつ全力で取り組んでいくことではないでしょうか。地域の制度的基盤の整備が急務である今日において、むしろ日米の役割に対する期待は高まっており、私たちの責任は重大だと考えています[101]」

前原外相はその「新しい秩序」として、具体的には次の三点を挙げている。すなわち「様々な地域協力の推進」、「アジア太平洋地域における貿易と投資の自由化に対する環境基盤作り」、そして「成熟した民主主義や市場経済を共有する国々との連携を強化し、安全保障・経済の両面における協力システムを構築すること」である。

実際に菅直人政権、および野田佳彦《のだよしひこ》政権では、TPP(環太平洋パートナーシップ)協定によるアジア太平洋での経済連携や、新しい防衛大綱に基づいたより広範な日米防衛協力、さらには海洋安全保障をめぐる地域協力のメカニズムなどを発展させるために、多様な取り組みを示してきた。この地域において、民主主義、航行の自由、法の支配、人権などの価値観を基盤としたリベラルな秩序の構築へ向けて、日米両国は一定の協力を発展させてきた。

プリンストン大学のジョン・アイケンベリー教授は、アジア太平洋において日米同盟を中核として、リベラルな秩序を確立する必要を論じている。[102] また中国が台頭するなかで、第二次世界大戦後に構築されてきたリベラルな秩序のなかへと中国を位置づける重要性を指摘し、それが中国にとってもその他の諸国にとっても利益になることを論じてきた。[103] 国際政治学の世界と、政策実務の世界の両方で、日米両国は台頭する中国を包み込むようなアジア太平洋の新しいアーキテクチャを構築する必要性を認識してきたのだ。

そのような論理は、二〇一〇年一月一二日の、ハワイのホノルルで行われたヒラリー・クリントン国務長官の演説で明瞭に浮かび上がっている。そこでクリントン国務長官は、「今や、新しい政権が成立してからほぼ一年が経過して、アジア太平洋関係がアメリカの優先事項となったことを明瞭にせねばならない」[104]と述べた。というのも「アメリカの未来はアジア太平洋地域の未来と結びついているからであり、またこの地域の未来はアメリカによって大きく左右されるからである」。さらには、二〇一二年一月五日に発表されたアメリカの新しい国防戦略では、これまで以上にアメリカがアジア太平洋地域の安全保障に深く関与して、その安定をもたらすためのリーダーシップを発揮する必要性が強調されている。[105]

日本はどこに向かうのか

二〇〇九年一月のバラク・オバマ大統領の就任によって、アメリカ外交における対中関係の比重が圧倒的に大きくなった。もはや日米関係ではなく、米中関係こそが最も重要な二国間関係となっている。また、同年九月の鳩山民主党政権の誕生によって、普天間基地移設問題をめぐり日米同盟は大きく漂流した。しかしながら、二〇一〇年になると日米両国政府内であらためて日米同盟の価値が強く認識されるようになり、海洋進出をめぐりより強硬な姿勢を示すようになった中国に対して新しい政策が必要となった。

そこでは、単純な勢力均衡に基づいて中国の膨張を封じ込めるという論理のみではなく、むしろ中国をアジア太平洋の新しいアーキテクチャに導き入れて、中国を含めたより安定的な秩序と経済的繁栄を目指す方針が明らかになった。「均衡《バランス》の体系」と「協調《コンサート》の体系」を結びつけようとする試みである。すでにこの節の冒頭で述べたように、二一世紀は「太平洋の世紀」となり、アメリカ、中国、日本という世界の上位三ヵ国の経済大国の間の関係が圧倒的に重要となっている。そのようななかで、日本はグローバルなパワー・バランスの変化に目を向けて、新興国を含めた新しい秩序を構築するためにより積極的な政治と外交を展開せねばならない。政治が停滞する余裕はないのだ。

日本国内では、急速な中国の台頭を目の前にして、「失われた二〇年」のシニシズムと日本の衰退のペシミズムが語られる。しかしながら期せずして日本は、「太平洋の世紀」において世界政治の舞台の中心に躍り出てしまった。「大西洋の世紀」においては、日本は長く「ファー・イースト」の周辺に位置して、多くの重要な国際政治問題において傍観者の地位に甘んじていた。しかしこれからの世界ではそうはいかない。限られた資源を、優れた政治力によって有効に活用して、日本の国益と安全を確保するためにより積極的な外交が求められている。そのためにはまず、国際政治の巨大な地殻変動に目を向けて、その大きな趨勢を正確に理解することが必要となるのだ。

これまで本書では、スペイン王位継承戦争以後の三世紀にわたる国際秩序の歴史を見てきた。そして、国際秩序の安定性の基礎には価値や利益が共有されていることが重要であることを指摘した。東アジアにおいては、そのような共有が必ずしも浸透していない。したがって、そのような状況においては、「均衡の体系」を回復して、それを基礎として大国間協調や、「東アジア共同体」の構築が可能となると考えられる。まずは、東アジアで勢力均衡を回復せねばならない。

東アジアでは中国が急速にパワーを増強することで、パワー・バランスに変化が見られる。よりいっそう、中国にとって有利な戦略バランスになり、それゆえ中国が周辺国に対して譲歩をする可能性が下がり、交渉により合意を目指そうとするインセンティブが下がることになるであろう。だとすれば、中国は南シナ海におけるベトナムやフィリピンとの関係、そして東シナ海における日本との関係において、自らの強大な軍事力や経済力を動員して、自国にとって利益になる状況を強制することになるだろう。東アジアにおける共通の利益や価値よりも、自国の国益や正義が優先されることになる。

そこで重要なのが、東アジアで「均衡の体系」を回復することである。そのための鍵となるのが、アメリカの東アジア関与の継続と、日米同盟の強化、そして何よりも日本が十分なパワーを持つことである。日本がパワーを低下させ、日米同盟が衰弱し、アメリカが東アジアへの関与を削減すれば、それはこの地域に「力の真空」が生まれることになり、よりいっそう国際秩序は不安定となるであろう。

ニクソンはかつて、「世界史の中で長期にわたる平和が存在したのは、バランス・オブ・パワーが存在した時代だけである」と語った。本書のなかで国際秩序の歴史を概観するかぎり、そのような認識が基本的に間違いでないことがわかる。確かに勢力均衡のみでは平和を永続させることはできない。しかしながら、平和を永続させるための「協調の体系」や「共同体の体系」を確立するためには、「均衡の体系」を否定するのではなくむしろそれを基礎に置くことが重要となる。

だとすれば、日本外交の未来を考える上で、日本にとってアメリカと中国のどちらが必要かという選択が、意味を持たないことがわかるだろう。また、アメリカと中国の両国とも日本にとって重要であるというのも、今後の日本の戦略を考える上で十分な回答とはならない。重要なのは、日本が十分な国力を備えて、日米同盟を安定的に強化して、アメリカが東アジアへの関与を継続できる環境を整えて、その上でこの地域において価値や利益を共有することである。価値を共有することで安定的な「均衡の体系」を構築し、その基礎の上に日中での協力関係を発展させ、この地域の平和を確立することが必要となる。

われわれは自国の利益や、この地域の平和を考える時に、あくまでも国際秩序全体を視野に入れる必要がある。それを可能とするためには、しっかりとした歴史観を持ち、そして長期的な視野を持つことが必要だ。平和を願い、友好関係を期待するだけでは、われわれはそれを得ることができない。それを実現するための強靭な論理を持たねばならない。国際秩序とは何かを理解すること。それが、そのための最初の一歩なのかもしれない。

註

1　ジョン・L・ギャディス『ロング・ピース――冷戦史の証言「核・緊張・平和」』五味俊樹、坪内淳、阪田恭代、太田宏、宮坂直史訳（芦書房、二〇〇二年）三七六頁。
2　マックス・ヴェーバー『職業としての政治』脇圭平訳（岩波書店、一九八〇年）九四頁。
3　ギャディス『ロング・ピース』三七六頁。
4　細谷雄一「分断された平和」渡邊啓貴編『ヨーロッパ国際関係史〔新版〕――繁栄と凋落、そして再生』（有斐閣、二〇〇八年）九四頁。

5 ヴォイチェフ・マストニー『冷戦とは何だったのか――戦後政治史とスターリン』秋野豊・広瀬佳一訳（柏書房、二〇〇〇年）一六頁。
6 O・A・ウェスタッド『グローバル冷戦史――第三世界への介入と現代世界の形成』佐々木雄太監訳（名古屋大学出版会、二〇一〇年）参照。
7 Bernard Brodie (ed.), *The Absolute Weapons* (New York: Harcourt, 1946).
8 高坂正堯「歴史的概観」高坂正堯・桃井真編『多極化時代の戦略（上）――核理論の史的展開』（日本国際問題研究所、一九七三年）六頁。
9 平和問題談話会「三たび平和について」『世界』一九五〇年一二月号（北岡伸一編『戦後日本外交論集――講和論争から湾岸戦争まで』（中央公論社、一九九五年）所収、七二頁）。
10 平和問題談話会「三たび平和について」七四頁。
11 J・D・B・ミラー「ノーマン・エンジェルと国際関係における合理性」デーヴィッド・ロング／ピーター・ウィルソン編『危機の20年と思想家たち――戦間期理想主義の再評価』宮本盛太郎／関静雄監訳（ミネルヴァ書房、二〇〇二年）一一二頁。
12 同、一一六頁。
13 Michael Howard, *War and the Liberal Conscience* (New York: Columbia University Press, 2008) p.66.
14 邦訳は、ヘンリー・A・キッシンジャー「核時代における力と外交」高坂・桃井編『多極化時代の戦略（上）』一五四～一五六頁。
15 同、一五六～一六一頁。
16 同、一七二頁。
17 高坂「歴史的概観」三～四頁。
18 Speech by Lester Pearson, Seventh Meeting of Representatives of Members, San Francisco, 24 June 1955,

http://www.un.org/Depts/dhl/anniversary/stsg6h.pdf, accessed on September 16, 2012.

19　邦訳は、アルバート・ウォールステッター「こわれやすい恐怖の均衡」高坂・桃井編『多極化時代の戦略（上）』三七四〜三七五頁。

20　同、三七五頁。

21　同、三八七頁。

22　細谷雄一『外交による平和――アンソニー・イーデンと二十世紀の国際政治』（有斐閣、二〇〇五年）二二九頁。

23　石井修「冷戦の『五五年体制』」日本国際政治学会編『国際政治』第一〇〇号（一九九二年）三七〜四〇頁。

24　ヘンリー・A・キッシンジャー『外交（下）』岡崎久彦監訳（日本経済新聞社、一九九六年）三六四頁。

25　ウィリアム・バー「ヘンリー・キッシンジャーと多極的世界におけるアメリカの力」ウィリアム・バー編『キッシンジャー「最高機密」会話録』鈴木主税・浅岡政子訳（毎日新聞社、一九九九年）二八頁。

26　細谷雄一『戦後国際秩序とイギリス外交――戦後ヨーロッパの形成　一九四五年〜一九五一年』（創文社、二〇〇一年）一三〜一五頁。

27　Erik Goldstein, *Wars and Peace Treaties 1816-1991* (London: Routledge, 1992).

28　細谷『戦後国際秩序とイギリス外交』三〇〜三四頁。

29　「欧州審議会規約」遠藤乾編『【原典】ヨーロッパ統合史――史料と解説』（名古屋大学出版会、二〇〇八年）二〇五頁。

30　細谷雄一「シューマン・プランからローマ条約へ　1950–1958年――EC-NATO-CE体制の

成立」遠藤乾編『ヨーロッパ統合史』(名古屋大学出版会、二〇〇八年)一五五〜一五六頁。
31 遠藤乾「ジャン・モネ―グローバル・ガバナンスの歴史的源流」遠藤乾編『グローバル・ガバナンスの歴史と思想』(有斐閣、二〇一〇年)七三頁。
32 「モネ・メモランダム(1950)」遠藤編『【原典】ヨーロッパ統合史』二二五〜二三〇頁。
33 「シューマン宣言(1950・5・9)」同、二三〇〜二三三頁。
34 ドミニク・リーベン『帝国の興亡(下)――ロシア帝国とそのライバル』松井秀和訳、袴田茂樹監修(日本経済新聞社、二〇〇二年)三三九頁。
35 マーガレット・サッチャー『サッチャー回顧録――ダウニング街の日々(下)』石塚雅彦訳(日本経済新聞社、一九九三年)四一一頁。
36 同。
37 同、四一六〜四一九頁。
38 Frédéric Bozo, *Mitterrand, the End of the Cold War and German Unification* (New York: Berghahn Books, 2009) p.169.
39 高橋進「冷戦終焉の意味するもの――ヨーロッパを中心に」坂本義和編『核と人間II――核を超える世界へ』(岩波書店、一九九九年)二八頁。
40 遠藤乾「ヨーロッパ統合のリーダーシップ――ジャック・ドロールの権力と行動」佐々木隆生・中村研一編『ヨーロッパ統合の脱神話化――ポスト・マーストリヒトの政治経済学』(ミネルヴァ書房、一九九四年)一八七頁。
41 高橋進『歴史としてのドイツ統一――指導者たちはどう動いたか』(岩波書店、一九九九年)一七三〜一七八頁。
42 「コール西独首相十項目計画(1989・11・28)」遠藤編『【原典】ヨーロッパ統合史』五

一八頁。
43　「独仏政治統合イニシアティブ（１９９０・４・１９）」遠藤編『【原典】ヨーロッパ統合史』五二二頁。
44　ハンス・ティートマイヤー『ユーロへの挑戦』国際通貨研究所・村瀬哲司監訳（京都大学学術出版会、二〇〇七年）一六八～一六九頁。
45　「ロンドンＮＡＴＯ首脳会議（１９９０・７・５―６）」遠藤編『【原典】ヨーロッパ統合史』五二三～五二四頁。
46　「欧州安保協力会議パリ憲章（１９９０・１１・１９―２１）」遠藤編『【原典】ヨーロッパ統合史』五二九頁。
47　George Bush and Brent Scowcroft, *A World Transformed* (New York: Knopf, 1998) p.370.
48　David Reynolds, *One World Divisible: A Global History since 1945* (New York: W.W. Norton, 2000) p. 588.
49　村田晃嗣『現代アメリカ外交の変容――レーガン、ブッシュからオバマへ』（有斐閣、二〇〇九年）八八頁。
50　Lawrence Freedman and Efraim Karsh, *The Gulf Conflict 1990-1991: Diplomacy and War in the New World Order* (Princeton: Princeton University Press, 1993) p.xxix.
51　Stephen E. Ambrose and Douglas G. Brinkley, *Rise to Globalism: American Foreign Policy since 1938*, 8th edition (New York: Penguin, 1997) p.403.
52　Anthony Lake, "From Containment to Enlargement: Current Foreign Policy Debates in Perspective", *Vital Speeches of the Day*, vol.60, no.1 (October 15, 1993) p.15.
53　Ibid., p.14.
54　ウィリアム・Ｇ・ハイランド『冷戦後のアメリカ外交――クリントン外交はなぜ破綻したのか』

堀本武功・塚田洋訳（明石書店、二〇〇五年）四一〜四二頁。

55　William J. Clinton, Address to the Polish Parliament, Warsaw, July 7, 1994, *U.S. Department of State Dispatch*, vol.5, no.31, August 1, 1994（Washington, D.C.: Bureau of Public Affairs, 1994）article 1.

56　William J. Clinton, National Security Strategy Report, Washington, D.C., July 21, 1994, *Dispatch*, vol.5, no.31, article 4.

57　William J. Clinton, *A National Security Strategy of Engagement and Enlargement*, Washington, D.C., February 1996; William J. Clinton, *A National Security Strategy of Engagement and Enlargement*, Washington, D.C., February 1995.

58　Peter L. Hays, Introduction to Part IV, in Peter L. Hays, Brenda J. Vallance and Alan R. Van Tassel（eds.）, *American Defense Policy*, 7th edition（Baltimore: The Johns Hopkins University Press, 1997）pp.277-8.

59　Department of Defense, *United States Security Strategy for the East Asia-Pacific Region*, Washington, D.C., February 1995.　細谷千博・有賀貞・石井修・佐々木卓也編『日米関係資料集 1945-97』（東京大学出版会、一九九九年）一二九七〜一三一三頁に所収。

60　「平成8年度以降に係る防衛計画の大綱について」防衛庁編『防衛白書（平成10年版）』（大蔵省印刷局、一九九八年）三五四〜三六一頁。

61　「日米防衛協力のための指針」（平成9年9月23日）『防衛白書（平成10年版）』三九四〜四〇三頁。

62　Cited in, Ronald D. Asmus, Richard L. Kugler and F. Stephen Larrabee, “NATO Enlargement: A Framework for Analysis,” in Philip H. Gordon（ed.）, *NATO's Transformation: The Changing Shape of the Atlantic Alliance*（New York: Rowman & Littlefield, 1997）p.93.

63　Department of Defense, *United States Security Strategy for Europe and NATO*, Washington, D.C., 1995.

64　Ibid.

65　邦訳は、サミュエル・P・ハンチントン「文明の衝突」フォーリン・アフェアーズ・ジャパン編・監訳『フォーリン・アフェアーズ傑作選 1922-1999――アメリカとアジアの出会い（下）』（朝日新聞社、二〇〇一年）一七三頁。
66 同、一七三～一七四頁。
67 同、一八二頁。
68 Francis Fukuyama, "The End of History", *National Interest*, No.16, 1989.
69 ジェームズ・メイヨール『世界政治――進歩と限界』田所昌幸訳（勁草書房、二〇〇九年）三六頁。
70 納家政嗣『国際紛争と予防外交』（有斐閣、二〇〇三年）二一頁。
71 同、八六頁。
72 ジャン＝マルク・クワコウ『国連の限界／国連の未来』池村俊郎・駒木克彦訳（藤原書店、二〇〇七年）二六頁。
73 明石康『国際連合――軌跡と展望』（岩波書店、二〇〇六年）一二六～一二七頁。
74 メイヨール『世界政治』六二頁。
75 同、五〇頁。
76 同、三頁。
77 同、三五～三六頁。
78 Speech by Tony Blair, "The Doctrine of International Community", Chicago, 22 April 1999.
79 細谷雄一『倫理的な戦争――トニー・ブレアの栄光と挫折』（慶應義塾大学出版会、二〇〇九年）三五頁。
80 同、一一五～一一八頁。
81 コンドリーザ・ライス「国益に基づく国際主義を模索せよ」フォーリン・アフェアーズ・ジャ

パン編・監訳『ネオコンとアメリカ帝国の幻想』（朝日新聞社、二〇〇三年）二四五頁。
82 同、二五六〜二五八頁。
83 同、二四四頁。
84 Speech by Tony Blair, London, 11 September 2001.
85 ケン・ブース／ティム・ダン「衝突し合う世界」K・ブース／T・ダン編『衝突を超えて――9・11後の世界秩序』寺島隆吉監訳（日本経済評論社、二〇〇三年）一七頁。
86 同、二六頁。
87 東京演説「太平洋国家アメリカ」三浦俊章編訳『オバマ演説集』（岩波書店、二〇一〇年）一九一〜二一五頁。
88 Remarks by President Obama to the Australian Parliament, November 17, 2011, the White House.
89 Hillary Clinton, "America's Pacific Century", *Foreign Policy*, November 2011.
90 細谷雄一「『太平洋の世紀』の日本の役割」『東亜』二〇一二年二月号、二〜三頁。
91 過去一〇年間の日米中関係の概観については、国分良成「日米中の力学における日中関係と東アジア共同体」王緝思／ジェラルド・カーティス／国分良成編『日米中トライアングル――3カ国協調への道』（岩波書店、二〇一〇年）二七〜五〇頁を参照。
92 Michael Yahuda, *The International Politics of the Asia-Pacific*, 3rd edition（London: Longman, 2011）p.260.
93 Robert B. Zoellick, "Whither China: From Membership to Responsibility?", National Committee on U.S.-China Relations, September 21, 2005; 佐野淳也「中国からみた米中戦略経済対話」添谷芳秀編著『現代中国外交の六十年――変化と持続』（慶應義塾大学出版会、二〇一一年）二六〇〜二六二頁。
94 James B. Steinberg, "Administration's Vision of the U.S.-China Relationship", September 24, 2009. http://www.state.gov/s/d/former/steinberg/remarks/2009/169332.htm. ジェラルド・カーティス「3国関係を整

理する——変革の時代における日米中」王／カーティス／国分編『日米中トライアングル』二九四～二九五頁。

95　佐野「中国からみた米中戦略経済対話」二七二～四頁。

96　Elizabeth C. Economy and Adam Segal, "The G2 Mirage: Why the United States and China are not Ready to Upgrade Ties", *Foreign Affairs*, May/June 2009.

97　平和・安全保障研究所編『アジアの安全保障 2009—2010』（朝雲新聞社、二〇〇九年）一六～一七頁。

98　平和・安全保障研究所編『アジアの安全保障 2010—2011』（朝雲新聞社、二〇一〇年）一二頁。

99　平和・安全保障研究所編『アジアの安全保障 2011—2012』（朝雲新聞社、二〇一一年）三頁。

100　『平成23年版　日本の防衛——防衛白書』（防衛省、二〇一一年）一五八～一八一頁、神保謙「新防衛大綱と新たな防衛力の構想」『外交』Vol.05（二〇一一年）一〇九～一一七頁。

101　前原誠司外務大臣外交演説「アジア太平洋に新しい地平線を拓く」ワシントンDC、戦略国際問題研究所、二〇一一年一月六日。

102　G. John Ikenberry and Michael Mastanduno, "International Relations Theory and the Search for Regional Stability", in G. John Ikenberry and Michael Mastanduno (eds.), *International Relations Theory and the Asia-Pacific* (New York: Columbia University Press, 2003) pp.1-21; G. John Ikenberry, "American in East Asia: Power, Markets, and Grand Strategy", in Ellis S. Krauss and T.J. Pempel (eds.), *Beyond Bilateralism: U.S.-Japan Relations in the New Asia-Pacific* (Stanford: Stanford University Press, 2004) pp.37-54; G・ジョン・アイケンベリー『リベラルな秩序か帝国か——アメリカ外交と世界秩序の行方』細谷雄一監修（勁草書房、二〇一二年）「日本語版への序文」を参照。

103　G. John Ikenberry, "The Rise of China: Power, Institutions, and the Western Order", in Robert S. Ross and

Zhu Feng (eds.), *China's Ascent: Power, Security, and the Future of International Politics* (Ithaca: Cornell University Press, 2008) pp.89-114; ibid., "The Rise of China and the Future of the West: Can the Liberal System Survive?", *Foreign Affairs*, January/February 2008.

104 Hillary Rodham Clinton, Secretary of State, "Remarks on Regional Architecture in Asia: Principles and Priorities", Honolulu, Hawaii, January 12, 2010.

105 Department of Defense, *Sustaining U.S. Global Leadership: Priorities for 21st Century Defense*, Washington, D.C., January 2012.

あとがき

研究者としての道を歩み始め、最初の単著を刊行させていただいたのが一一年前のこと。その著書のタイトルは、『戦後国際秩序とイギリス外交――戦後ヨーロッパの形成　1945年～1951年』であった。それは、第二次世界大戦後の国際秩序がどのようにつくられたのかを、イギリス外交の視座から描いた書物である。それ以降、国際秩序が歴史的にどのように構築されたのかに、ずっと関心を抱いてきた。この度、このように一冊の体系的な著書として、国際秩序の歴史を描く機会を頂けたのは、幸運なことである。

とはいえ、なかなかうまく文章が書けなかった。あまりにもその対象が大きすぎる。そこで、国際秩序の全体像を描こうとするのではなく、むしろ自らの専門であるヨーロッパ外交史に立ち返って、そこでどのように国際秩序が歴史的に発展してきたのかを描くことにした。するとアイデアがいろいろと浮かんできて、うまく筆が進むようになった。結局、今まで私が力を入れて専門的に研究してきたことを基礎とするほかない。

いま、日本を取り巻く戦略環境は厳しさを増している。日本の領土や領海をめぐりさまざまな摩擦が噴出し、対外関係の厳しさが深刻さを増す。われわれは、よりいっそうの深慮と機転を用いて外交を進めていくしかない。そのようなことを考えながら、「面」としての国際政治、すなわち国際秩序を視野に入れることが重要だとの思いに至った。山積する課題に追われて状況に随時対応するだけではなく、長いスパンでの歴史的視野を持ち、現在起こっている構造的変化を理解して、われわれが辿るべき進路を見つけるべきだ。

本書を執筆するなかで幾度となく壁にぶつかった。一八世紀のヨーロッパで、勢力均衡の秩序原理に加えて国際協調の精神が芽生えるその過程をどのように描けばよいのか迷っていた。田所昌幸《たどころまさゆき》慶應義塾大学法学部教授に、そのことを率直にご相談すると、ヒュームとプーフェンドルフの思想の重要性を指摘してくださった。アダム・スミスの自由主義思想に加えてこの二人の思想を繋ぎ合わせたことで、ようやくどうにかこの時代の特質を描くことができた。深い洞察力を持つ田所先生の満足のいく叙述を本書で達成できた自信はないが、大きな峠を乗り越えるご助力を頂き深く感謝している。同じ大学に尊敬できる国際政治学者がおられることは、なんと贅沢なことか。

また、本書の全体の枠組みをつくる過程で行き詰まっていたときに、宮城《みやぎ》大蔵《たいぞう》上智大学外国語学部准教授に貴重な示唆をいただいた。ときには辛辣な言葉で的確なご批判をいただき、同時に執筆を進めるようさりげなく励ましてくれた。ヨーロッパ外交史に焦点を当てて、自らが得意とする分野を中心に描く利点を示唆されたのも宮城さんである。大学時代のゼミの先輩に、このような優れた学者がいるということは幸運である。

本書の歴史記述に関する部分で、いつものことであるが、君塚直隆関東学院大学文学部教授に、価値あるご指摘やご教示をいただいた。君塚さんの溢れるような該博《がいはく》な歴史知識にいつも圧倒され、敬服している。君塚さんは私の高校と大学の先輩である。これまた幸運なご縁である。

さて、本書刊行まで伴走していただいたのが、中央公論新社新書編集部の田中正敏さんである。田中さんとは、総合誌の『中央公論』に何度か原稿を寄稿させて頂いて以来のおつきあいであり、また出身大学は異なるが日本政治外交史を専門とする北岡伸一先生のゼミの門下どうしというご縁でもある。期日を過ぎても滞ったままの私の執筆作業を、寛容さをもって支えていただいたことは本当に有り難かった。刊行日があらかじめ固定されているなかで、綱渡りのようなスケジュールでどうにか刊行までたどり着けたのは田中さんのおかげである。深く感謝している。

本書の副題について良案が浮かばないなかで、困った悩みを吐露する私に対して、妻の久子がよいアイデアをくれた。それが実際の副題となっている。娘の理紗が塾の夏期講習の宿題が多いと不満をつぶやいていたときに、私はそれよりももっと大きな「宿題」があると、自慢した。娘はおおよそ予定通りに宿題を進めていたが、私はそうではなかった。偉そうなことはいえない。家族のあたたかい支えにはいつも励まされている。

これからの日本を支えていくことになる読者諸賢が、本書を通じて国際秩序の大きな歴史的変動を意識して、厳しい時代の荒波を乗り越えていく上での示唆を得ていただけたならば、それにまさる喜びはない。

二〇一二年十月

細谷雄一

International Society（Oxford: Oxford University Press, 2007）
Richard Langhorne, *The Collapse of the Concert of Europe: International Politics 1890-1914*（London: Macmillan, 1981）
Derek McKay & H. M. Scott, *The Rise of the Great Powers, 1648-1815*（London: Longman, 1983）
H. M. Scott, *The Birth of a Great Power System 1740-1815*（London: Longman, 2006）
Michael Sheehan, *The Balance of Power: History and Theory*（London: Routledge, 1996）

1966年）
中西寛『国際政治とは何か——地球政治における人間と秩序』（中央公論新社、2003年）
H・バターフィールド、M・ワイト編『国際関係理論の探究——英国学派のパラダイム』佐藤誠、安藤次男、龍澤邦彦、大中真、佐藤千鶴子、齋藤洋ほか訳（日本経済評論社、2010年）
ヘドリー・ブル『国際社会論——アナーキカル・ソサイエティ』臼杵英一訳（岩波書店、2000年）
藤原帰一『国際政治』（放送大学教育振興会、2007年）
細谷雄一『外交——多文明時代の対話と交渉』（有斐閣、2007年）
イシュトファン・ホント『貿易の嫉妬——国際競争と国民国家の歴史的展望』田中秀夫監訳（昭和堂、2009年）
ジェームズ・メイヨール『世界政治——進歩と限界』田所昌幸訳（勁草書房、2009年）
ハンス・J・モーゲンソー『国際政治——権力と平和（I・II・III）』現代平和研究会訳（福村出版、1986年）
ポール・ゴードン・ローレン、ゴードン・A・クレイグ、アレキサンダー・L・ジョージ『軍事力と現代外交——現代における外交的課題〔原書第4版〕』木村修三、滝田賢治、五味俊樹、高杉忠明、村田晃嗣訳（有斐閣、2009年）

外国語文献

M. S. Anderson, *The Rise of Modern Diplomacy 1450-1919*（London: Longman, 1993）
Chris Brown, Terry Nardin and Nicholas Rengger（eds）, *International Relations in Political Thought: Texts from the Ancient Greeks to the First World War*（Cambridge: Cambridge University Press, 2002）
Ian Clark, *The Hierarchy of States: Reform and Resistance in the International Order*（Cambridge: Cambridge University Press, 1989）
Ian Clark, *The Post-Cold War Order: the Spoils of Peace*（Oxford: Oxford University Press, 2001）
John A. Hall, *International Orders*（Cambridge: Polity, 1996）
F. H. Hinsley, *Power and the Pursuit of Peace: Theory and Practice in the History of Relations between States*（Cambridge: Cambridge University Press, 1963）
Andrew Hurrell, *On Global Order: Power, Values, and the Constitution of*

主要参考文献

全体に関わる文献に限定した

日本語文献

G・ジョン・アイケンベリー『アフター・ヴィクトリー――戦後構築の論理と行動』鈴木康雄訳（NTT出版、2004年）
G・ジョン・アイケンベリー『リベラルな秩序か帝国か――アメリカと世界政治の行方（上・下）』細谷雄一監訳（勁草書房、2012年）
入江昭『グローバル・コミュニティ――国際機関・NGOがつくる世界』篠原初枝訳（早稲田大学出版部、2006年）
遠藤乾編『ヨーロッパ統合史』（名古屋大学出版会、2008年）
E・H・カー『危機の二十年――理想と現実』原彬久訳（岩波書店、2011年）
カント『永遠平和のために』宇都宮芳明訳（岩波書店、1985年）
ヘンリー・A・キッシンジャー『回復された世界平和』伊藤幸雄訳（原書房、2009年）
ヘンリー・A・キッシンジャー『外交（上・下）』岡崎久彦監訳（日本経済新聞社、1996年）
君塚直隆『近代ヨーロッパ国際政治史』（有斐閣、2010年）
ジョン・L・ギャディス『ロング・ピース――冷戦史の証言「核・緊張・平和」』五味俊樹、坪内淳、阪田恭代、太田宏、宮坂直史訳（芦書房、2002年）
イアン・クラーク、アイヴァー・B・ノイマン編『国際関係思想史――論争の座標軸』押村高・飯島昇藏訳者代表（新評論、2003年）
高坂正堯『国際政治――恐怖と希望』（中央公論社、1966年）
高坂正堯『古典外交の成熟と崩壊』（中央公論社、1978年）
篠田英朗『国際社会の秩序』（東京大学出版会、2007年）
ルネ・ジロー『国際関係史　1871～1914年――ヨーロッパ外交、民族と帝国主義』渡邊啓貴、柳田陽子、濱口學、篠永宣孝訳（未來社、1998年）
田中明彦『新しい「中世」――21世紀の世界システム』（日本経済新聞社、1996年）
トゥーキュディデース『戦史（上・中・下）』久保正彰訳（岩波書店、

1989	フクヤマ「歴史の終わり」発表
	11月　ベルリンの壁が崩壊
	11月　コール西独首相が「一〇項目計画」を発表
1990	1月　英仏首脳会談でドイツ統一問題を協議
	8月　イラクがクウェート侵略
	10月　ドイツ再統一
	11月　パリ憲章発表
	11月　国連安保理決議六七八採択
1991	1月　湾岸戦争
	11月　北大西洋協力理事会設立
	12月　ソ連解体
1992	6月　ガリ国連事務総長が報告書「平和への課題」を発表
1993	ハンチントン「文明の衝突」発表
	1月　ビル・クリントンがアメリカ大統領に就任
	9月　レイク米大統領補佐官が「封じ込めから拡大へ」演説
	11月　ヨーロッパ連合（EU）誕生
1994	1月　NATOの「平和のためのパートナーシップ」成立
1995	2月　米政府『東アジア太平洋地域におけるアメリカの安全保障政策』公表
1998	12月　米英共同でのイラク空爆
1999	3月　チェコ、ポーランド、ハンガリーがNATO加盟
	3月　コソヴォ戦争
2001	1月　ジョージ・W・ブッシュがアメリカ大統領に就任
	9月　米同時多発テロ
	10月　アフガニスタン戦争
2003	3月　イラク戦争（～2011）
2009	1月　オバマがアメリカ大統領に就任

関連年表

1945	2月	ヤルタ首脳会談
	6月	サンフランシスコ会議で国連憲章に合意
	7月	ポツダム首脳会談（～8月）
	8月	広島、長崎に原爆が投下される
	9月	第二次世界大戦終結
		米英仏ソによる外相理事会（～1949）
1946		ブロディ『絶対兵器』刊行
	12月	第一次インドシナ戦争（～1954）
1947	3月	トルーマン・ドクトリン発表
1948	6月	ベルリン封鎖
1949	4月	北大西洋条約調印、大西洋同盟が成立
	5月	欧州審議会が設立
	9月	西ドイツ（ドイツ連邦共和国）が誕生
	10月	東ドイツ（ドイツ民主共和国）が誕生
1950	5月	シューマン・プラン発表
	6月	朝鮮戦争（～1953）
1951	9月	日米安全保障条約
1952	4月	サンフランシスコ講和条約が発効
	7月	欧州石炭鉄鋼共同体（ECSC）が発足
1954	4月	ジュネーヴ会議
	7月	自衛隊設立
1955	5月	西ドイツがNATOに加盟
	6月	国連創設10周年を記念して、ピアソン・カナダ外相が演説
	7月	ジュネーヴ首脳会談
1958		ウォールステッター「こわれやすい恐怖の均衡」発表
	1月	欧州経済共同体（EEC）と欧州原子力共同体（EURATOM）が設立
1960	1月	日米新安保条約調印
	12月	ベトナム戦争（～1975）
1969	3月	中ソ国境紛争
1971	7月	キッシンジャー米大統領補佐官が中国を極秘訪問
1975	7月	欧州安全保障協力会議（CSCE）
1978	1月	第三次インドシナ戦争（～1979）
1979	12月	アフガニスタン戦争（～1989）

1895	三国干渉
1900	英独揚子江協定締結
1901	英独の同盟構想が挫折
	ヘイ＝ポンスフォート条約締結
1902	日英同盟
1904	英仏協商
	日露戦争（～1905）
1907	英露協商、これにより三国協商が成立
1909	エンジェル『大いなる幻想』刊行
1914	オーストリア帝国皇位継承者フランツ・フェルディナント大公暗殺
	オーストリアがセルビアに宣戦布告、第一次世界大戦へ（～1919）
	民主管理同盟が「四項目の宣言」を発表
1917	アメリカが参戦
1918	ウィルソン米大統領が一般教書演説で「一四ヵ条の宣言」を発表
1919	パリ講和会議
	ヴェルサイユ条約
1920	国際連盟設立
1925	ロカルノ会議
	ロカルノ条約
1928	不戦条約（ケロッグ＝ブリアン条約）
1931	満州事変
1933	ドイツでヒトラー政権が成立
1936	ドイツがラインラント進駐
1939	ドイツがポーランド侵攻、第二次世界大戦へ（～1945）
	カー『危機の二十年』刊行
1940	ネヴィル・チェンバレンに代わり、チャーチルがイギリス首相に就任
	フランスがドイツに降伏
1941	大西洋会談、大西洋憲章を発表
1942	連合国共同宣言発表
1943	テヘラン首脳会議
1944	ブレトン＝ウッズ協定

関連年表

1805	第三次対仏大同盟
	アウステルリッツの戦いでオーストリアがナポレオンに敗北
1806	神聖ローマ帝国消滅
1812	カースルレイがイギリス外相に復帰
	ナポレオンのロシア遠征が失敗に終わる
	第二次英米戦争（～1814）
1814	ショーモン条約
	ウィーン会議（～1815）
1815	四ヵ国同盟
	第二次パリ条約
1818	アーヘン（エクス・ラ・シャペル）会議
1820	トロッパウ会議
1821	ライバッハ会議
1822	カースルレイ外相が自殺
	ヴェローナ会議
1848	一八四八年革命
	メッテルニヒが失脚
1853	クリミア戦争（～1856）
1856	パリ条約
1861	イタリア統一
1862	ビスマルクがプロイセン首相に就任
1866	普墺戦争
1870	普仏戦争（～1871）
1871	ドイツ統一、ヴィルヘルム1世がドイツ皇帝に即位
1873	三帝同盟
	岩倉使節団がビスマルク宰相を訪問
1877	露土戦争（～1878）
1878	サンステファノ講和条約
	ベルリン会議
1888	ヴィルヘルム2世がドイツ皇帝に即位
1889	イギリスで海軍国防法制定
1890	ビスマルクがドイツ宰相を辞任
	マハン『海上権力史論』刊行
1894	仏露同盟
	日清戦争（～1895）

関連年表

西暦	主な事項
1618	三十年戦争（～ 1648）
1625	グロティウス『戦争と平和の法』刊行
1643	ルイ一四世が四歳でフランス国王に即位
1648	ミュンスター条約とオスナブリュック条約により、三十年戦争終結
1651	ホッブス『リヴァイアサン』刊行
1672	プーフェンドルフ『自然法と万民法』刊行
1686	アウクスブルク同盟
1688	九年戦争（～ 1697）
1689	ウィリアム三世がイングランド国王に即位
1700	大北方戦争（～ 1721 年）
	フェリペ五世がスペイン国王に即位
1701	ハーグ同盟
	スペイン王位継承戦争（～ 1714）
1702	ウィリアム三世が死去
1704	ブレンハイムの戦いでイギリスがフランス＝スペイン連合軍に勝利
1707	イングランドとスコットランドが合同
1713	ユトレヒト講和条約
1714	ラシュタット講和条約
1715	ルイ一四世が死去
1740	オーストリア継承戦争（～ 1748）
1752	ヒューム「勢力均衡について」発表
1758	ヴァッテル『国際法、あるいは諸国民と君主との行為・事項に適用された自然法の諸原則』刊行
1776	スミス『国富論』刊行
1783	ウィリアム・ピットがイギリス首相に就任
1792	フランス革命戦争（～ 1802）
1795	カント『永遠平和のために』刊行
1803	ナポレオン戦争（～ 1815）
1804	ピットがイギリス首相に復帰

細谷雄一（ほそや・ゆういち）

1971年，千葉県生まれ．立教大学法学部卒業．英国バーミンガム大学大学院国際関係学修士号取得（MIS）．慶應義塾大学大学院法学研究科政治学専攻博士課程修了．博士（法学）．北海道大学専任講師などを経て，現在，慶應義塾大学法学部教授．

著書『戦後国際秩序とイギリス外交』（創文社，2001年，サントリー学芸賞）
『外交による平和』（有斐閣，2005年，政治研究櫻田會奨励賞）
『大英帝国の外交官』（筑摩書房，2005年）
『外交』（有斐閣，2007年）
『倫理的な戦争』（慶應義塾大学出版会，2009年，読売・吉野作造賞）
『歴史認識とは何か』（新潮選書，2015年）
『安保論争』（ちくま新書，2016年）
『迷走するイギリス』（慶應義塾大学出版会，2016年）
『自主独立とは何か』前編・後編（新潮選書，2018年）
『日本近現代史講義』（共編著，中公新書，2019年）
など

国際秩序《こくさいちつじょ》
中公新書 *2190*

2012年11月25日初版
2022年7月30日9版

著　者　細谷雄一
発行者　安部順一

本文印刷　暁印刷
カバー印刷　大熊整美堂
製　本　小泉製本

発行所　中央公論新社
〒100-8152
東京都千代田区大手町1-7-1
電話　販売 03-5299-1730
　　　編集 03-5299-1830
URL https://www.chuko.co.jp/

Published by CHUOKORON-SHINSHA, INC.
Printed in Japan　ISBN978-4-12-102190-8 C1231

政治・法律